“21世纪药店营销丛书”编委会

21世纪药店营销丛书

破译药店成功经营密码

POYI
YAODIAN CHENGGONG
JINGYING MIMA

黄泽骎 肖志飞 编著

图书在版编目（CIP）数据

破译药店成功经营密码 / 黄泽骎，肖志飞编著．—广州：暨南大学出版社，2013.6

ISBN 978-7-5668-0631-4

Ⅰ.①破… Ⅱ.①黄… ②肖… Ⅲ.①药品—专业商店—商业经营 Ⅳ.①F717.5

中国版本图书馆CIP数据核字（2013）第123987号

出版发行：暨南大学出版社

地　址：中国广州暨南大学
电　话：总编室（8620）85221601
营销部（8620）85225284　85228291　85228292（邮购）
传　真：（8620）85221583（办公室）　85223774（营销部）
邮　编：510630
网　址：http://www.jnupress.com　http://press.jnu.edu.cn

排　版：广州市友间文化传播有限公司
印　刷：佛山市浩文彩色印刷有限公司

开　本：787mm × 1092mm　1/16
印　张：13.25
字　数：258千
版　次：2013年6月第1版
印　次：2013年6月第1次

定　价：32.00元

药店经营需要善因营销（代序）

在药店里，经常可以听到这样一类抱怨：同样一个药品，面对同样的适应证，消费者更愿意听医院医生的推荐，而对药店店员的推荐往往持怀疑态度。有人认为这主要是服务技巧问题，也有人觉得是专业水平问题，还有人强调是服务场所的学术氛围问题。

不能说这些分析完全没有道理，但总感觉这些理由不是很具有说服力。最近，在新浪微博上看到这样一个帖子："让更多人知道、了解一个好药，有可能会让更多患者早日摆脱痛苦，这就是善因营销！"寥寥数语，不由令我联想到了善因营销与药品使用过程中的三种销售行为——医院处方、药店推荐、药企广告——的微妙关系。

1. "非善因"有着巨大的杀伤力

从出发点来看，医院处方、药店推荐、药企广告这三种经营方式实际上是一样的，都是试图通过药品的使用来解决患者的治病问题，只是做法不同而已；从目的来看，医院处方是为了给患者治病而选择性销售药品，药店推荐是选择性销售药品为患者治病，药企广告是销售自己的药品为患者提供治病的用药选择；从市场效果来看，从医院到药店再到药企，存在着明显的受众接受度依次递减的现象。

为什么同为一个目的（为患者健康服务），但市场效果却明显不一样呢？这反映的就是一个因和果的过程，也就是通常所说的善因营销问题，或者说营销中善因和"非善因"的程度问题。

为患者健康服务，无疑是最大的善因。离开这个善因，我想，即使被称作"医圣"、"药圣"，也绝不会有多么神圣和令人景仰。神农尝百草，虽九死其犹未悔，够悲天悯人的了；"不为良相，便为良医"，把治病与治天下都等同起来了。

药企拥有一个品质优良、疗效确切的产品，广而告之，让所有有此需求的患者因此而得以康复；药店通过高质量的药学服务，本着"大病推荐去医院，小病实行合理自我药疗"的原则，让消费者少花钱又节省时间。这些均可谓普济苍生、功莫大焉之举。有此善因，药品广告和药店推荐自然也应与医生处方治病一样受到社会的认可和消费者的尊重！

但是，我们回过头来审视一下：在善因的大旗下，你的药品广告有没有夸大疗效？保证了信息告知（包括不良反应、副作用）的客观性和全面性吗？有没有误导、歧义甚至违法、违规的现象？店员的推荐有没有遵循安全、合理、有效的原则？联合用药推荐中有没有进行药物经济学的考量？门店主推品种以及首推高返点品种是否主导了推荐方案的确定？

毫无疑问，药品的善因营销不能绕过上面这些问题。在对药品的推荐过程中，这些善因掩盖下的“非善因”，是造成欲购者接受度明显递减的根源。

2. 诚信树品牌，利他创价值

回到药店经营的主题——什么才是零售药店的善因营销呢？

善因营销不是一个新名词，百度百科就有对这一词条的解释。但我对善因营销的理解与百度百科中的解释有一点不同。

百度百科称善因营销是“将产品销售与社会问题或公益事业相结合”，感觉“善因”在这里被当作了工具，是为营销服务的。而我的理解是：营销的本质应该是善，非善不传，有恶毋销，善因营销就是从善这个角度出发，把产品作为善的载体进行营销传播，让更多的人感受善、获得善。

药店经营其实是一个最需要“善因”的行业，因为药店经营的产品太过特殊，事关人民群众的身体健康和生命安全。

这几年来，由于药品零售市场出现了一些新的变化，药店发展遭遇瓶颈，“经营”成为药店行业的热门用词，有关经营技巧、门店营销等操作层面的理念、模式大受追捧。但是大潮起处，泥沙俱下。有些所谓的经营技巧和营销模式剑走偏锋，为了自身门店的利益，伪善者有之，善恶相兼者有之，小善大恶者亦有之。这些现象的出现，不仅严重违背了“安全、合理、有效”这一基本的药学服务原则，而且极大地损害了药店行业的整体形象，危及了社会良知。这是每一个药店经营者必须引起重视和进行反思的问题。

我个人认为，零售药店的善因营销至少应具备诚信和利他两个基本特征。

诚信，是所有商业行为的道德准则，有诚信，才有品牌。在药品经营行业里，这一点的重要性更加突出。卖品质好的药，卖合适的药，卖没有安全隐患的药；不仅卖药，还应该卖知识、卖服务、卖关心。如果说“但愿人皆健，何妨我独贫”是一种境界，那么，“救死扶伤，实行革命的人道主义”应成为一种诚信和道义上追求的目标。

利他，是市场经济环境下体现自身价值、实现资源置换的重要前提。产业链的实质是价值链，产业链上各个环节的利益分配不是此多彼少的关系，而是水涨船高的关系。价值越高，利益占有就越多；反之亦然。零售药店不仅要利患者、利上游供应商，还应利社会、利员工。利他愈多，价值愈大。

一个药店如果拥有了品牌，同时又拥有了相关方都需要的价值，其在经营上还用担心没有核心竞争力吗？

黄泽骎

2013年5月

目录

CONTENTS

门店实战篇

多元化探索篇

团队建设篇

TUANDUIJIANSHEPIAN

T U A N D U I J I A N S H E P I A N

经营好你的团队

铁打的营盘流水的兵，这句话同样适用于药店。

真正做药店的，应该没有谁不想做成百年名店。店员继往开来，顾客来来去去。一年又一年，卖出的是药品，提供的是服务，追求的是健康，留下的，除了口碑——消费者心里的评价，还有经营者良心的体现——品牌。

药店这个“营盘”坚不坚固，消费者的口碑正不正面，门店品牌值不值钱，既不取决于老板投入了多少、药店规模有多大，也不取决于店面装修有多华丽、促销手段有多吸引人。真正起决定作用的，是那流水的“兵”——店员。经营，是店员在执行；利润，是店员在创造；顾客，是店员在经营……因此，一个聪明的店长，在经营顾客理念的指导下，首先要经营好自己的团队。

按美国著名管理学家汤姆·彼德斯的说法，员工其实是企业的“内部”顾客。他认为，要想让顾客得到真诚完美的服务，企业必须首先对自己的员工提供真诚完美的服务。这里，彼德斯其实告诉了我们一个管理门店的诀窍：要想经营好顾客，首先需要经营好你的团队。事实上，门店管理中最关键、难度最大的当属团队管理。“众人一心，其利断金”，东方智慧和美国管理理念实质上是相通的。

岁末年初，药店员工流动性加大，一些店长陷入了“季节性头痛”之中。假如我们能像彼德斯所倡导的那样，在平时就注重经营自己的团队，欲取先予，拥有较高的员工忠诚度，“季节性头痛”或许能得到一定的缓解。

（肖志飞）

破解团队建设三大难题

年度新旧交替之际，企业员工的流动最频繁。如何优化你的门店团队？如何留住你赏识的下属？如何招聘到你想要的员工？在以往的这个时候，大家都遇到过什么样的困难？你又是如何平稳度过可能出现的团队“动荡期”的？业内人士认为，有必要关注门店团队管理中的三大难题。

主持人

肖志飞，《21世纪药店》报记者

访谈嘉宾

万祥军，中国医药教育协会谋定药店商学院主任

申　丽，广东康之家爱心药房风神店店长

刘　静，山西平阴县神农大药店东关店执业药师

一、有责无权，如何稳定团队“军心”？

主持人　岁末年初，职场开始剧烈动荡，员工的流动给不少店长和行政人事经理出了一道难题。对于店长来说，人由你管，但在员工待遇、升职问题等方面却没有决定权。如何面对这一鞭长莫及的困惑？如何解决员工需求和上级决定之间差距较大，从而影响员工去留的问题？

万祥军　这是一个普遍存在于连锁门店中的问题，一般可通过年初会同连锁总部制定具体的员工考核目标和标准来解决。但值得注意的是，考核标准的制定应由店长和员工共同完成。通过双方共同分析制定的考核标准，不仅能增进员工与企业共同发展的意识，还可以促进店长与员工的沟通，强化管理人员、团队和个人在实现动态目标上的共同责任。

考核标准的制定应抓住关键指标，避免烦琐，尽量量化。同时还应考虑到客观因素的改变对考核的影响，也就是要设定动态的考核目标。要尽量使员工个人利益和组织利益相一致，不仅要实现员工个人的目标，还要在门店管理中着力形成个人成长与公司发展的正向反馈管理回路。

申　丽　康之家在2010年底就制订了针对上述问题的门店管理改革的方案，并从2012年起全面实施。具体做法是进一步下放各项管理权力给店长，包括人事管理权、行政奖励权、晋升任免权等。我们一直坚持服从是第一位的，当集体利益和个人利益存在冲突时，要以集体利益为主；当公司利益与顾客利益有冲突时，要以顾客利益为主。当然，我们同时强调必须重视员工的诉求和期望，保证一线员工的收入在同行中处于中等偏上的水平。

刘　静　我想所有的连锁药店应该都是这样，店长不能直接决定员工的待遇和升职，重要的权力都在总部。但这并不意味着店长对员工没有影响力。因为总部跟员工之间并不熟悉，总部对员工的认知和了解，基本上只能通过店长这一途径，在规模较大的连锁店尤其如此。至于对员工的提拔和任用，总部一般会把店长的意见作为重要参考指标，对药店中一些基层职位的任命权，许多连锁药店也可能会下放给店长。药店对员工工作情况的评价，如评优、表彰、处罚等，店长都有决定权。如果一个员工平时总不服从管理，经常受处分，很难想象他能被提拔、加薪。从这个意义上讲，店长对员工的升职还是有一定影响的。处理得好，是可以让员工对你产生充分信任的。

二、岗位缺人，如何招来“金凤凰”？

主持人 当团队中急需某类岗位人才，但总部一时没法为门店配备时，可以采取什么解决措施？

刘 静 一般来说，应该先在店内寻找，看看有没有员工具有类似的特长。如果没有，可以退而求其次，让了解此岗位相关专业知识的员工先应应急，边干边学。有点基础的员工总比门外汉强一些。如果实在找不到，可以征求上级主管的意见，先找个临时工顶岗，等到总部分配正式员工为止。如果总部没法为店里配备，而店里又急需这样的员工，相信总部会批准药店的请求的。

申 丽 门店业绩下降，那是因为人事部门没有招到门店想要的人；促销活动不理想，那是因为活动策划部门没有策划好……在连锁药店，这类互相推卸责任的现象经常会发生。其实，这涉及责任心的问题。我们公司以前也存在这方面的问题，为此，公司专门邀请了知名的培训机构为全体店长上了几堂“百分百责任”的内训课，要求每一个店长应把自己定位为一个小型公司的总经理，在人事、财务、业绩、后勤等各方面都负起责任来。现在，如果门店出现岗位空缺的现象，一方面我们会及时上报人事部门；另一方面，我们会在门店张贴招聘海报，或者通过顾客介绍等方式来解决。

万祥军 这个问题必须要上升到企业的战略层面来考虑，是店长能力所难及的。我个人认为，可以通过“内外并举”的思路来解决——短期靠引进与招聘，中期靠培训与带教，长期靠历练与培养。对于连锁药店来说，大量基础性职位，包括执业药师、柜组长甚至店长，都是有批量需求的，这些岗位主要应通过内部选拔、培养与晋升的机制来解决。可考虑从大中专院校招收应届毕业生和实习生，作为企业长期的战略性人才储备。

三、遭遇“挖墙脚”，如何留住骨干店员？

主持人 当竞争对手想方设法来挖骨干店员时，店长应该如何应对？

申 丽 “最好的人才永远在竞争对手那里”，当有竞争对手来自己的门店挖骨干店员时，表示我们店员的工作能力得到了同行的充分认可，同时也说明公司应该给骨干店员更大的发展空间了。骨干店员能否在一个公司坚持发展下去，与公司提供给他的发展空间有非常大的关系。因此，作为店长，要及时将优秀员工的情况上报公司，同时与他们做好思想交流和感情沟通，与他们既做同事又做朋友。用情感留人往往会达到意想不到的效果。

刘 静 首先肯定要尽力说服，做好挽留工作。店长应该主动跟骨干员工沟通，了解其真实想法。如果只是对方在挖而员工并没有离开的想法，那自然是好事；如果员工已萌发跳槽之心，店长就要做更细致的工作了。比如，根据自己平时的观察和了解，分析这位员工为什么要离开药店，其动机是什么，有什么需求药店没有给予满足的。掌握好这些情况后，便可做更深入的说服工作。对骨干员工提出的某些要求，店长个人无法做主解决时，就要及时、积极地向上反映，在骨干员工与总部之间斡旋，力争留下骨干员工。

万祥军 对这一方面的问题，我曾经做过一个调查，发现待遇低并不是造成员工流失的最主要原因，提高收入绝不是留住员工的最好办法。激励因素太少、人性化管理缺失才是企业需要尽快加以改变的。

对药店人力资源部门来说，必须明确“练好内功”是企业留人的基础。合理规划职业通道、做好长期激励机制、综合全面地考虑员工需求，才能留住人才，发挥人才的最大作用。“练好内功”是基础，否则人才即使招来了也留不住。

确实，不少门店都碰到过这样的问题：竞争对手频频以高薪将自己辛苦培养的关键岗位的人才挖走，门店成了竞争对手的培训基地。作为被“挖墙脚”的药店，是否进行过自我检讨？你到底凭什么能够让员工留下来呢？员工在你的店里工作是否顺心？他在你的店里能看见自己的美好未来吗？你的公司内部的人际关系是否融洽？

几乎每个有机会接受我们调查的一线员工都好像有着说不完的抱怨：工作环境太差了、工作时间太长了、食堂饭菜太差了、住宿条件太差了、没有电视、没有电脑、业余生活太乏味了、公司根本就不关心我们……在一大堆的抱怨中，我们发现“收入低”这个被企业认为是导致员工流失的“罪魁祸首”，出现的频次却并不多。“收入低”这一点虽然不能被忽视，但至少不是一线员工流失的最主要原因。

企业与其被动地应对竞争对手的“挖墙脚”行为，倒不如主动采取措施，将员工视为企业发展的重要资源，重视员工的身心健康，为员工打造一个能促进其全情投入的工作环境，并对其贡献给予公正（不一定丰厚）的奖励。相信能够做到这一点的企业，不仅可以减少员工跳槽的几率，还有可能将已经离开的人请回来。

招聘：人力资源管理第一步

连锁药店不仅是劳动密集型企业，也是人才严重短缺的行业。连锁药店人员流动性大，不合格店员滥竽充数，优秀员工一不小心就被挖走，内部培养远水难救近火，突击培训亦难以满足日常经营需求。因此，经常性的招聘，便成为连锁药店缓解人才困局的重要途径，并被视为企业人力资源工作的主要内容之一。当前药店员工招聘面临哪些难题？应注意哪些方面的问题？如何才能招到企业需要的人才？

主持人

肖志飞，《21世纪药店》报记者

访谈嘉宾

贾建忠，河北狮城百姓大药房董事长

伍江平，广州午马企业管理顾问公司总经理，香港午马猎头首席顾问

一、人力资源管理不只是“招聘”

主持人 在目前的药品零售市场，连锁企业的人力资源部门在团队建设中的地位和作用是怎样的？与企业需求、行业发展是否相适应？

伍江平 相比于医药制造企业和综合性医药企业，药品零售企业的人力资源管理相对薄弱，专业水准不够高，大都处于把人招进来、入职培训、考勤考核、建立档案等层面。特别是中小型连锁药店对系统性、全局性等方面缺乏考虑，在人力资源管理中体现得非常明显。部门之间不协调、发展战略难体现，致使企业团队建设抓不住重点、把握不到关键。另外，在招聘过程中，工作人员普遍缺乏专业的人员招聘方法。缺乏方法导致的结果就是招聘浮于表面，没有对企业的发展作深层次考虑。如何做、为什么要这样做、用什么方法做才是最佳选择？缺乏战略规划和“千里马”式的眼光是中小型连锁药店人力资源方面存在的最大问题。

显然，简单的员工招聘已无法满足连锁药店日益发展的需要。随着连锁企业门店的拓展和区域性管理的推进，终端销售策划、远距离财务管理、在途物流管理等复合性经营模式将给连锁药店的发展带来新的挑战。这些挑战首先要求的就是连锁药店的人力资源管理应该要越来越专业、高效。

贾建忠 通过十多年的发展，我国绝大多数连锁药店已有了“人力资源管理”这个概念。从无到有，从小连锁到大集团，人力资源部门在企业人才团队建设中的作用越来越大，效果也越来越好，有力地推动了我国药店连锁业态的发展和规范。但其中存在的问题很明显，不足之处也有很多，主要体现在员工流失率高、合适人才紧缺、人才储备不足等方面，这在一定程度上影响了连锁药店的竞争能力和发展速度。

二、专业化问题导致“三羊现象”

主持人 当前连锁药店人才招聘工作中存在哪些主要问题？难点在哪里？

贾建忠 目前的药店行业有一个有趣的现象，员工辞老板的多，老板辞员工的少。这反映了国内药店人力资源管理中存在着两个深层次的问题——企业凝聚力和人才储备的问题。

从企业管理的角度看，连锁药店团队建设中的“三羊现象”特别值得注意，一是“放羊”现象，员工招进来了就让其自然发展，缺乏有效的引导和培训，使得员工成长缓慢，对职业前景缺乏信心；二是“群羊”现象，团队管理和培养方案千篇一律，没有重点，缺乏个性化的指导和层次化的规划，难以在内部培养出高层次的人才；三是“赶羊”现象，在人才储备方面目光短浅，对人力资源管理方面投入很少，但要求很高，对现有人才“竭泽而渔”。在“赶羊”现象中，认识到问题不是主要的，关键在于操作层面。其实很多连锁药店并不是不舍得投入，而是不知道该如何投入。

伍江平 连锁药店在员工招聘中的问题要分两个方面来看：一是行业属性所带来的问题。药品是非常特殊的商品，流通条件有别于日用品、快消品等普通商品，因此连锁药店的从业人员要具备连锁商业和医药行业这两个不同领域的专业背景。但由于能同时兼具两个不同行业专业背景的人才不是太多，而行业发展又太快，这就在质和量上给其员工招聘带来了一定的压力。而且，从个人职业发展的角度看，大多数专业的医药营销、物流和服务人员会倾向于传统的医药工业企业，愿意选择连锁药店的人并不多。二是人力资源管理的专业水平较低。当前连锁药店人力资源管理的不专业主要表现在：不能站在企业战略的角度建设企业人才库，不能站在行业的角度建立富有竞争力的薪酬体系，不能站在职业经理人的角度建立可持续的职业发展规划这几个方面。这同时也是药店人才招聘工作中的难点所在。

三、系统化解决人才招聘难题

主持人 很多企业感叹：招人难，育人难，留人更难。你认为要怎样做才能有效解决上述“三难”？

贾建忠 就狮城百姓大药房的情况而言，我们主要从以下几个方面进行了努力：一是将人力资源管理提升到企业战略发展的高度，做到远景目标与近期规划相结合；二是员工招聘从文化认同开始，强调合适和匹配，宁缺毋滥；三是实行专业招聘，做到面试考官专业化、招聘方法正规化、面试问题结构化、评分录用标准化；四是录用时严格落实契约精神，文化确认、制度告知、合同签订、规则约定等一样不少；五是因人、因岗制订员工培训计划和个人成长规划，让每个能适应岗位要求的员工都能在公司里得到成长和发展。

伍江平 在构成企业经营活动的三大管理系统（战略管理、运营管理、人力资源管理）中，我认为最重要、最关键的是人力资源管理。人力资源管理解决的是企业最核心、最能影响其他系统的问题，贯穿于企业从战略决策到营运执行的全过程。

员工招聘是人力资源管理中的基础性工作，也是主要的人才来源。这是一个系统性的工作，一定要站在企业战略的高度去构建企业的人力资源管理体系。第一，完善人力资源规划体系，关键是要解决企业在发展的每一个阶段"需要什么样的人"和"需要多少人"的问题。第二，建设两个渠道：人才招聘渠道和企业自身人才培养渠道，这是解决人才快速进口的关键。第三，建立富有竞争力的薪酬体系，这是解决"留人难"问题的关键。连锁企业低人力成本的时代已经一去不复返了，薪酬透明度也越来越高了。第四是建立科学实用的激励机制，要因人、因事、因时而异，不可一成不变、墨守成规。第五是要建立富有凝聚力的企业文化体系，让物质文化、制度文化、精神文化交相辉映，让企业成为家。第六是要建立员工职业发展体系，解决每一个员工职业发展中的困惑，尤其要帮助员工减少"天花板"的困扰。

用什么留住你的新员工

有机构调查显示，连锁药店中新员工在入职3～4周时的流失率高达67%。在药店这一劳动密集型行业、专业人才高度缺乏的人力资源环境中，这个流失比例确实令人触目惊心。如何才能把握新员工的思想动态？怎样才能留住好不容易招聘来的人才？相信这不只应该引起连锁药店人力资源部门的重视，同时也应该引起企业高层的重视。

主持人

肖志飞、刘誉，《21世纪药店》报记者

访谈嘉宾

殳跃飞，浙江长红大药房连锁有限公司董事长、副主任中医师

付　龙，山东智坤管理咨询有限公司管理学院讲师

李忠明，云南普洱淞茂济安堂医药有限公司连锁一店店员

一、单纯和迷茫需要引导

主持人　药店行业是一个新员工相对比较集中的行当，如何管理好新员工是每个药店经营者都在思考的问题。在目前的市场环境和教育体制背景下，你如何认识药店新员工中存在的现实问题？

殳跃飞　目前，我们连锁药店招聘的员工大都是医药相关专业的毕业生，专业水平相对较好，他们比其他专业的学生更关注个人的职业发展空间。一家企业

如果没有良好的发展态势，很难得到他们的青睐。但是，现在的新员工基本都是80后甚至90后，工作态度、责任心相对较差。尤其是从事零售服务行业，刚入职时他们往往存在没经验、放不开的问题。不过，与老员工相比，他们的可塑性更强，更容易遵守公司的规章制度。作为药店管理者，首先要让员工明白：只有个人的目标利益与公司的目标利益相一致时，自己才能有所发展。所以，一定要强化入职培训，让新员工了解公司的历史、愿景、文化、规章制度等，为其更好地适应岗位奠定基础。

付　龙　药店新员工大多思想单纯，对新的工作既向往又迷茫，有的甚至还有些恐惧——不知道自己究竟应该怎样做。但是他们有激情、有活力，只要一点点火星，就能点燃他们的工作热情。所以，我建议管理者应学会引导，接受他们的热情，理解他们的迷茫。很多企业遇到迷茫的员工就狠砸狠打，“不锤不打不成材”，觉得这是“炼钢”的方法。殊不知，新员工最怕的就是遇到这种情况。没有引导，就没有心态调整这个基础。“不教而杀谓之虐”，老祖宗早就这样教育过我们，作为企业管理者必须特别注意这一点。

李忠明　我觉得工作态度认真端正、好学求上进应该是我们新员工的最大特点吧，因为刚走出校门的我们知道自己有很多不足之处。该怎样与顾客沟通，该如何处理与同事之间的关系，该如何掌握药学知识、销售技巧等，各方面都要向老员工学习。我们希望店长及老同事不要忽略我们的存在，让我们有更多的机会去学习，让作为新员工的我们能很快融入到工作环境中去。

二、越专业，越自信

主持人　*你认为药店新员工在工作和生活中碰到的最多、最苦恼的事有哪些？新人应该如何面对这些事？*

殳跃飞　零售服务行业从业人员面临的共同苦恼是待遇差、休息少、地位低，还经常被顾客抱怨和误解。对药店员工来说，还同时面临专业要求高、工作压力大等问题。其实在药店，有良好专业知识的人能获得很大的成就感，能真正做好顾客的健康顾问，就会得到顾客的尊重。我建议新员工首先要坚定自己的选择。工作时肯定会遇到困难，但要积极面对，不要被困难吓倒。其次，学习是最重要的，掌握的专业知识越多，就越能尽快适应环境，待遇、地位也上升得越快。

付　龙　在与新员工的接触中，我感觉到新员工最担心的事是“怎么和老员工相处”。在药店，经常可以看到这样的现象：新员工总喜欢和新员工在一起，聊天在一起，吃饭在一起，甚至连去洗手间都会一起去。为什么会这样？有人说是因为年轻人有共同语言，我看更大的可能是因为“同病相怜”。新员工与老员工之间一般很少沟通，特别是与年龄跨度比较大或者职位比较高的老员工。在这种情况下，新员工很容易形成小团体。一个人兴奋，个个兴奋；一个人委顿，个个委顿。也正因为这个原因，在一些药店，新员工中很多都是结伴辞职的，67%的离职率很大程度上也与此相关。

新员工最高兴的是能得到领导的赏识，最恐惧的是受到领导的批评。其实，每个新员工的心里都很矛盾：一方面想好好表现自己，得到赏识；另一方面，又担心同事的看法。对此，我提两点建议：一是新员工既要主动积极地展示自己，又要勤学多问，不要怕丢人，更不要怕被批评。从某种意义上说，批评是大家对你的关爱，因为只有把你当自己人才会批评你。二是学会沟通，心里有想法就说出来。如果把想法闷在心里，其他人怎么会知道？别人没有时间，也没有精力去猜你的心思。

李忠明 作为一个新员工，在工作中我感到最高兴的事是与顾客沟通时得到了认可和肯定；最苦恼的事是明明推荐的是适合顾客病情的药品，顾客却一脸怀疑；最恐惧的事是每天要背商品知识，就连休息时也要背，甚至连梦中都在背。我们知道，做好工作最重要的一个前提就是自己一定要多下功夫，要刻苦学习知识，要学会跟顾客交朋友。只有自己的功底扎实了，才能赢得顾客真正的信任。

三、“带教”和“三留”值得借鉴

主持人 *在新员工入职初期，药店应该从哪些方面提供条件帮助新人度过磨合期？对于优秀人才，可不可以给予其优惠政策以达到留住人才的目的？*

殳跃飞 在新员工入职初期，我们公司的做法是指派一对一的“带教师”对新员工进行专业知识、销售技巧、规章制度等各方面的带教。一方面能让新员工更快地熟悉环境、融入环境，另一方面可以及时掌握、分析、疏通新员工的思想。另外，公司出台了相对完善的用人机制，实施“三留”政策：待遇留人，良好的待遇是稳定员工队伍的保证；事业留心，让员工感觉到自己在公司里能有所发展，不舍得离开；文化留魂，公司树立起良好的企业文化，让员工有归属感、荣誉感。

对于优秀人才，还应该给予优惠政策。我们对优秀人才实行试用期提前转正、破格提拔的政策，表现出色的新员工，在半年之内便有可能提升到店长或者客服专员的职位。

付　龙 新员工入职初期，是需要有专人来“管”和“教”的。“管”就是管工作、管生活、管心理；“教”就是教技巧、教方法、教观念。另外，新员工的集中培训也是必要的。时间集中、地点集中、内容集中，重点突出规章制度、企业文化、工作氛围，哪怕只有几个人，也需要有这样的安排。

对于拔尖人才，企业应有清醒的认识，要慎用物质奖励或者特殊优惠政策，因为如果优秀人才是因为企业的物质奖励而留下来的，那他忠于的可能不是企业，而是物质奖励。如果有一天有人出更高的价码，难保证企业不受损失。盲目的奖励和优惠政策无异于“保住一个，打击一片”。企业不是几个优秀人才就能支撑起来的，让大部分处于中间位置的员工承担起企业发展的重任，更能表明企业的价值取向。“抓两头，促中间”应该始终是管理的主旋律。

李忠明 对于我们年轻人来讲，肯定希望有更多精神上的东西来实现自己的职业规划。在新员工的现实工作中，更多的不是我选择岗位，而是岗位来选择我。因此，在坚持自身努力的前提下，我个人希望在未来的工作中，有一个能理解、包容我的上司，有一个能警醒、提携我的前辈，遇到困难的时候能有同事相助，取得成绩的时候能得到肯定并与同事分享。另外，门店的工作氛围也是新员工比较看重的，能快乐地工作，能在友好和谐的氛围中实现人生目标和理想，这应该是大家都希望达到的境界吧。

药店客服专员的三项修炼

本报“会员制：如何让‘鸡肋’变‘香饽饽’”专题刊出后，引起了业界的广泛关注和参与，很多业内人士来电、来信发表自己的观点和看法，有些人还从更深的层面抛出了新的话题。为此，我们从大量观点中选取“客服专员”的话题再度开展专题探讨。客服专员怎么“专”？连锁药店如何开展客情关系维护？如何进一步推进会员制的精细化管理？

主持人

肖志飞，《21世纪药店》报记者

访谈嘉宾

黄泽骎，《医药经济报》总经理、《21世纪药店报》总编辑

秦光霞，济南漱玉平民大药房有限公司总经理

冉　平，重庆鑫斛药房连锁有限公司立丹店店长

一、从战略高度认识客服

主持人 在其他零售领域，“客服专员”早已不是一个新名词。但在连锁药店，尚有部分药店没有设立这个岗位。你觉得药店“客服专员”的主要任务有哪些？其与店长、柜组长等管理层的职能分工有什么不同？

秦光霞 顾客服务不只是门店经营的需要，也是药店发展战略的重要组成部分。毋庸置疑，药店的每个员工都是客服人员。之所以专门设立“客服专员”这个岗位，主要目的是为了打造一支高素质的客服团队，保证各项服务工作有序、

有效地推进。客服专员的重要职责，就是深入贯彻执行公司的服务理念，带头将优质服务进行到底，并对所有员工进行指导和跟踪检查，以保证整个门店的服务能真正让顾客满意。

目前，我们公司有80%的门店客服由店长兼任，这无疑加大了店长的工作量，对店长的责任心有更高的要求。对于专职客服人员，我们要求重点做好三个方面的工作：一是协助店长做好员工管理，包括专业知识培训、日常管理与考核、优质服务执行标准的培训及考核等，并要协助门店做好团队建设工作，确保营销团队的稳定性和积极性；二是协助店长进行现场管理，贯彻执行公司各项规章制度，如对员工进行《门店标准作业手册》及销售技巧的培训及示范，对培训结果进行跟踪；三是负责门店亲情服务与专业服务执行过程的督导与考核，配合客服部做好免费送货、外地邮购、顾客预订商品等相关事宜。

在管理和考核这一方面，公司对客服专员的岗位要求还有：负责门店会员、商品管理等核心工作；按公司要求制订阶段性的会员开发计划并组织实施；指导员工正确登记会员信息，保证会员信息的有效性；负责门店核心会员的维护，定期或不定期进行跟踪回访；每季度要进行一次商圈调查与维护，根据实际情况修订本门店商圈内小区或竞争对手的信息，以便及时采取应对措施，更好地服务顾客。

冉　平　根据连锁总部的总体规划和岗位要求，结合门店管理的实际需要，我觉得药店客服专员的任务主要有五个方面：一是了解客户需求，能较好地解答顾客的各种疑难问题；二是做好会员的拓展和维护工作；三是善于分析会员的消费情况并从中发现商机；四是做好电话回访和顾客满意度调查以及相关问卷记录；五是协调和解决好顾客电话投诉及现场投诉。

另外，门店各岗位的设置从来都不是孤立的。客服专员和药店其他岗位之间，既要相互配合，又各有侧重点。比如店长除了负责全面工作以外，重点可能会放在核心客户的发展及维护上，柜组长则主要负责对顾客用药的回访及跟踪服务等，而客服专员则要面对所有的顾客，包括从未消费过的客户等。

二、专员要尽量成为专家

主持人　你认为一个称职的药店客服专员需要具备什么样的素质和条件？

冉　平　我个人觉得，面对不同层次、不同需求的会员群体，对客服专员的素质要求也应不同。一般来说，客服专员需要具备三种素质：技能素质，即具有扎实的专业知识和良好的沟通能力，思维敏捷，有良好的洞察力；心理素质，包括良好的应变能力和心理承受能力；品格素质，既要有包容之心，也要能站在顾客的角度用心地去对待每一个人。

黄泽骎　所谓专员，关键在一个“专”字。药店设置客服专员，既说明了客服工作的重要性，也意味着这一工作因难度大而非“专”不可。药店客服专员除了应具备客服工作最基本的素质外，还要注意以下三个方面的修炼：

一是人格魅力的修炼。在企业管理中，制度和权力并不是万能的，在一些层面，精神文化方面的力量和管理者人格的影响力远超权力的作用。因此，药店客服专员不只是在工作中身先士卒就可以了，还必须承担领军的角色。不仅在顾客中间要有亲和力和感召力，在药店内部也要努力表现出较强的亲和力与感召力，这样才能带动一班人，使之形成合力，通过发挥团队的优势，达到更广泛的服务效果。

二是统筹能力的修炼。客服工作包括售前、售中、售后服务和很多具体细节，贯穿于门店运营的始终，而不只是解决每天的客户投诉、每月组织几次会员活动那么简单，也不是只需面对顾客专门做些会员管理工作那么单纯。客服工作是一个系统工程，要发挥全体员工的智慧，整合可以利用的相关资源，协调好上、下、左、右的关系，把客服工作置于企业战略的高度。这就需要客服专员具有较强的统筹规划能力，善于调动各方面的积极因素，把客服工作融入到药店经营的各个环节和所有工作之中。

三是特殊才能的修炼。专员要尽量成为各方面的专家，顾客心理学、社会管理学、营销学、医学、药学、一对一沟通技巧、演讲和说服口才……不要求样样精通，但都应有所涉猎，这样才能切实提升自己的专业能力。试想，别人解决不了的问题，如果客服专员解决了，那么这个客服专员还用担心自己的影响力和内部感召力吗？

三、顾客管理走向精细化

主持人 会员管理是药店客服工作的重要内容。在会员制营销中，应如何推进会员的精细化管理？

秦光霞 门店客服专员上任后，在会员的精细化管理上，我们漱玉平民大药房重点抓了四项工作：

一是提升门店会员的成效性。会员成效性=（有效会员消费人数占总会员人数权重+有效会员消费次数占总消费次数权重+有效会员销售占总销售权重）/3×100%。

二是关注老会员信息资料的有效性。从目前的数据分析来看，新办会员信息有效率已经很高了，但是老会员的信息资料还有很多不全的，我们要积极核实和完善老会员的信息资料。这项工作相对比较麻烦，但必须特别重视。

三是做好门店核心会员和忠诚顾客的维护工作，以达到稳定客流、增强口碑、提升品牌知名度的目的。

四是重视市场调查（包括顾客满意度调查），做好商圈消费分析，要真正了解我们的会员来自哪里？消费水平如何？消费占比多少？顾客有哪些重要需求？

冉　平　在鑫斛药房，我们在会员的精细化管理方面主要坚持从以下四个方面进行：

一是实行定期的会员回访制度，对从未交易过的会员进行长期跟踪，激活沉睡会员，加强与会员的互动，防止会员流失。

二是定期兑现承诺的会员利益，有计划、有目的地组织健康讲座、会员联谊等大型活动，致力于培养忠诚顾客，着力提高顾客的忠诚度。

三是以小区或社区为单位，培养会员“领头羊”，建立会员发展会员的通道，实施“领头羊”会员奖励机制。

四是将会员按A、B、C、D分类，并实行店长、店员长期责任制，明确专人实行终身管理及贴身维护。

黄泽骙　精细化管理是会员制营销的重点。一般来说，企业的阶段性目标需要营销引领，而有效营销则需要管理来驱动。会员的精细化管理，除了上述具体内容外，我认为还应该注意个性化和品质化。大家都在做的工作固然不能放松，但真正能体现精细化管理价值、能吸引顾客并更容易得到顾客认可的，可能在于你的与众不同——不同的活动形式、新颖的服务方式、特别的利益回报，因人而异的交流沟通……我曾参加过一个企业的客户答谢活动，纪念品是一条十块钱左右的毛巾。当时工作人员在派发纪念品的时候，大家都没有特别的反应。但后来我发现，几乎所有领到毛巾的人都非常喜欢它。原来，每个人的毛巾上都绣有自己的名字。这就是个性化带来的独特性。独特，才能彰显出品质。

“冠军店长”修炼术

在药品零售领域，这几年门店数量快速扩张，直接造成了店长队伍建设的困局。42万多家药店，需要42万多名店长。店长作为连锁药店经营管理中的中坚力量，对上，承担着企业文化传承、品牌维护、业绩实现等重任；对下，承担着团队管理、员工培训、门店运营、顾客管理等具体工作。合格的店长人才从哪里来？优秀店长要怎样才能炼成？

特格尔商学院（现更名为“特格尔大学”）的“冠军店长班”似乎正在致力于解决上述难题。2012年6月4日，特格尔商学院第三届冠军店长班如期在古城长沙集中授课，正式开始下学期的教学活动。来自全国各地的特格尔中国药店采购联盟会员连锁的300名店长，在半军事化管理的学习形式中，集中接受了国内知名零售实战专家及清华大学著名教授的传道解惑。为此，我们特将镜头对准“冠军店长班”，和6位优秀店长直接对话，与大家共同分享他们的成长心得和经验。

主持人

肖志飞，《21世纪药店》报记者

访谈嘉宾

黄梅英，广西一心医药有限责任公司文化宫店店长

陈志勇，浙江瑞人堂医药连锁箬山药店店长

程朝霞，广东清远百姓大药房连锁公司英德建设路店店长

郝艳红，山西临汾竹林大药房连锁有限公司店长

李　娟，河南周口同和堂35店店长

刘寸芹，重庆鑫斛药房连锁有限公司店长

一、员工、顾客、促销是工作的重中之重

主持人　*你感觉目前的门店经营和管理中存在的最大的问题（或困难）有哪些？在你们公司中，你是因为哪些优势才得以参加这次“冠军店长班”的？*

黄梅英　药品零售行业发展越来越快，竞争也越来越激烈，因而对员工素质的要求也越来越高。作为店长，我感觉到门店的有效促销和员工培训是当前工作中颇为棘手的问题。前者难在创新和实效，后者难在系统和实用。虽然总部有专门负责这两项工作的相关部门，但针对性和系统性往往存在欠缺，在实际执行时还需要创造性地发挥。

我能参加此次“冠军店长班”，一是由于公司对人才的选拔、培养非常重视；二是由于我的管理思路和经营理念比较好地体现了公司的总体规划和要求；三是由于我所在门店的业绩和团队建设相对来说有一定的优势。

陈志勇　现在很多门店店长的精力绝大部分都放在促销活动的组织和实施上。究其原因，一是公司有要求，而且很多时候有统一安排；二是销售业绩是硬指标，而目前门店提升销量的主要手段大多还是依赖促销。由此导致的最大的问题便是：每次活动的初始愿望都与实际效果有不小的差距。这其中暴露的更多问题则是：促销活动的目的性不强；促销活动主题不鲜明；精细化管理不到位；会员管理流于形式等。在我们门店，这些问题的存在耗费了我们不少时间和精力。

本人能有机会参加此次学习可能是公司督促后进的原因，因为我没有觉得自己在哪些方面特别优秀，但我会通过这次学习尽量让自己优秀起来。

程朝霞　我在日常工作中，感觉到执行力问题是门店工作中最大的问题。如何使总部布置的工作任务落实到位，如何把公司的经营理念贯穿于门店日常经

营之中，如何让门店的阶段性工作与公司的整体战略保持一致……所有这些，都归结于一个执行力的问题。现在市场竞争越来越激烈，门店促销活动频率越来越高，门店所经营的商品的同质化现象却越来越严重。如何消除员工“促销倦怠”症状，提升方案执行力，是不少店长面临的难题。

选拔优秀人员外出学习培训，这在我们公司有着明确的标准：一是看销售业绩和管理能力；二是看个人素质和学习能力。我能参加此次“冠军店长班”的学习，应该是达到了公司这些方面的标准吧。

郝艳红 在我们临汾，城市虽然不大，但药店密度大，行业竞争比较激烈。因此，门店经营中存在的最大问题主要表现在人力资源方面。店员流动性较大，新老员工工作衔接不好，特别是新员工忠诚度差，学习兴趣也不浓厚。另外，中药专业人才的短缺也是一个比较大的问题。我的困惑主要在品类管理方面，不知如何下手，也不知如何才能做好，正在寻求这方面知识和技能的突破。

能参加这次“冠军店长班”的学习，我深感荣幸。自认为责任心强是我最大的优点。我比较善于与顾客沟通，面对困难勇于挑战。在门店，我提倡使用专业接待技巧，努力打造顾客满意药房。从2011年开始做会员日活动以来，我能够掌握总部的促销重点，与员工充分互动，把握促销力度，结合店员回访，使会员日销售有了大幅增长，提高了门店在目标顾客心目中的地位，提升了“竹林”的品牌形象。

李　娟 在我的经营实践中，我认为最大的困难是如何真正有效地提高顾客满意度。我个人认为，门店所有工作的落脚点，都是服务好顾客。只有顾客满意了才会有忠诚度，有了顾客忠诚，才会有门店业绩。只有让更多的目标顾客满意了，门店的工作才算是做好了。因此，顾客满意度工作实质上是一个系统工程，其中最重要的因素是团队的整体素质和价值观。大家每天都在努力做这方面的工作，但真正做得很好的并不多，这需要根据门店目标顾客的需求层次结构，统筹规划门店资源和经营方式，充分发挥每个员工的积极性和创造性。

我个人的优势主要表现在执行力方面，自我感觉自己的敬业精神也是不错的。在工作中我一直坚持以身作则，要求员工做到的，自己会率先做到。

刘寸芹 我个人觉得，药品安全事件和政府的政策是影响门店经营的非常重要的因素。从目前来看，国家基本药物制度对我们门店经营的影响很大。因为基本药物属于必须经营的品种，零差率销售不仅直接影响利润空间，而且间接影响着其他品类的销售。最近一个时期以来，“毒胶囊事件”对门店销售的冲击很大，胶囊类药品的销量呈直线下滑趋势，而且越来越明显。

我能参加特格尔“冠军店长班”的学习，可能是由于公司看到了我有很强的学习愿望。我没感觉到自己有多大的优势，但如果非要说一点的话，应该是我的执行力比较强。在工作中我也坚持做到以身作则，我认为这是每个店长都应该做到的。

二、素质要求：责任感、领导能力、专业能力同样重要

主持人 在当前的市场环境下，要当好一名店长，你认为必须具备什么样的素质？在这些素质要求中，你认为自己的短板是什么？你是如何补上这一短板的？

程朝霞 在我的工作实践中，我一直都从以下五个方面严格要求自己：一是要有责任心，岗位责任、领导责任、安全责任等要勇于承担，出现问题不推诿、不回避，积极、主动地去解决问题；二是要有较高的专业水平，专业精通才能以身作则，才能教育好团队，工作上才能游刃有余；三是要有较强的学习能力，通过不断学习新知识、新理念、新技能，不断提升自己的专业水平，提升工作效率；四是要有强大的执行力，对公司分配的任务，能准确理解，快速执行到位；五是要有沟通与带动的能力，要营造出一个和谐向上、积极进取的门店氛围，及时了解各方面的情况和信息，带领全体员工高效工作。

数据分析和电脑运用是我工作中最大的软肋。因此，在工作时，我虚心向90后店员学习电脑操作技术；在促销活动前期，我会特别注重向营运部的同事学习数据分析技巧。只有补上短板，才能使我的工作更有效率，才能从容地应对更多的挑战。

黄梅英 店长应该把自己看作是门店的灵魂人物。首先要清楚自己的角色定位——既是门店管理者，又是知识技能的教育者，还是具体工作的执行者。能够承担多种角色的工作，是一名出色店长应该具备的素质。在角色工作方面，我比较缺乏的是知识技能教育能力。所以，我在要求店员加强学习的同时，也利用一切机会提升自己的专业知识和业务水平。很多时候，我其实是在与员工共同学习、共同进步，只不过我充当了一个督促、组织者的角色，有时是“带头大姐”的角色。

陈志勇 店长素质的高低，直接决定了门店经营水平和团队工作效率的高低。因此，我认为一名优秀的店长必须具备六大要素：一是团队管理能力，要善于发挥大家的智慧和力量，而不是个人英雄主义；二是对营运数据的分析能力，要学会从数据中发现问题，通过调整营运指标、改善经营结构，找出最合适的门店策略；三是商品管理能力，如价格（建议）管理、品类管理、商品形象管理等；四是品牌借势能力；五是客户服务能力；六是促销活动的组织、实施能力。其中，最重要的是团队管理能力和促销活动组织能力。

数据分析和品牌优势在近几年的门店工作中越来越凸显出了价值和重要性，我希望在以后的工作和学习中能不断强化自己在这些方面的能力，努力向优秀店长靠拢。

郝艳红 要当好一名店长，我认为首先要有高度的责任感，要把门店的事当作自己的事来做。其次要有较强的人际交往沟通能力，最好是具备较好的演讲口才，还要学会倾听，能妥善处理好内部员工之间的问题以及员工与顾客之间的矛盾。再次要有较强的业务技能，在门店管理、门店营销、商品运营、顾客管理等方面有独立运作、协同执行的能力。还应掌握一定的电脑技术，具备必需的数据分析能力。最后还要有坚持不懈的耐力和不断创新的意识，要有克服困难的信心和勇气。

我在努力做一名优秀店长。但我缺乏好的口才，在说服别人方面感觉有点力不从心。为此，我平时注意收集一些案例，通过对门店员工的培训来提高自己的语言表达能力，并试图以积极向上的情绪来感染、调动大家的积极性。另外，我会利用一切机会与同事保持充分的交流与沟通，加深感情，做好铺垫，尽量保持团队工作目标、行为意识的一致性。

李 娟 要当好一名店长，我觉得需要从公司层面和个人层面两方面来分析。在公司层面，忠诚、敬业、执行力强，是优秀店长的必备条件，也是公司任用、提拔店长的基本考量；在个人层面，工作上的以身作则、管理上的领导能力、团队建设中的沟通能力是必不可少的素质要求。还有药品销售的专业技能、商品管理水平、顾客管理策略等，都应该成为优秀店长的必备条件。

在我的工作实践中，沟通是我的最大短板。特别是在与新入职的年轻员工（90后为主体）沟通时，难以迅速、准确地把握其心理问题和思维发展趋势，沟通得不是很顺畅，所以目前我还在努力地摸索与年轻新员工沟通的技巧。

刘寸芹 对优秀店长的要求，我认为在不同的竞争环境中会有不同的侧重点。就我们鑫斛药房的情况来看，最主要的有三个方面：一是良好的团队管理能力，要善于利用、集中大家的智慧和发挥协同作战的能力；二是较强的商品管理能力，药店密度大，商品的差异化也是满足消费需求的重要内容之一；三是精准到位的顾客管理能力，门店经营的实质是经营顾客，如果顾客管理做得不好，即使团队管理再好、商品管理再合理，最终还是形成不了销量，门店经营也就不能落到实处。

在门店管理中，我特别看重顾客管理中的会员管理。这次来特格尔学习，会员管理是我要重点学习的内容之一。通过学习，相信我们门店的会员管理水平会有所提升。

三、培训：最看重实用性和系统性

主持人 店长的成长需要自身不断学习和提高，其间当然离不开在职培训。在过去的一年里，你参加过哪些培训？感觉效果如何？你怎样看待本次“冠军店长班”的学习机会？希望通过学习达到什么样的目的？

程朝霞 2012年以来，我参加过特格尔商学院的“时间管理”、“商品的陈列与管理”、“如何打造团队的凝聚力”等课程的学习，学会了如何高效、合理地安排自己的时间，如何向门店陈列与商品管理要效益，如何激发团队成员的工作积极性和创造力。通过这些课程的学习，我发现了自己的不足，在及时调整了经营思路和门店管理策略后，收效明显。

参加“冠军店长班”学习后，我进一步开阔了眼界，权威专家的精彩演讲激活了我的思路。特别是听了清华大学李涛教授关于人力资源职能管理功能模块的讲解后，我意识到我们门店平常的团队管理随意性太强、连贯性不够，顾此失彼的现象经常存在。如果运用李教授的这一功能模块，会对保持团队士气的高昂、激发挑战新目标的动力产生很好的作用。

陈志勇 我们的培训现在主要有两大块：一是公司内部组织的培训；二是上游工业组织的一些业务知识、产品知识的培训。总体感觉效果都还不错。每次培训后不仅丰富了自己的知识体系，而且也确实可以解决一些门店经营中存在的问题。对于特格尔商学院的“冠军店长班”，我一直都非常向往。现在希望变成了现实，我非常珍惜这次学习机会。毕竟以前的培训都是零打碎敲，有些甚至存在“头痛医头、脚痛医脚”的弊端。“冠军店长班”的课程设置更系统、更科学，老师也更权威。加之实行的是集中封闭式学习，效果更好。

黄梅英 也许像我一样在知识技能教育方面感到能力严重不足的店长比较多，因此，我们公司非常重视对门店店长的教育培训，并专门成立了“广西一心医药培训学院”。在过去的一年里，培训学院针对市场的实际情况和员工需求，专门为店长组织开展了“一店一策促销”、“沟通的黄金法则”等培训课程。我个人觉得这些课程都能够学以致用，对门店工作很有帮助。

这次“冠军店长班”的学习在我的职业生涯中肯定会产生重大的影响。我们这次学习的课程更系统、更有高度和深度，授课的老师更权威、更有水平，在解答学员提问时也更有指导意义和普遍意义。比如张国芳老师主讲“价格策略”时告诉我们：价格与利润无关；商品毛利率并不是越高越好。这些理念对我们今后的工作非常有价值。我本人非常珍惜这次学习机会，我会把学到的知识带回公司，与更多的同事分享。

郝艳红 我们公司非常重视员工培训。在过去的一年里，我参加了三十多场大大小小的培训，每次都有收获。公司内部组织的培训大都以业务知识、技能为主，而公司外部的培训主要以学习企业管理和门店运营方法为主。

特格尔“冠军店长班”是一个很好的学习基地，也是一个展示自我的平台，一个店长们互相交流的中转站。我希望在这里能学习一些优秀的销售案例、门店细节管理技巧、品类知识、会员管理策略、员工培训方法、其他连锁门店的促销方法和思路等，特别想学习的是特格尔超强的执行力。我希望通过切身感受和实地考察，把特格尔的执行力带回自己的门店，进一步提升整个团队的工作业绩和运作能力。

李　娟　近年来，针对门店店长的培训好像越来越多了。2011年，我参加了特格尔第三届“冠军店长班”上学期的培训，还有我们公司总部每个月的例行业务培训。另外，还参加了七个厂家提供的产品知识培训。总的来说，每次培训我都学到了不少知识和技能。特别是“冠军店长班”的学习，培训师非常权威，培训课程既实用又系统，有很强的针对性和指导性。比如在这次学习中，张国芳老师关于“价格与利润无关”的理念、刘丰盛理事长“门店开门七件事”的课程等，都是可以学以致用的，非常适合门店经营的需要。我会把这些有用的知识带回去，与我的团队分享，让大家共同提高。

厂家产品知识的培训虽然也有一些经营技巧之类的课程，但整体感觉功利性太强，而且知识零散，好像是促销中的买赠——产品知识是主体，经营技巧是附送的赠品，所以效果相对会差一些。

刘寸芹　说到培训，2011年我也参加了不少，而且都比较有特色。既有全脱产的外派专训，如连续6天的特格尔“冠军店长班”学习，也有与兄弟连锁药店合作的交流学习，如参加杭州老百姓大药房的现场体验式培训，还有上游工业免费提供的“产品知识+销售技巧”的培训，如“思密达智慧系统工程”的学习培训。这些培训实战性强，对门店工作以及个人能力提升都很有帮助。

这一期的“冠军店长班”学习，让我接触到了不少新知识、新理念和新思维，对门店的营销管理和活动促销有非常强的针对性和指导性，我觉得不虚此行。

来自“百里挑一”的挑战

时下，面向药店一线员工的培训教育和知识竞赛活动越来越多，在业界独树一帜、大受追捧的“21’百里挑一全国药店岗位技能挑战赛”（简称“百里挑一”）正如火如荼地开展。药店业态的迅猛发展，门店数量的急剧增加，药品零售市场的竞争日趋激烈，门店人才梯队的建设已成为制约连锁药店发展的最大短板。如何将一线员工的培训教育和丰富多彩的知识竞赛活动完美结合？如何借助这一全国性的竞赛活动全面提升参赛员工的岗位技能和业务素质？

主持人

肖志飞，《21世纪药店》报记者

访谈嘉宾

张　宾，贵州同济堂制药有限公司OTC总监

肖　瑜，广东粤盟医药投资管理有限公司总经理

郭　伟，青岛医保城药品连锁有限公司台东分公司店长，首届“百里挑一”大赛全国总决赛店长组冠军

一、药店培训存在“四缺乏”现象

主持人　药品零售行业内部的竞争，说到底就是人才的竞争。有人认为，缺乏激励制度、缺乏吸引力、缺乏系统性、缺乏持续性（“四缺乏”）是当前连锁药店员工培训中存在的主要问题，你认为这“四缺乏”属实吗？你如何看待目前国内连锁药店的人才培养和选拔机制？

张　宾　我认为“四缺乏”的总结基本到位。中国药品零售行业是医药行业内最市场化的一部分，但同其他零售行业相比，又是发展最慢的一块，远远落后于快速消费品行业（中国大陆的快速消费品零售市场，由于国际大连锁和港、台连锁巨头的长期耕耘，已经基本同国际接轨了）。“四缺乏”现象，决定了国内连锁药店的人才培养和选拔机制有别于医院临床销售市场，计划经济时代的做法和传统的人事管理体系在药店已经没有施展的空间。同时，由于医药行业的特殊性，使得其又无法完全、真正市场化。再加上国内药品零售连锁药店大部分起步于民营家族企业，其人才培养和选拔机制存在着很大的随意性和浓郁的家族化色彩。可喜的是，最近几年来，大多数零售连锁药店已经开始注意到这方面的问题，现代企业制度已开始成为连锁药店的主流，对人才的爱护和重视、培养和选拔已经开始制度化、目标化了。

肖　瑜　从广东药店联盟商学院的几次培训会上可以很明显地体会到，当前连锁药店的员工在教育、培训中的确存在“四缺乏”现象。连锁企业管理层对员工培训的重视程度不一样，因而缺乏情况也不同。目前，国内连锁药店的人才培养正处于发展阶段，越来越多的企业重视人才培养，也有越来越多的培训机构介入药店专业培训。经过十多年的发展，各连锁药店企业都有其人才梯队的建设规划。我个人认为，国内连锁药店应该注重企业内部的文化建设，人才还是应以内部培养和提拔为主。

郭　伟　“四缺乏”在一定程度上是存在的。我认为当前连锁药店在人才的培养和选拔机制上存在如下两个深层次的原因：一是部分连锁药店虽然拥有自己的培训体系，但往往还不够完善，主要是对员工的职业前景未作很好的规划。企业虽然也能够培养出自己的店长及公司的管理人员，保证人才队伍的传承性，但因员工长期接受公司内部企业文化的熏陶，思想易被禁锢，缺乏创新性。二是部

分连锁机构未建立起能适应市场发展规律的人才梯队。借助与外界专业机构的合作，固然能接触到其他企业先进的经营管理理念，但专业机构关注的是普遍性的问题，培训思路往往容易与实际需要脱节。因此，人才的培养应该树立以“我”为主的理念，为所有员工制订好科学、完善的职业规划，将自身企业文化与先进经验充分糅合，建立起更具实战性和可持续性的培训、培养体系。

二、“百里挑一”活动促进人才成长

主持人 你觉得“百里挑一”活动的意义主要表现在哪几个方面？这一活动对药店人才的培养会有什么样的促进作用？

肖 瑜 “百里挑一”活动是药店圈一个十分有意义且影响非常大、非常好的学习、交流平台，我们广东药店联盟的很多连锁药店都在积极参加。比如，联盟理事长单位之一的清远百姓大药房，就组织了近100人的店员店长集体报名参赛。

“百里挑一”活动的意义主要表现在以下几个方面：一是能很好地促进品牌企业与连锁药店的沟通与合作，实现品牌互动与共享，让品牌产品创造更大价值；二是对连锁药店的发展有很好的推动作用，通过大赛这个全国性的行业平台，既能提升员工的综合素质，又可以为连锁药店做强做大品牌、发现商机提供新的机会；三是为连锁药店的一线员工开辟了一条走出去、长见识、找差距、塑自我的道路，对药店人才的培养起到催化剂的作用。

郭 伟 在我的接触中，“百里挑一”活动的含金量在业界同类活动中是最高的。首先，它让广大的药店从业人员在互相学习中，寻找业界标杆，发现自身的不足，通过借鉴行业内的最佳经验，有效提高自身的综合素质；其次，它让各大连锁的老总们探索出人才培养的方向；再次，它给各大连锁药店在经营理念方面带来了深度思考和探讨，比如员工岗位技能与知识结构的关系、个人能力与团队协调的管理等。其赛制的设置和活动主题，既能体现竞赛的公平、公正原则，又能较好地激发参赛选手水平的发挥。我希望通过参与这一活动，在充分展示自身风采的同时，能从其他选手身上学到更多知识，不断提高和完善自己。

张 宾 “百里挑一”活动是我们制药工业对合作伙伴应有的回馈。制药工业的发展，特别是OTC工业的发展，离不开连锁药店的配合和支持，我们需要有合适的途径和一定高度的平台来实现零、供的互动，以促进产业链各节点之间更有效的资源整合。因此，我们希望通过这样的活动，参与到合作伙伴的人才培养和选拔过程之中，从而更有效地满足终端阵地的人才需求。我们将这项活动看作是同济堂OTC连锁战略合作的一种具体落实，也是对整个医药零售行业人才培养的贡献，更是同济堂中华百年老字号企业文化的体现。

三、“自信”是参赛选手的必修课

主持人 众所周知，“百里挑一”是店员、店长学习和交流的平台。要想在这个平台上有所收获，通过竞赛真正提高自身素质、增进岗位技能，你认为参赛选手应该如何应对挑战？组委会应该加强哪些方面的工作引导？

肖　瑜 我认为参赛选手首先要从思想上高度重视，要把参赛作为一次难得的学习机会来对待，从而保证必要的时间（大部分是业余时间）和精力的投入；其次是要有十足的自信心，要坚信自己的实力和多年来在工作中积累的经验，不必盲目崇拜其他选手和所谓的竞赛技巧；再次是在知识和业务技能上细心准备，善于把工作中的突出业绩和经验拿出来交流、分享；最后要敢于展示自己和企业的风采，在与对手的博弈中，要学会把对手看成自己的VIP会员。

考虑到大部分参赛选手对大赛流程、参赛技巧等方面内容还很陌生，个人希望组委会能展开更广泛的宣传，多与参赛选手沟通。同时，应削弱大奖的诱惑力度，要积极引导选手树立“学习进步第一，得奖胜负第二”的观念。

张　宾 我个人觉得，专业知识的学习和业务技能的提高，需要平时不断地学习和积累。建议参赛选手相互帮助，平时多做模拟练习，也希望连锁总部能够组织相关的培训和辅导。贵州同济堂设立在各地的办事处也愿意配合组委会加强对参训选手的培训和辅导，有需要协助的连锁药店或个人，可以通过组委会与我们联系，也可以与各地同济堂办事处直接联系。

郭　伟 作为参赛选手，我愿意把我现在的想法和准备工作的情况拿出来跟大家分享。第一，时时提醒自己一定要有自信。我深知这个精彩的舞台属于我们每一个参赛选手，谁都可以在上面一展风采。第二，注意弥补自己的短板。我打算系统地学习、了解国家相关的法律法规，学会关注行业的现状和发展趋势，扩大自己的视野。第三，检视自己在岗位技能、专业知识、经营管理水平等方面的积累和不足，有针对性地改变、完善、提高。

对组委会，个人有个小小的期待，就是希望组委会能及时、详细地告诉我们命题规则和评比细则，让我们的准备更有针对性。如果还能给选手们提供相关知识的培训和指导，那就更好了。

连锁运营篇

LIANSUOYUNYINGPIAN

LIANSUOYUNYINGPIAN

连锁药店：定位定市场

药店开门七件事，如何定位是第一件大事。

都说现在药店经营困难重重，但我国的零售药店数量却一直在飞速增长。42万多家门店，平均每3 300人就拥有1家。如果你的药店定位不准，千店一面，你的目标顾客能达到平均数吗？新医改政策对零售药店的冲击已然明显，“基药”制度、医保报销制度对门店利润和客流的影响更是立竿见影，如果你的药店定位不清晰、无特色，你能占据多少目标顾客的心智空间？

从营销学的角度看，定位，是药店经营决策的前提，是决定企业发展空间和品牌影响力的基础工程。那么，现阶段药店的定位主要应该包括哪些方面？如何科学、合理地为药店定位？下面请三位连锁药店的掌门人来谈谈各自的观点和具体做法。

主持人

肖志飞，《21世纪药店》报记者

访谈嘉宾

刘丰盛，特格尔中国药店采购联盟理事长

罗玉琴，重庆鑫斛药房连锁有限公司总经理

黄劲松，云南普洱淞茂济安堂医药有限公司董事长

一、给药店定位的五个建议

当下，在国内中小型连锁药店中存在一个非常普遍的现象：相互模仿，千店一面。这导致了药店在消费者定位、商圈选择、形象塑造、品类结构、价格策略、营销和服务等各方面都存在着严重同质化的现象。如何定位市场消费者？如何实现差异化经营？这两个问题事关连锁企业可持续发展的战略大计，是每家连锁药店都应该考虑的首要问题。

连锁药店的企业定位，实质上是一个合理利用内部可控因素适应外部环境的过程，即通过对产品、价格、渠道、促销的计划和实施，对外部不可控因素作出积极动态的反应，促成门店交易的实现，并同时满足员工个人与企业组织的目标需求。基于此，个人建议中小型连锁药店在确定自身定位时应着重考虑以下几点。

第一，马上行动。中国连锁药店经过十多年的发展，现已迎来医药零售行业第三次变革。在变革拐点到来之际，一定要意识到企业定位的战略意义和市场作

用。第一个吃螃蟹并取得成功的人，将会成为区域市场难以轻易撼动的霸主。因为消费者只能接收有限的信息，人们总是容易记住第一名。

第二，简单定位。很多优秀企业的成功经验告诉我们：定位越宽，将来的路会走得越窄；定位越窄，将来的路会走得越宽。消费者喜欢简单，讨厌复杂。复杂的东西容易引起歧义，造成混乱，不易走进消费者的心里。

第三，安全信任。要通过优质服务提升门店的安全信任度。在药店，服务体系重于营销体系，客类管理重于品类管理。在药品零售领域，消费者普遍具有缺乏安全感的心理。由于缺乏安全感，信任度就显得非常重要。要通过信任度的建立，让消费者感受到无微不至的关怀，从而达到持续消费的目的。

第四，品牌意识。做企业就是做品牌，创建伟大企业的过程，其实就是创造顾客集群、打造长久品牌的过程。在药品消费方面，消费者对品牌的印象一般不会轻易改变。因此，我们既要致力于药店自身服务品牌的塑造，也要学会借力于供应商的产品品牌，打造连锁药店的渠道品牌，通过特色服务、特色品类来彰显药店品牌的优势和价值。

第五，合理转型。药店多元化不是“另起炉灶”而是“炉灶升级”，形成小炉灶与大炉灶的关系，是“治已病”扩展到“治未病”的过程。在当今药品品种极为丰富的情况下，消费者的想法容易失去焦点。因消费者要购买的并不是药品本身，而是健康解决方案，所以，药店转型要致力于帮助人们更长寿、更健康、更愉悦地生活。

（刘丰盛）

二、顾客、商品、品牌，一个都不能少

中小型连锁药店的定位至少应包括以下三个方面：

一是顾客定位，即明确药店主要服务的目标顾客群。这需要我们从门店所在商圈的环境和主要顾客群体的年龄、性别、职业、消费习惯和消费水平、流动性等消费者结构方面来考虑。比如在商业中心的门店，其目标顾客群体应以崇尚品牌，消费能力较强的中、高收入人群为主；社区店则应以日常小病小痛患者、慢性病患者为主。

二是商品和服务定位。要针对门店目标顾客的需求，把顾客需求的商品范畴延伸为大健康范围内的产品，从中选择有条件满足目标顾客的大健康品类。比如我们鑫斛药房现正在逐步推行的糖尿病生活馆、医疗器械体验区、保健品专项营销等，就是出于这方面的考虑。

三是企业品牌定位。在前两个定位比较精准的前提下，药店应努力建立起比较明显的或潜在的竞争优势，并作为突破点以实现差异化品牌定位，打造具有专业特色的健康药房。

尽管药店定位属于企业战略层面，但有必要在门店经营中时刻加以体现。第一，我们坚持将企业文化、经营理念持续地灌输给员工，以期体现到日常经营和门店环境中；第二，我们注重立体式的员工培训，系统培训营养学、心理营销、药理学、医学等多方面的知识，使员工逐步成为顾客的健康顾问；第三，我们建立、执行与定位相配套的绩效考核体系和岗位晋升机制，提高员工的工作积极性；第四，我们在门店一线广泛收集顾客意见、建议，完善药房对定位的执行管理体系。

（罗玉琴）

三、连锁定位须先做三门功课

首先是企业定位的战略问题。我个人的理解是：企业通过一系列独特的运营活动，去创建一个价值独特的品牌形象。

在谈定位之前，我们首先必须考虑到自身有什么。如企业的人、财、物能匹配什么样的发展速度，企业的经营体系是什么，企业的文化体系是什么，企业的团队有多强，企业的能力有多大，企业的发展是否健康，企业想打造的核心价值观是什么等。

其次是发展模式的问题。我认为今后中小型连锁药店发展最合理的模式可能是"直营店+联采+联盟"模式，这也可以看作是这些连锁企业得以做大做强的共同定位，当然也是基本的定位。在此基础上，不同的连锁可以构建差异化的品牌形象。在当前的药品零售市场我们可以看到，直营店最有利于形成企业自己的品牌形象，联采可以有效地降低采购成本，联盟则有利于强化企业的影响力和知名度。

再次是消费需求问题。药店流通的是药品，而药品是特殊商品，我们靠药品这种特殊商品流通后获取利润。因此，连锁药店在定位时，一定要搞清楚各个门店所在商圈对药品的需求是怎样形成的。我个人认为，消费者购买药品主要有使用需求、心理需求、潜在需求三大方面。因此，欲谋求连锁药店发展的可持续性，一要卖服务；二要卖知识；三要卖放心；四要卖品牌。将定位立足于上述四个基本点，搞清楚每个基本点所包含的内容和所应达到的目标，再根据药店所处环境和企业的具体实际情况，不断完善、管理好这四个基本点背后的四大体系，连锁药店的定位问题也就基本解决了。

（黄劲松）

药店重新定位怎么定

在复杂多变、竞争激烈的过去十年间，零售连锁药店为什么能取得如此长足的发展？在竞争无序、缺乏引导的药品零售市场，为什么这几年也慢慢形成了数家规模相对较大和影响力遥遥领先的全国性连锁药店和药店联盟？在政策环境日趋严峻、异业竞争相互渗透（基层医疗与专科诊所）、消费需求出现格局变化的当下，零售药店的出路在哪里？在未来的“黄金十年”有志于做强做大的连锁药店，当务之急是什么？

采写

肖志飞，《21世纪药店》报记者

嘉宾

刘丰盛，特格尔中国药店采购联盟理事长

日前，有“贴牌大王”之称的中国药店圈风云人物、特格尔中国药店采购联盟理事长刘丰盛再度抛出重磅炸弹型观点。他认为，过去10年中异军突起的连锁药店的成功，在于其审时度势的准确定位；当前连锁药店的重要任务，是更新观念、认清自我、重新定位。

刘丰盛认为，云南一心堂的成功，在于其立足区域、做强西南、密集覆盖、渗透周边的定位和策略；湖南老百姓的成功，在于其高举平价大旗、主推大店模式、快速覆盖全国的定位和策略；益丰大药房的成功，在于其标准化和精细化运作、深耕区域、稳扎稳打的定位和策略。说到特格尔联盟的成功，刘丰盛表示：“我们做得还很不够，还有很长的路要走。在过去的8年里，我们坚守以产品输出为主、管理输出为辅，不断完善培训服务的联盟定位，致力于为会员连锁、上游工业、终端消费者、行业及社会等各方创造价值。”

在刘丰盛看来，不论是连锁药店还是药店联盟，过去的定位均因为市场环境的变化和竞争格局的调整而呈现出诸多不足，很有必要在科学论证、合理规划的基础上调整发展战略，重新定位，以迎接新的挑战、拓展新的市场。“通过重新定位，特格尔已将目标消费群定位于25～45岁的优质家庭女性，消费者利益点定位为帮助人们更长寿、更健康、更愉悦地生活，致力于打造中国最大的自由连锁药店。”刘丰盛如是说。

一、重新定位的前提：了解消费者

从营销理论上说，定位就是企业或品牌在潜在顾客的心智上实现差异化，从而获得认知优势。所谓重新定位，就是应对竞争、变化与危机的差异化战略营销之道。

环境变了，市场不同了，竞争更加激烈，消费者更加精明，传播速度也更加迅速，曾经获得成功的公司无时无刻不处于危机中。因此，有“定位之父”美誉的杰克·特劳特曾明确提出过“重新定位”的理论。他告诉企业家们，在当今过于拥挤的市场环境下应如何调整战略、参与竞争、争取顾客、赢取较高利润，直到取得成功。

从策略的层面上看，重新定位就是调整企业在顾客心智上的认知。这些认知可以是关于自己企业的，也可以是关于竞争对手的。特劳特认为，重新定位的关键在于为自己建立起正面定位。基于此，可以从消费者以下思维模式中寻找企业重新定位的基本规律：

消费者只能接收有限的信息；

消费者喜欢简单，讨厌复杂；

消费者缺乏安全感的心理；

消费者对品牌的印象不会轻易改变；

消费者的想法容易失去焦点。

只有了解了消费者的思维模式，把握住了消费需求，明确了企业对于消费者的价值所在，把自己的特色培养起来并传播出去，把企业的差异化形象树立起来并不断完善，同时做到独一无二，及时满足消费需求，才算做到了真正的重新定位。

二、战略联盟定位：重点解决四大问题

目前，比较适合我国市场环境的药店联盟主要是契约式战略联盟。战略联盟的定位必须着重解决以下四个方面的问题——

第一，相互信任。相互信任是战略联盟的关键组织原则，既是联盟成员间互利互惠的需要，更是联盟健康成长必不可少的行为路径。要建立起联盟成员间的相互信任关系，首先必须建立起能够促进相互信任的产生机制。

第二，文化融合。所谓文化融合，就是让具有不同文化背景的联盟企业、管理人员之间相互理解、相互尊重对方的文化，并创造出各种文化相容度很高的合作方式。

第三，人力资源管理。联盟组织内的人力资源管理必然会呈现出复杂性及动态管理的特点。联盟组织如果想与对方进行成功合作，充分利用对方的互补性资源，就应该考虑在建立外部专家人才库和清晰的沟通体系两个方面有所作为。

第四，核心能力管理。企业与合作伙伴建立战略联盟，必然是出于对公司核心能力的培养和进一步提高作为主要目标。按照资源学派理论的观点，核心能力是企业所独有的、具有一定异质性的资源和能力，它可以使企业在一定时期内保

持强有力的竞争力。通过战略联盟的方式，企业更有可能借助外力以发展核心能力，这也是保护企业竞争优势的根本之道。

三、区域连锁定位：适时把握五大趋势

在我国的连锁药店业态中，绝大部分是区域连锁。区域连锁药店如何重新定位，直接关系到药品零售市场的未来走向。

趋势一，深耕区域大有可为。我国医药市场的特点，决定了药品零售领域在相当长的一段时间内不可能出现只有几家大连锁垄断市场的格局。而在角逐全国性大连锁的游戏中，要形成真正有竞争力的差异化定位的连锁企业，难度和风险都非常大。在医药零售行业第三次变革的拐点到来之际，第一个吃螃蟹并取得成功的人，将有可能成为区域市场不可撼动的霸主。

趋势二，细分市场精准定位。实践已经证明，企业定位越宽，将来的路会走得越窄；企业定位越窄，将来的路会走得越宽。道理很简单：消费者喜欢简单，讨厌复杂，比如麦当劳将孩子定位为第一客户群，其简约的标志和餐厅环境的设计就非常符合孩子的心理特征。

趋势三，强化服务培育信任。服务体系重于营销体系，客类管理重于品类管理。在药品市场，消费者普遍具有缺乏安全感的心理，因此，信任度就显得非常重要。比如保险、直销等人际网络营销模式，通过一对一的服务进行销售和传递信息，通过信任度的建立，让消费者感受到无微不至的关怀，从而达到持续消费的目的。

趋势四，战略合作借势上游。做企业就是做品牌，创建伟大企业的过程其实就是创造顾客集群、打造长久品牌的过程。对于品牌上游的供应商来说，打造产品品牌是其主要任务，连锁药店不妨通过战略合作，借力于供应商的产品品牌，打造连锁药店的渠道品牌。因为消费者对品牌的印象不会轻易改变，而且“产品品牌”与“渠道品牌”之间有着天然的联系。

趋势五，围绕“健康”多元化。药店多元化不是“另起炉灶”，而是“炉灶升级”，形成小炉灶与大炉灶的关系，比如从“治已病”扩展到“治未病”。作为患者，要购买的并不是药品本身，而是健康解决方案，药店应该紧紧围绕“健康”这个核心，致力于帮助患者更长寿、更健康、更愉悦地生活。虽然“另起炉灶”的产品多元化能够扩大市场范围，却会使消费者模糊了原有品牌的印象，无所适从，从而逐渐丧失对药店品牌的认可。

加盟连锁：要实力，更要品牌

商务部于2012年1月10日发布了《关于“十二五”期间促进商业特许经营健康发展的指导意见》，提出用五年时间，增加主要特许经营品牌的加盟店数量、扩大经营规模、提高规范水平。

在药品零售领域，作为当前三大连锁形态之一的加盟连锁药店，是一支不可忽视的力量。然而通过前几年的飞速发展，加上一些政策性因素，加盟连锁的发展速度已有放缓的趋势，不少连锁药店开始控制、甚至裁减加盟店的数量。药店圈特许经营目前是怎样一个状况？加盟连锁药店存在哪些问题？如何借商务部“指导意见”的东风使加盟药店的发展上一个新台阶？

主持人

肖志飞，《21世纪药店》报记者

访谈嘉宾

王惠琳，北京伊夫马丁国际文化传媒有限公司董事

庞　云，广西康全药业连锁有限公司董事长

邱伟波，广东本草药业连锁有限公司副总经理

一、最具活力的经营业态

主持人　*在国内药品零售行业，连锁加盟模式解决了药品零售业态中的哪些问题？*

王惠琳　目前国内的加盟连锁可以细分为加盟店模式和特许加盟连锁模式两种。药品零售业发展的事实证明，特许加盟经营是最具有活力的经营业态之一。

特许加盟经营是以特许权向市场辐射，从而开展连锁经营的一种方式。对加盟总部而言，企业无须投入大量资金和人力，可以借助他人的力量，将成熟的规范化的管理方式和独具特色的经营技术以及已经名牌化的品牌，通过转让和受让来占领市场，有较强的市场倍增力，是一种既安全又能迅速扩大知名度、拓展市场的经营方式。对加盟店而言，业主无须拥有一定的技术和经验，仅需支付一定的加盟费用就可直接套用他人成功的经验和管理技术，得到加盟总部的长期指导和服务，从而降低时间成本和投资风险。

庞　云　发展加盟连锁，可以帮助企业快速抢占一定的市场份额，提升销售规模和知名度，解决创业期企业资金不足及投资风险等问题。同时，通过对加盟店统一名称、统一管理、统一采购、统一配送、统一质量标准、统一服务标准，

在实现规模化经营的同时，也降低了企业采购和管理成本，为顾客提供低价实惠。

邱伟波 连锁加盟模式是药品零售市场发展的重要形式之一，现阶段正逐步走向成熟。通过连锁加盟平台，一方面可以降低经营成本，形成规模效益；另一方面，借力于有品牌、有实力的连锁企业所提供的专业培训和技术支持，可以更好地提升加盟药店的市场竞争能力。从行业的层面来看，加盟连锁可以有效地逐步淘汰“小、散、差”的个体店，规范药品零售市场秩序。

二、已进入拼品牌品质阶段

主持人 *如何正确看待加盟连锁的发展现状？与直营连锁相比，加盟连锁有什么优势和劣势？*

王惠琳 在欧美药店行业中，特许加盟连锁药店占绝对优势。但在我国，加盟连锁店从20世纪90年代初出现至今只有近20年的历史。加盟连锁模式为连锁药店增加了可运用的资源。一是财务资源，开设的每一家特许加盟连锁分店都是由受许人提供资金，特许人出的资金很少；二是人力资源，加盟店的人力资源并非特许人所雇用，属于真正的低成本扩张；三是门店地利资源，现在门店越来越多，开新店好的位置很难找，而加盟店大都有较好的地利资源。

加盟连锁作为医药零售业的一种经营业态，经过这些年的发展，已经趋于理性，并在政策引导下逐步走向规范。但是我们应该看到，尽管加盟连锁药店的总体管理水平和营销能力提高很快，但真正意义上的全国性加盟连锁药店依旧凤毛麟角，真正的领导品牌尚未形成。而且这些加盟连锁店的平均盈利在下降，许多企业只关心规模和数量，只注重外在形式的统一，而忽视内在基础建设。一些特许授权企业还未真正具备吸引加盟者的能力，只是把加盟作为扩大规模的手段。另一个值得注意的问题是，一些特许人由于忽视对加盟者的全面审查，让不具备条件的被特许人加盟，使授权企业的形象受损。

庞　云 从康全对加盟药店的管理实践来看，我认为加盟连锁的优势首先是能快速扩大销售规模，提高品牌知名度，同时降低采购成本；其次是有利于药店快速进入新区域市场，在拓展社区小型店、边远山区及农村乡镇店方面尤其具有优势。

加盟连锁的劣势其实也很明显，首先，在管理、服务、员工专业化以及门店形象等方面跟不上直营店；其次，大部分加盟店是自负盈亏，所以在经营理念上会掺入自己的想法，连锁总部难以完全按照直营店要求进行管理；再次，加盟商对售后服务、促销活动以及会员的维护大都不愿意投入，导致连锁的资源及信息共享率较低。另外，加盟连锁经管经过了创业期，现已到真真正正拼实力、拼品牌品质的阶段，管理不到位的加盟店会拖企业的后腿，严重制约企业的发展，影响连锁品牌。特别是像广西药品监管部门对连锁药店不分直营、加盟，都要求统一法人、统一管理，这就进一步增加了加盟连锁企业的经营风险。

邱伟波 据统计，加盟连锁经营的企业成功率高达90%以上。相对于单体药店来说，加盟连锁的优势主要有：经营所需商品由总部统一提供，其投资成本远远低于普通经营性投资；获得连锁经营更为规范统一的经营培训、营销策划、管理模式，有利于快速启动市场；享受品牌溢价和整体广告宣传带来的效应。与同样的单体药店相比，背靠一个知名品牌连锁的门店，更易于取得消费者的信赖和认可。

至于劣势，从目前的业态形势来看，连锁企业对加盟店没有控制权，管理难度比较大，完全实现连锁加盟的“六个统一”还需要一定的时间。还有就是加盟店大多缺乏忠诚度，容易转向其他品牌或行业，形象也较难保持与直营店完全一致，商品进货渠道和价格较难监控。另外，如果加盟店出现问题，会影响连锁企业的整体品牌形象。

三、美誉度比知名度更重要

主持人 *如何强化加盟连锁药店的核心竞争力?*

庞　云 就我们广西康全发展加盟店的实践来看，第一，应该将企业的发展战略定好位，提升企业在标准、专业和服务三个方面的核心竞争力。第二，要提高加盟的门槛和标准，严格评估加盟商的经济实力和铺面价值以及对连锁企业价值观和管理的认同度。第三，要加强对加盟店的监督和指导，促进加盟店的统一化和标准化，对达不到标准要求的店要及时予以指导或解除处理。第四，要给予加盟店强有力的培训和促销支持，统一信息化管理，提高物流配送效率，必要时给予适当的人才输入。第五，要增加引进自营品牌产品，实施差异化或特色化经营。

邱伟波 广东本草是以加盟连锁为主的药店企业，经过多年的发展，目前拥有相对稳定的加盟门店1 000多家。我们现在主要在做以下几个方面的工作：一是在巩固已有业务的基础上，探索开拓新的经营模式；二是继续发展统一配送业务，特别是高毛利品种的配送业务，增加盈利点；三是以连锁企业终端建设为目标，加快直营店布局，整合加盟店资源，加大药品经营合作项目开拓力度；四是以信息技术为先导，以物流配送为支撑，以托管小连锁店或并购个体店等形式拓展加盟店，努力打造企业核心竞争力。

王惠琳 加盟连锁模式最需要关注的是形成品牌效应。品牌是连锁经营扩大规模的基础，利用品牌效应来发展加盟连锁经营是一种效率极高的扩张方式，这在药品零售领域表现得尤为突出。普通消费者购买药品时，通常十分注重药店的品牌，希望在有一定品牌知名度和美誉度的药店选购药品。因此，在特许加盟连锁经营方式下，总部应将有限的资金、人力投入到强化经营管理、树立品牌形象、提升无形资产等方面，在吸引消费的同时，以良好的品牌形象吸引更多的加盟者。

需要指出的是，品牌不仅在于知名度的提高，更在于美誉度的建立。只有同时提高药店的知名度和美誉度，才能形成忠诚的消费群体。

老字号药店如何重振雄风

古香古色的店堂环境，传统而有内涵的店名，有传说、有来历的经营理念，有特色的中药百子（斗）柜……在药品零售市场，老字号药店以其特有的历史符号和传统文化背景，成为一道独特的风景线。然而，随着西医西药的普及、市场经济的发展，老字号药店当年的风光正逐渐被现代连锁药店超越，全国百强连锁药店中老字号药店所占比重越来越小，一些老字号药店甚至接近消亡的边缘。老字号药店的经营遇到了怎样的瓶颈？应如何让老字号重振雄风？

主持人

肖志飞，《21世纪药店》报记者

访谈嘉宾

夏佳文，四川德仁堂集团企划总监、医疗投资公司总经理

张东风，哈尔滨报人医药营销策划有限公司总经理

一、发展瓶颈：管理粗犷+品牌区域性局限

主持人 *你所了解的老字号药店目前的经营状况如何？其在发展过程中普遍存在哪些问题？*

夏佳文 长期以来，老字号药店大多采取粗犷式管理模式，在连锁经营中遇到了瓶颈。有的虽然销售额增长，利润却不见提高。原因可能是企业机制老化，经营无创新；“大企业病”导致激情消失，团队不缺能人但缺乏活力；计划不少，制度很多，执行力却相对欠缺，陷入“高层忙碌、中层盲目、员工茫然”的怪圈；公司传统理念、核心文化迷失，所谓的企业文化只是一句口号，甚至变成了挂在墙上追求时髦的装饰品；内部岗位职责不清，下属做事或“左右为难”，或“进退两难”，导致员工缺少忠诚度、归属感，有些企业甚至出现管理人员做业务、业务人员谈管理的怪现象，结果是员工在思考，总裁在行动；产品和服务不能与时俱进，欠缺核心卖点；营销策略单一、客流增长缓慢、顾客消费频率低、客单价低、效益越来越差。

张东风 我国的老字号药店，如果仅从某些单店来看，其店面布置、经营管理和业绩大多数还是不错的。但在连锁经营上，无论是从经营规模、盈利模式，还是品种结构、经营人才等方面来看，老字号药店普遍没有什么优势。这在最近几年全国连锁药店百强排名中体现得非常明显。目前，老字号药店在发展中普遍存在三个方面的问题：一是以狭窄的区域性品种居多，跨地区经营的少，品牌覆盖非常有限；二是门店数量少，规模优势缺乏；三是很多老字号药店都经历过解放初期的公私合营，属于国有或集体所有制性质，长期形成的大量离退休人员成为沉重的包袱。这些原因不同程度地影响着老字号药店的生存和发展。另外，在日常经营中，老字号品牌的普及和推广力度还有待提高。

二、产生根源：历史原因+创新意识不强

主持人 老字号药店存在的上述问题，产生的根源在哪里？有没有将上述问题解决得很好的典型案例？请谈谈你对解决上述问题的思路。

张东风 这些年，国家通过对老字号的评定、申遗等活动，使老字号药店的地位和品牌价值不断提高。但是，除少数几家外，大部分老字号药店这些年的发展都不尽如人意。究其原因主要是传统观念太强、自我感觉良好。很多老字号药店由于在实行计划经济制度之前就已存在，在前几年的经营中没有遇到多少困难，总认为有了老字号这张“金牌”就能高枕无忧了，因此跟不上市场经济改革的步伐。特别是不少老字号药店在经营理念上创新意识不强，人才使用机制不合理，不像一些新兴的连锁药店那样积极引进人才，能抓住扩张的时机。很多老字号错过了前些年医药连锁发展的黄金时机。对消费者来说，“酒”好也怕巷子深，老字号的门店太少，布点远远不如新兴连锁药店广泛、合理，因而难以吸引更多的消费者，这是老字号药店难以发展壮大的重要原因之一。当然，老字号药店也有做得比较好的，如重庆的桐君阁，由于抓住了扩张的机会，不但垄断了重庆大部分市场，在整个西南地区也有一定影响，跻身于全国连锁十强的行列。其成功的经验就是，把老字号的招牌完美地嫁接在现代化经营模式上。

老字号药店要焕发青春，首先要加大品牌传播力度，提升老字号的竞争力；其次要充分发挥其在中医药方面的优势，扩大品牌覆盖面；最后是一定要与时俱进，及时转变、创新经营理念，培养新思维。

夏佳文 在“老字号”的光环下，很多老字号连锁药店没有建立起现代企业的公司管理架构，系统化运作机制也相对缺失。我所在集团下属的成都同仁堂和德仁堂都是“中华老字号”，一直致力于经营创新，单店的年销售额近2亿元，几乎每周都有一些外地同行来考察学习。在与前来考察学习的同行的交流中，我发现老字号药店的思维转型比业态转型更重要。

对于绝大多数老字号连锁药店来说，都面临着根据当地政策环境、市场环

境重新定位的问题。在学习其他企业的做法的时候，一定要有“内向思维”。比如我们德仁堂前不久在与宁波海曙新城中医会馆相互考察、深入交流后，又去南京、杭州、石家庄、福州、上海、广州、长沙、北京、沈阳等地考察了许多老字号药店，最后决定以同盛店为基地进行全面试验，采用宁波模式加医院模式。这主要是充分考虑了成都本地的环境和我们自己“打造以中医药为核心的健康产业”的定位。现在同盛店已顺利新张开业，效果有待检验。

三、嘉宾观点：更特、更专、更细+差异化经营

主持人 在当前的市场环境中，与现代连锁药店比，你认为老字号药店具有哪些可以发扬光大的优势？你认为老字号药店的发展方向应该是怎样的？

夏佳文 老字号药店的优势一般集中在中成药品种齐、特色明显、服务专业、信誉优良等方面。我认为其发展方向应该在坚守传统特色的同时突出差异化经营。成都同仁堂总店的经营策略就是：通过采用“三三法则”，满足顾客一站式采购需求，打造核心竞争力，在此基础上谋求可持续发展。

所谓“三三法则”，第一是“三效”：通过精细布局、生动化陈列提升门店“平效”；在采购源头即实施品类管理，为关联销售提供独有或者受渠道保护的商品，全面提升“品效”；通过一整套专业化的关联销售技术模板培训员工，不断强化服务力，提升“人效”。第二是“三得”：以系列的推广与促销引得来顾客；以商品力和服务力的不断完善留得住顾客；以“药品多问、保健品多说、日化用品多体验、医疗器械多操作、食品多介绍特色”的技巧卖得掉产品。第三是“三名”：聘请有独门绝技的高端名医；销售从稀有到独有、遵古炮制的道地名药；打造大专科、小综合特色中医馆配套的名店。成都同仁堂总店通过“三三法则”，不仅吸引了本地顾客，外地和国外的顾客也纷纷慕名而来。通过对近几年的客流及销售流向分析，我们发现，成都地区以外顾客的购买量，占据了该店三分之一以上的销售业绩。

张东风 老字号药店最大的优势是医、药并行，以医带药，药为医用。其优良传统是以诚为本、服务周到，因而忠诚顾客稳定。从经营方式来看，名医坐堂、代煎汤药等一直是老字号的特色。但在市场竞争中，一些新型连锁也纷纷采取了这些服务方式。因此，老字号药店应该发挥自己的优势，使之更有特色、更专业、更细致。同时，老字号还应该提升品牌效应，扩大门店布局，更广泛地发扬老字号的传统和特色，培养中医药消费市场，让年青一代消费者成为老字号的受益者。另外，老字号药店在继承传统的基础上一定要注意创新。中医药文化是宝贵的历史遗产，是老字号的文化内涵所在。因此，如何让这种深厚的文化底蕴在市场竞争中转化为发展动力，如何在弘扬特色的同时创新品牌形象，是老字号药店奋起腾飞的关键所在。

中医馆：重在医学服务

国家基本药物制度的全面铺开、一轮又一轮的药品“降价令”、“零利润”品种的增加，都使得零售药店的利润空间进一步收窄，不少药店把目光投向以调理、滋补、养生为主的中成药品类。从中成药专柜到中药专区，从坐堂医到古色古香的中医馆，中成药品类越来越受到零售药店的青睐。如何看待目前在药店终端大量出现的中医馆？如何经营中医馆才能既促进销售、又为药店品牌加分？

主持人

肖志飞，《21世纪药店》报记者

访谈嘉宾

张荣伟，江苏常州中诚医药连锁有限公司总经理

李　强，济南漱玉平民大药房有限公司市场总监

李忠玉，广东美丽康保健品有限公司销售总监

一、跳出竞争“红海”

主持人　近年来，零售药店越来越重视中药类商品的经营，药店举办中医馆就是一个有力的证明。你认为中医馆（或中药专柜、坐堂医）的功能应该包括哪些？其在药店经营中可以发挥哪些作用？

张荣伟　对中医馆的功能或者说项目其实不必去作生硬的界定，一切以条件许可和顾客需要为原则就行了。比如我们中诚医药连锁，注重中医药特色经营已有五十多年的历史了。一开始是中药专柜，后来是医生坐诊，服务内容都比较单一。2009年，我们开办了第一家名医馆，投入了几百万资金，服务项目覆盖了肿瘤康复以及脑病、风湿病、肾病、肝病、妇科病、儿科病、针灸等中医药治疗范围。而即将开业的第三家名医馆则更具规模，将成为江苏省中医院高级专家和孟河医派（全国中医四大流派之一）研究会诊疗活动基地，集中医药科教、中医诊疗、中医康复保健、亚健康干预等为一体。规模加特色使品牌效应更加明显，还未开张就有消费者打电话来咨询开业时间、专家坐诊等问题。从已开业的两家名医馆的情况看，不仅中药饮片的销售非常可观，而且其他常规西药的销售也被带动了，销售额明显高于没有名医馆的门店。

李忠玉　从经营的角度而言，中医馆的功能一是诊断，二是卖药。这两大功能都可以带来利润。如同仁堂中医馆每次的挂号费就高达二十元，远高于一般医

院主任医生的收费标准。从市场定位的角度来看，中医馆以其专业、划一的经营风格跳出了竞争“红海”。因为中药材的价格、品质在“非专业”的消费者面前缺乏直接的可比性，可有效避免“刺刀见红”的价格血拼。零售药店如果有条件嫁接中医馆业务，对其盈利模式的创新肯定会有益处。

李　强　目前，大部分药店的中医馆主要提供中医处方和简单的医疗服务。我个人认为，有条件的药店不妨适当扩大中医诊疗范围，通过突出目标顾客中有较大需求的服务内容，如针灸、推拿等传统中医治疗服务，打造门店的服务特色。也可以围绕中医健康养生，为顾客提供健康养生咨询、中药鉴别等服务，根据季节的变化为顾客提供健康养生调理方案、膏方进补等健康指导。

二、权威、专业是核心

主持人　你觉得药店设立中医馆（或中药专柜、坐堂医）需要具备哪些条件？其中最关键的因素是什么？

张荣伟　从我们中诚名医馆的经验来看，经营好中医馆的关键因素不外乎三点：名老中医、优质药品、特色服务。医生不权威就没人进门；药品质量不过关就会影响疗效；服务没有特色就难以形成品牌的差异化。

李　强　设立中医馆，首先要考虑场地允不允许，中医馆的效益与房租成本匹不匹配，比如门面租金较高的黄金地段就不适宜开展此项业务。其次要考虑能否聘请到名老中医或中医药方面的专业技术人才，这是最关键的。目前，有经验的中医药专业技术人才比较欠缺，具有执业资格的老中医，尤其是名老中医更是稀缺资源，药店一定要事先考虑到这些因素。

李忠玉　设立中医馆至少应具备三个条件：一是资深的坐堂医生。中医是个“啃老”的行当，所以中医医生应是有一定资历的。二是专业人才。除了坐堂医生，中医馆的其他经营人员也要有相应的专业知识和经验，合格的药店营业员不一定就是合格的中医馆（中药柜）的经营人员。三是供应链的保证。要有高效而稳定的上游供应链，才能确保中医馆的正常运营。

三、与医院争客流

主持人　中医馆在具体操作中要注意哪些问题？如何才能使中医馆既促进销售，又为药店品牌加分？

李忠玉　经营中医馆，不仅要考虑经营风格、管理要件与营销技能，更要注重品牌与诚信建设。在方兴未艾的零售中医馆领域，树立起一个权威、知名的“老中医”品牌可能比任何营销手法都有效。另外，中药与西药相比，标准比较模糊，切忌将此作为偷工减料，甚至是坑蒙拐骗的有利条件。拒绝次品与“山寨”，确保疗效，方能为药店的品牌加分。

李　强　在具体操作中，中医馆首先要保证足够的面积，装修要精美大方，聘请的坐堂医生要规范化操作，营造好个性化的诊疗环境。中医馆的收入主要来自挂号费和中药饮片销售，所以要向传统老字号的药店学习，注重打造“名店+名医+名药”形象，以此吸引更多的消费者。

张荣伟　药店的中医馆业务，已跳出了零售的竞争范围，意在分流医院、社区卫生中心的客流。因此，药店在经营中医馆时首先应将重点从药学服务向医学服务转变。其次，要有品牌传播意识，要学会做广告；再次要充分发挥零售门店便捷、价廉等优势，明确特色项目、突出服务重点，让顾客享受在医院难以享受到的服务，比如免费检测、给会员的年节礼品慰问等，把医疗市场的客流拉过来，做大零售销售的“蛋糕”。尤其第三点对于行业发展来说最具战略意义，值得业界同仁为之共同努力。

医保定点：鸡肋还是肥羊？

继昆明、成都等地叫停医保定点药店非药销售后，越来越多的地区纷纷效仿这种做法。前不久，江西省有关部门发出通知，从2012年7月1日起，医保定点药店不得摆放和兼营日用品、食品、化妆品、保健品等非药品类商品，且不许开展任何有关基本医疗保险医疗消费的促销活动；紧接着，大连市也出台规定，医保定点药店经营范围仅限于《药品经营许可证》规定的经营范围……销售品种限制、基药数量增多、门店设施升级、广告促销受阻，医保定点资格，这个曾经让零售药店孜孜以求的“宠儿”，到底是鸡肋还是肥羊？

主持人

肖志飞，《21世纪药店》报记者

访谈嘉宾

陈　安，四川东升大药房连锁有限公司董事长

彭　弦，特格尔商学院培训师

闵　轩，上海桑迪营销咨询机构总裁助理

一、专业化将是药店发展的主流

主持人　医保定点与非药销售在药店经营中分别起了什么样的作用？从长远来看，哪方面的作用会更大一些、对经营业绩影响会更深一些？

陈　安　首先我想向大家介绍的是，东升大药房的八十八家直营门店全是医保定点，我们已将“医保定点”资格作为企业的品牌特色来经营。取得政府认可的医保定点资格，说明了药店的合法性和规范化程度，这对连锁品牌的打造有着非常有利的影响。我个人认为，随着医改的深入和社会分工的科学化，符合医保条件的专业化药店将是发展的主流。

彭　弦　陈董说得没错。取得医保定点资格是政府对药店经营的认可，药店能因此得到老百姓的信任。这是一种无形资产，药店应把它当成资产进行管理。同时，取得医保定点资格后，大部分药店的人气都会有所提升。但目前存在的一个现象是，大多数医保定点药店齐声抱怨没有什么直接收益，相反还降低了利润率。造成这一现象的原因是多方面的，药店应该进行客观的分析，不能因此而抹杀医保定点的价值和意义。

谈到非药品销售，其实非药品在药店里所占销售比重并不大。但非药品的销售能够满足顾客日趋多元化的消费需求，药店要做好这块还需要加强内功的修炼。在实施多元化之前，我认为还是要先问问自己专业化做得怎么样了。如果专业化程度高了，多元化经营管理到位了，说不定政府对医保定点药店的限制性规定也会随之修改。

闵　轩　医改的重点到底在改医还是在改药？这个问题值得探讨。但我们应该看到这样一个现象，政府多次指令性的药品降价，在引发部分企业采取无奈应对之策的同时，也严重影响了零售药店的生存，很多药店不得不引入多种经营的模式来增加利润点，这使得一些药店完全脱离了传统意义上的药店形象，变成了“四不像”。

我们不能责怪药店的经营者。事实上，非药品的引入确实在一定程度上缓解了部分药店生存问题的压力，非药品对这些药店销售量的提升起到了良好的作用。但从长远来看，这不是药店应该选择的道路。因为药店首先必须姓“药”。近期，有关医、药分家势在必行的高层表态和深圳、北京相关试点的出现，对零售药店来说应该是利好消息。部分药店可能会在对自身经营特点和各品类现有份额进行科学分析后，主动转化为专业药店或药妆店、营养滋补保健品店等，这也是解决医保定点与非药品销售矛盾的好办法。

二、对政策应学会适应和配合

主持人　有人认为医保卡里的钱是消费者自己的钱，政府没理由加以约束；也有人认为叫停医保定点药店非药销售后，必定会有部分药店退出医保定点范围，因此将一定程度上影响医保患者购药的便利性。你如何看待这些问题？

陈　安　我跟很多同行交流过对医保定点和非药销售的看法，对于政府禁止医保定点门店销售非药品这一规定，大家都有自己的想法。执行这一政策会直接影响到三个方面：一是门店品类结构；二是销售利润；三是对顾客需求的满足。我个人认为，这一政策应该是阶段性的，因为现在连一些妇婴医院都售有尿不湿、奶粉等非药品，这是由顾客需求决定的。

彭　弦　禁止医保定点药房销售非药品，不仅会使药店经营多元化的信心受挫，而且还会直接影响门店经营理念的创新。因为非药品在门店销售中已不止承担着利润构成的角色，同时还是买赠促销、方便顾客、吸引客流的重要品类。医保药店里不准销售、摆放非药品，很多促销方式将无法开展，在与非医保药店的竞争中也将丧失诸多优势，这是药店经营者考虑得最多的方面。这一医保政策如果大面积地强制实施，国内药店零售业将面临非此即彼的抉择问题，有可能导致两种商业模式出现：一是继续成为医保定点药店，选择专业的药学服务模式；二是放弃医保定点资格，走多元化经营道路。

闵　轩　医保卡里的钱是消费者个人的私有财产，消费者应该有自由支配的权利，因此消费者需不需要政府来为自己“当家”这一问题是值得商榷的。我个人的观点是：虽然顾客在医保卡使用过程中出现了诸多不规范的现象，但这并非主流，主管部门不应该采取“一刀切”的方式禁止药店售卖非药品。通过适当的管理和监督、宣传和引导，相信绝大多数消费者会理性、谨慎地行使自己的权利，毕竟这既是他们自己的血汗钱，也是特殊情况下的救命钱。

对于药店来说，理所当然的首先应该销售药品，不然就不应叫“药店”。从根本上来说，禁止医保定点药店销售非药品，并非是政府部门真的想为每位医保对象“当家”，其出发点是为消费者的未来着想，是为了解决“病有所医”这一社会问题。因此，我个人觉得，在没有出台更科学合理的政策之前，这项政策将会逐步在全国展开，对此政策落实情况的检查将会是相关部门的重要工作。零售药店对此要有一定的心理准备，应积极主动地配合政策的执行。

三、“医保定点”并非必选项

主持人　*在叫停医保定点药店非药销售的地方，是继续销售非药品还是要医保定点，往往成为连锁药店的两难选择。你认为药店在选择时应重点考虑哪些方面？有没有两全之策？*

彭　弦　药店乱刷医保卡的情况在个别门店确实存在，一方面这是对政策权威性的挑战，另一方面也对医保目标的实现带来了很大的冲击。为避免医保基金被乱用，各地纷纷出台定点药店售卖非药品的禁令是可以理解的。面对“二选一”的难题，我认为要根据每个门店、每个地区的具体情况来选择。譬如门店定位、所处商圈情况、其他相关政策的影响等。目前，非药品在药店的销售份额为10%~50%。有些门店客流量较大，面对的顾客以年轻人居多，医保消费需求相对较少，非药品类销售占比可观，不妨选择保留非药销售。

现在有一个较普遍的做法是：在经营场地许可的情况下，采取隔离的方法，在药店里专门划出一块区域经营非药品，重新申请经营执照，实行独立的收费与结算系统。这算得上是在夹缝中生存的两全之策吧。

闵　轩　这个世界上本来就没有什么真正的两全之策存在，有利就有弊、有长必有短。在政策框架内，无论药店是选择医保定点还是非药销售，都将面临部分利益的失去。个别门店、个别医保对象不自律行为导致的后果，却要所有的零售药店来为之埋单，虽不合理但目前是合法的，药店必须尽快作出选择。其实在多年前，一些药店就已意识到这个问题并着手进行模式的调整，探索经营转型的方向。在消费需求多元的现实中，药店经营者应该对单一地强调经营业绩的管理做些改变。因为单一分级管理的时代已经过去，分类管理的理念应该提到日常经营行为中来。

陈　安　在选择是医保定点还是非药销售的问题上，东升大药房义无反顾地选择了前者，从来没有考虑过什么两全之策。我个人觉得，政策在没有修改之前肯定是要执行的。如果医保顾客多、医保品类销售占比大，就选择医保定点，反之就选择非药销售。我个人建议，药店应对自身门店的地理位置、消费人群、品类特点等多维度数据进行交叉比对、综合分析，定位出药店的核心竞争优势，在经营中不断使这个优势最大化。专业药店也好，专业药妆店、专业保健品店也行。唯有专业，才能取得消费者的信任；唯有专业，才能保证药店的永续经营。

发现营运的本源价值

让药店经营回归本源，把门店运营作为连锁药店复兴的原动力，这是特格尔中国药店采购联盟于龙年开春之际带给业界的又一场思想风暴。

继“只放一只羊”、“自由连锁”、“贴牌”、“众包”、“特格尔矩阵”等之后，在日前于长沙举行的“特格尔第一届营运经理高峰论坛”上，特格尔掌门人刘丰盛以他特有的方言口音抛出了“‘营’定天下”的连锁经营理念。在连锁发展处于多元探索，并购扩张成为不少连锁药店口头禅的当下，这既是连锁经营理念的回归，也是另一种智慧的提示。

连锁药店发展靠什么？品种、信息、服务、团队、专业化水平、经营技巧、管理能力、拓展策略等一个都不能少。多元化、并购扩张等属于经营技巧、拓展策略的范畴，过度强调利润点的多元扩展、资本运作，极易使药店进入舍本逐末的误区。事实上，并不是所有药店都适合开展多元化经营，资本运作从来就是少数有条件的大连锁企业的游戏。而且，大凡多元化搞得好的、资本运作比较成功的，其在其他环节也都下过扎实功夫并已进入规范发展轨道。很难想象，一个不知品类管理为何物、专业化服务不到位、经营管理还是老板“一言堂”的连锁药店，如果去搞多元化和资本运作的话会是一个什么样子。

按照刘丰盛的说法，“‘营’定天下”的“营”，涵盖了品牌营销、商品运营、门店管理、顾客管理、团队优化、绩效考核等有关药店日常运转的诸多方面。显然，这些已不是一个营运经理所能承担的任务，需要管理者从公司的层面进行统筹规划，让各部门积极配合，协同作战。毫无疑问，“‘营’定天下”的前提是公司各部门的合理设置和高效运营，系统化、制度化、信息化是三大基本原则。其中，营运经理应该承担起筹划、沟通、调研以及活动设计、组织、评估等主要任务。也就是说，门店运营是维系连锁药店发展的基础工作，营运经理是药店运营的组织者和基础工作的执行者。连锁药店首先要注意充分发挥营运经理的作用，不要让其他浮躁的理念扰乱了公司前行的阵脚。

中国药品零售市场业已进入改革的深水区，连锁药店的生存和发展难题，并不是多元化和资本运作能解决的。发现、发挥门店运营的本源价值，让营运经理们成为唱下一场戏的“主角”，正当其时。

门店运营系统化命题求解

药品零售市场的竞争逐步呈现为系统化竞争。品种、价格、服务、附加价值……单纯只具有一个方面的优势已无法令一家药店立于不败之地了。而促销，一直以来被认为是快餐式的短期行为。作为连锁药店系统化营销的设计师和指挥官，运营经理们如何在同质化环境中较好地破解系统化难题？如何去构思、设计、执行一场有效的促销方案？

主持人

肖志飞，《21世纪药店》报记者

访谈嘉宾

刘文锋，广东清远百姓大药房连锁公司营运副总经理

李　灿，湖南特格尔芝林大药房连锁有限公司营运经理

李晓武，重庆鑫斛药房连锁有限公司营运总监

一、门店运营遭遇瓶颈

主持人 *作为营运经理，你工作中最大的压力是什么？你觉得目前药店运营中最需要解决的问题有哪些？解决这些问题的难点在哪里？*

刘文锋 连锁药店营运经理的压力越来越大已成为普遍现象，大连锁如此，小连锁亦然。虽然压力来自方方面面，但我觉得营运经理们面临的最大压力来自如何进行创新性营销，如何通过营销创新来实现公司的利润增长。由单纯的促销到系统化的营销，这是连锁药店经营理念的一大进步。但药店营销做了这么多年，不少营运经理开始有"江郎才尽"的感觉，有的甚至又倒回去开始用单纯依赖促销以求短期上量的做法来缓解业绩停滞的压力。其实，创新营销的关键还是人才团队的建设。要破解运营难题，首先要充实运营部门的力量，要注意培养、组建一支高素质、有活力的运营团队。

李　灿 从市场竞争的角度来看，门店运营的最大压力来自竞争优势的打造。面对竞争日趋激烈的市场环境，新医改的冲击和相关政策、法规的不断完善，对药品零售市场的从业者提出了更高的要求。创新运营模式，全面提升门店的核心竞争力，是药店营运经理的头等大事。为此，个人认为有两大问题值得营运经理们重视：一是如何突破瓶颈的问题。中国的连锁药店经过十多年的发展，现已开始进入一个新的发展周期，如何把握并顺应发展规律，是关系到药店发展的方向性问题。二是对门店未来经营品类的规划问题。药品微利化形势已非常明显，如何解决中药饮片、营养食品、保健器械等品类的有效营销问题，必须引起足够的重视。

李晓武 我觉得连锁药店营运经理的最大压力不是来自企业内部，而是来源于外部市场。就我们重庆药品零售市场的实际情况来看，门店运营中最大的压力来自医保政策和医保资源的利用，"一刀切"式的医保零售支付政策，制约了门店运营体系的创造力和多样性。而门店运营中的难点和最需要解决的问题则是系统化和执行力。特别是门店运营系统化的工程量非常大，牵涉的软、硬件多而且条件要求很高，这一方面要求企业有较强的执行力，另一方面要求营运人员必须有较高的素质和长期的坚持。

二、运营系统化标准缺失

主持人 *从企业的层面出发，你是如何理解门店运营系统化的？你所在的药店是否重视系统化运营？具体是怎么做的？*

李晓武 门店运营系统化是连锁药店营运体系的根本性变革和公司运作体系的整体性提升，既是对药店内部管理的优化，也是对连锁经营职能的整合，相信很多连锁企业都很重视这方面的工作。我个人理解运营系统化应包括以下内容：

数据分析、人员培训、绩效考核、流程的科学和合理化、与公司其他系统（如商品管理）的有机结合等。

李　灿　这几年，我们特格尔芝林大药房一直在探索运营的系统化问题，公司在这方面专门立项，决策层对此也非常重视并寄予了厚望。为了配合特格尔中国药店采购联盟的战略发展，特格尔芝林大药房放弃了全国性扩张的选择，实施区域做强、重在示范效应的发展战略。因此，我们首先将门店的运营理念统一为："我们不可能满足所有人的需求，也不可能满足人的所有需求。我们只满足目标顾客的健康需求，特格尔只卖好的和合适的。"在此基础上，我们的门店运营系统化也一直紧紧围绕企业愿景，对经营过程进行计划、组织、实施和控制，务求所有元素、流程都能集中起来有序排列，高效服务于公司的经营战略。

刘文锋　清远是广东相对欠发达的地区，连锁经营理念因市场环境的特殊而具有一些特殊属性。我们的门店运营系统化主要表现在商品陈列、门店工作流程、客户服务标准等方面。从总部董事长到门店店长、店员，都有相关的运营任务、指标和具体要求。近年来，公司总部非常重视运营系统化的标准、制度建设和细节、考核的执行，收效也很不错。

三、要销量，也要品牌

主持人　*具体到一个促销活动，你认为应该如何贯彻、实施系统化运营的理念？系统化思维主要应体现在哪些环节？试举例说明。*

刘文锋　门店促销活动是药店系统化运营中的重要内容和经常性工作，也是目前大部分营运经理在做的主要工作之一。在制订促销活动方案时，应该运用系统化理论来指导，要考虑本次促销活动在公司经营中的地位和作用，明确所应达到的目的和必须收到的效果。因此，我们在具体实施促销方案时，会首先组织相关部门和人员共同讨论活动方案，明确活动主题、目标、要求、执行细节和注意事项。其次是促销商品的陈列、捆绑方式和奖罚制度的制定和公布。同时，特别要求门店店长在活动前必须组织所有店员学习、理解促销目的和系统化要求，熟悉海报内容、销售目标及各自的责任，力避"为促销而促销"的被动局面。

李晓武　在工作实践中，我觉得促销活动的系统化思维主要体现在市场调查和任务指标的数据化程度以及流程规划是否科学合理上面。具体来说，任何一次促销活动，在通过消费需求分析和商品分析之后，都应该在采购流程、配送流程、传播流程等方面进行系统的流程设计，然后借助目标管理、会员管理、员工绩效考核管理等配套管理系统，实现促销活动的系统化运营。

李　灿　连锁药店的促销做了一年又一年，效果和功过越来越引起争议，石家庄新兴药房甚至提出了"向不促销要效益"这一口号。这些充分说明了门店促销系统化的重要性和可行性。我还是坚持系统化运营的思维应该贯穿于促销活动的计划、组织、实施、控制等全过程中。比如前不久特格尔芝林大药房组织的“三八妇女节”促销活动，我们运用了罗伯特整合营销传播理念中的“4C”理论，在“4P”理论的基础上充分挖掘深藏于女性心中那些复杂而微妙的需求，将促销重点从商品转向顾客需求，让商品及服务充分满足消费者的需要和欲望，通过“定价”合理估算消费者成本，借助“通路”提供更快捷的便利性，依托“促销”实现与消费者的有效沟通。另外，我们以吸纳更多消费者需求为出发点，在实现厂商利益一体化的深度战略合作关系的前提下，不断完善信息网络等沟通交流平台，发动所有员工积极参与，共同服务于核心目标，从而实现了销量与品牌价值的双提升，实现了简单促销向深度营销的战略思维转变。

“系统化”缓解药店成本之痛

零售药店经营有几大难，成本压力是第一大难。采购成本、储存成本、销售成本、竞争成本、公关成本、管理成本、资产消耗成本、品牌构建成本、顾客流失成本……成本费用越来越高、成本门类越来越多。药店成本控制空间几何？如何化解零售经营成本之痛？

主持人

肖志飞，《21世纪药店》报记者

访谈嘉宾

龚　云，江苏芝林大药房连锁有限公司总经理

罗　毅，上海赢在企业管理有限公司董事长

夏　婧，四川禾邦致远药业有限责任公司总经理

一、成本压力下药店负重前行

主持人　国内药店领域的成本意识和成本控制方法目前是一个什么样的状况？在药店经营的成本构成中，你认为哪些项目得到了重视，哪些项目容易被忽略？

龚　云　目前各药房都注重高毛利商品的搭建和销售，但不可否认的是，药房的微利时代已经到来。大部分药店的销售毛利中包含着12%左右的房租成本，11%左右的人工成本，4%左右的税赋，4%左右的其他费用，这将使得毛利率低于

31%的药房的盈利能力受到极大的考验。而商品成本、房租成本和人工成本，已经占总成本的90%以上。这部分成本因其直观性往往被国内众多药店所重视，也一直是成本管控的重要项目。所以，整合上下游资源联合采购、品类管理、自持物业及分租、减员增效一直是药店在成本管控上的常见方法。

罗　毅　实现利润最大化的最好途径是增收和节支。增收是通过经营方式实现，节支（成本控制）是通过管理控制实现。管理成本的方法首先是财务预算，也就是"成本控制工作计划"。在财务预算的前提下，实行严格管理考核而控制成本。具体来说，药店经营有六大主要成本：一是不可控的房租成本；二是人力资源成本；三是企划成本；四是物流成本；五是商品和物资采购成本；六是其他成本。目前大家都很重视的主要是房租和人力成本，容易被忽略的是企划、物流、采购和其他成本。据了解，国内药店80%以上没有合理的财务预算，有的甚至没有财务预算，主要通过管理者的主观意识控制管理成本。

夏　婧　作为零售药店的合作伙伴，上游供应商其实也一直在关注药品零售成本的问题。因为都是医药产业链上的成员，这条链上所有节点所产生的费用最终都将体现在产品的价格上，从而不可避免地影响到产品的市场份额和消费者的接受度。而且我们也看到，在零售药店的成本构成中，采购成本虽然不排在第一位，却一直是药店控制成本时的第一选择。因此，我们致远药业始终主张把利润空间的主要部分留给药店终端，目的是希望通过降低合作伙伴的采购成本，突出合作价值，进而提升产品的销量。

同时我们也发现，有些药店对竞争成本和品牌构建成本有所忽视。其实，这两个方面的成本与门店经营绩效有着长期的、无形的关系。也正因为无形，所以才易被忽视。在这方面，建议零售药店在与上游工业合作时，注重品牌企业和品牌产品的消费者的影响力。通过强化产品的品牌价值，在一定程度上缓解这两个方面的成本压力。

二、成本控制是把"双刃剑"

主持人　*你觉得零售药店在目前的经营环境下，哪几项运营成本的可控空间比较大？如何做可以尽量控制这些方面的成本，同时又不影响运营？*

龚　云　从目前的管控角度来看，单一的成本节省方式已经出现了诸多问题，集中体现在成本压缩空间有限、对业绩存在掣肘效应等。我个人觉得，多元资源整合是持续有效降低成本的重要方式之一。目前，很多药店在多元化经营上不成功，主要是因为从一个"红海"跳到了另一个"红海"。但关于企业成本的管控，则应该从多元化的角度去考虑，通过上下游合作和对产业资源的充分利用，整合各种内外部资源。实质上，这几年来很多企业都在这方面展开了工作：从采购联盟的集中采购、贴牌，到与上游供应商建立战略合作体系；自置物业及厂商联营；企业间的并购、股权置换等。但值得注意的是，目前的多元化整合更多的侧重于“后台”资源的分享，而“前台”部分则略显不足。

另外，运用新兴技术也是药店成本控制的重要途径。零售业原本是劳动密集型行业，但不妨碍其在管理技术上的提升。如果由目前依靠“高素质人才”管理过渡到通过“高技术手段”管理，不但可以提升业绩效率，而且能极大地减轻零售企业的成本压力。简单来说，就是将零售业大量重复的、烦琐的工作通过IT技术得以实现，降低企业对“人”（员工数量和员工素质）的要求。比如，在20世纪80年代，摄影师是一门技术含量很高的职业，但随着傻瓜相机和数码相机的出现，技术掌握的时间缩短了，对作业人员的要求降低了，所以在很大程度上照相的成本也降低了。

罗　毅　成本控制是一把“双刃剑”。控制成本，不等于成本越低越好，也不等于高成本就有高回报。要有合理的成本，就是要根据企业实际情况作出可执行的财务预算。所谓不可控的房租成本，其实只有房价上涨不可控，“平效”却是可控的。国内真正意义上严格实行商圈经营评估后，充分发挥经营面积的作用的药店少之又少。人力资源成本管理主要通过“人效”管理。人员数量×质量×薪酬=人效。最重要的是让“员工工作质量”得到提高。影响国内大多数中小药店发展的最重要的因素是骨干员工太少，普通员工太多，员工的平均工作质量较差。

三、“系统化”不应局限于药店内部

主持人　当前零售业界有一种“系统化成本控制”理念，认为药店的成本控制不应孤立地着眼于单项成本的多少，不仅要在经营规模、营运效率方面想办法，更要从产业价值链的角度出发，通过上下游合作和对产业资源的充分利用，使营运成本整体最小化。对此你有什么看法或思路？

罗　毅　财务预算体系其实就是“系统化成本控制”理念下的具体工作方法之一。上下游合作，可以较好地降低商品采购成本和物流成本。药店降低商品采购成本主要通过经营规模最大化、现代采购技术的运用以及企业商品成本的控制管理来实现。在与上游工业的合作中，药店降低成本的唯一途径是扩大经营规模。所以，上下游合作中“利益均沾”是相对的，“利益博弈”才是绝对的。从这个层面上来看，采购技术和商品成本控制才是连锁药店管理中永恒的必修课。

龚　云　成本控制一直是零售药店经营中的一个大难题。我对“系统化成本控制”理念的理解，就是管控模式的改良。在日常经营中，单一的成本管控往往只是停留在事后的管理上，缺乏事前的规划与整体的考量。这种侧重于“抽血”的事后管控模式，势必会对运营的某些环节造成影响。因此，连锁药店需要在成本的管控模式上加以改良。企业应该建立科学的预算机制和跟踪考核模型，有针对性、有计划、有步骤地对成本的重要项目进行处理，并随之改进业务模式。在采取闭柜式经营还是开架式经营的模式之争中，这两种模式有绝对的好坏之分吗？根据我的观察，当门店客流量达到一定数量后，门店适合开架式销售，在该数量内则更适合进行闭柜销售。而在门店面积大、客流不足的门店，进行闭柜式销售反而更能降低运营成本，提升服务质量。

夏 婧 “系统化”是现代企业管理和市场营销中提高运营效率、实现资源效用最大化的基本原则之一。因此，“系统化成本控制”理念在药品零售成本的控制过程中无疑具有重要意义。在这一点上，我个人认为“利益均沾”论和“利益博弈”论都有一定的局限性，这主要是受了某些思维定式的影响。当前OTC市场已进入供应链竞争时代，单纯依靠某一个环节即可胜出的机会已非常少。前不久，行业知名营销专家黄泽骎提出的“四品”合作模式，就充分体现了这一竞争趋势。

上游工业作为产品品牌的“娘家”，主要应在绝对保证产品质量、尽量降低生产成本、合理确定供货价格、全力提供品牌支持、持续开展市场服务等方面尽到自己的责任和义务，在一定程度上缓解零售药店的成本压力。

在与全国各大主流连锁药店的合作中，致远药业坚持在以下三个方面为合作药店提供支持：一是以优良的产品品质和信得过的品牌形象，为终端门店降低品牌构建成本和顾客流失成本；二是以深入的销售服务和持续的市场维护，为合作连锁降低竞争成本；三是以合适的价格和合理的全品种结构，为药店降低采购成本。近几年来，我们试图从供应链的高度来着手构建新的工商合作模式，通过上述三大途径来体现致远药业所提供产品的竞争力和合作价值，收到了很好的效果。比如我们与特格尔中国药店采购联盟的合作，就已连续多年实现了销售量年均30%的持续增长。

品类创新：商品差异化不二法门

品类是药店经营的基础和载体。俗话说“好酒不怕巷子深”，尽管现在是“好酒还要会吆喝”，但无论如何，在其他条件相近的情况下，有“好酒”总比没有强。因此，很多连锁药店在经营品类上大做文章。贴牌包销、独家代理、自创品牌……手法各异却目标相同，都是想经营比别人好的、不一样的“酒”，以突出自身的资源优势，强化门店的核心竞争力。

毫无疑问，这几年，确实有部分药店尝到了创新品类的甜头，得到了业界的广泛认可。那么，连锁药店到底需要什么样的新品类呢？又应该怎样去创新品类呢？

圆桌嘉宾

肖志飞，《21世纪药店》报记者

刘丰盛，特格尔中国药店采购联盟理事长

陈　峰，河南开封百氏康医药连锁总经理

一、“品类推广”非“品类创新”

随着品类管理理念的引进，品类创新渐渐成为连锁药店孜孜以求的一个重要目标。究其原因，一方面是一些连锁药店对品类管理的实质理解不透，导致在具体运作中效果不明显，因而寄希望于品类创新来弥补品类管理上的不足；另一方面是行业竞争日益加剧，企业希望借助独特品类，以差异化策略来强化门店的核心竞争力。

无论是出于哪种原因，追求品类创新都应该看作是连锁药店营销理念进步的表现。这些年来，药店品类创新大体有三种方式：独家代理（经销）、贴牌包销、自创品牌。三种方式追求的都是“独特”二字，但效果和利润贡献却有着很大的区别。

独家代理是最简单、最普遍的一种方式，起源于过去的商业批发渠道。一些有一定规模的连锁药店因其替代了商业渠道的某些功能，具备独家经销的条件，因此，在一定区域范围内独家代理某些品种。

贴牌包销是药品零售市场中一种发展迅猛，经营者和消费者接受度比较高的方式，是药店从平价时代进入高毛利主推时代的产物。随着药店圈中的竞争越来越大，像湖南特格尔等主流贴牌连锁组织，已基本跳出了“高毛利”诉求，将贴牌策略战略化，并通过系统化服务和品牌化管理，将品类创新与门店的品类管理进行了较好的对接。

自创品牌是“大象游戏”。受“产、供、销一条龙”理念影响和利益最大化目标驱动，海王星辰、国大药房等全国性大连锁，或通过OEM，或直接设立GMP车间，推出自己的品牌产品。近来还有一些中小型连锁也尝试着在中药饮片加工方面推出自己的品牌，因其投入小、风险低，而且中小型连锁药店自身有一定的销售能力，因而发展势头不错。

说到品类创新的误区，当首推近年来甚为火爆的药妆品类推广。按常理，推广新的产品品类（包括新的产品品牌）主要是上游工业的任务，因为投入很大，而且具有高风险、高回报的特点，绝大多数连锁药店并不具备推广的条件。事实上，从产业链的角色分工来看，药店终端完全可以在上游工业推广到接近成熟时再去“接棒”，没必要冒那么大的风险去“自创品牌”。但在近几年的药妆品类推广中，不少药妆生产者基本不做或很少做高空推广和消费者教育，而是以高扣率为诱饵，把产品交给终端连锁药店去做，把本该上游工业承担的风险转嫁给终端药店。一些所谓的“品类专家”则把“品类推广”偷换成“品类创新”，连锁药店就这样被药妆品类“专家”忽悠了一把。试想，所谓专业的人做专业的事。药店本是一个销售平台，擅长的是把进店的顾客服务好，把主推品种第一时间告知顾客。而这些工作的前提是顾客对主推品种的熟悉、需要和接受，这是上游工业应该首先做好的工作。现在分工错位了，让药店去做不擅长的事，肯定会面临失败。这正是近几年来药店经营药妆不成功的根本原因。

（肖志飞）

二、合理配置成本领先

连锁药店的品类创新与上游工业的产品创新是完全不同的两个概念，与新品推广也不一样。隆力奇推出洗护用品系列、西安杨森推出皮肤用药系列是产品创新；史玉柱投巨资推广脑白金、张思民借力外脑推广海王金樽是新品推广；药店从销售药品到销售保健品，从大感冒药系列到细分清热消炎系列和风热、风寒感冒系列，才是真正的品类创新。

一般来说，药店品类创新应重点把握品类的合理配置和成本领先两大关键点。合理配置就是要考虑消费需求和门店需求。比如特格尔在规划贴牌品类时，首先考虑的是品类的市场空间和各会员门店过去销售同类品种的情况，销量小、或者已有充足、成熟组合的品类就没必要考虑了。

成本领先是品类管理课题中的应有之义。高成本、高收益的品类创新不适合零售药店。因此，特格尔一直把规模销售和平价销售作为贴牌品类的主要目标，并试图通过全国性的联采分销，以规模销售来摊薄药品的价格成本，以规模效益来提升门店的利润空间，为社会节约资源成本，为会员药店节约采购成本，为消费者节约购买成本。

（刘丰盛）

三、品类创新四大原则

国内连锁药店的经营理念一直以来受商超、大卖场的影响较大，品类创新也不例外。从平价到品类，从品类管理到品类创新，都是药店行业竞争不断加大、经营水平不断提高的重要特征。个人认为，连锁药店品类创新包含两个内涵：一是商品类别的多元化创新，如药品、非药品、家用医疗器械等；二是门店功能的差异化创新，不同的门店定位应有不同的重点品类。

从河南连锁药店的情况来看，品类创新要想成功，应遵循四大原则：一是以满足顾客需求为前提，没有需求空间的品类，再好、再有新意也暂时不要考虑；

二是前瞻性和系统性结合，可以适度超前但不能太超前，要有系统的战略规划而不能零打碎敲、走一步看一步；三是兼顾政策的导向性，了解政府不同部门的政策要求，如商务部门与医保管理部门对药店品类的配置要求是不同的；四是内部资源合理配置，连锁高管和专业人员要全程介入，相关部门要积极主动配合。建议有意于品类创新的连锁，可考虑设置“品类小组”之类的机构，由负责销售、采购、营运、商品的高管和店长、店员代表组成，高层分管、专人主导，这样才有可能使品类创新落到实处。

（陈　峰）

向品牌品种要利润

伴随着新医改系列政策的出台，一群敏锐的先行者嗅到了变革的气息。前不久，民生堂AOK健康再次掀起药店湘军革命的浪潮，率先打出了“卖好药、卖对药、卖品牌药”这一极具个性化的口号，引来业内人士的关注。有人认为，品牌是不可取代的，也是不可战胜的。但是，如果只卖品牌药，药店何以为利？药店可以生存吗？但零售药店又不能不卖品牌药。那么，面对品牌药，药店应该怎么做呢？

圆桌嘉宾

万祥军，中国医药教育协会谋定药店商学院主任

王献波，河南洛阳明康药业有限公司行政经理

肖志飞，《21世纪药店》报记者

一、关注容易被忽视的综合高毛利

我们首先要看到的一点是，门店不经营品牌药会导致顾客的不断流失，这将构成对连锁药店持久竞争力和品牌影响力的永久性伤害。目前，连锁药店所谓的自有品牌产品和高毛利主推产品，其实质大多是品牌产品的拦截产品，运作的结果是主推自有品牌产品的毛利率上升了，但具体到每个单店的客流量和销售额，同比、环比都在逐步下降。但我们也必须看到，品牌产品过低的利润空间已成为药店终端的心头之痛。不是药店不愿意卖品牌药，而是品牌药的利润空间确实难以满足药店的生存和发展所需。

由于广告投入和人员推广队伍庞大，品牌产品的供货价格确实较高，且渠道

有一、二级的层级规划。因此，给连锁药店的利润率确实无法达到高毛利主推的水平。但品牌产品可以给主流连锁药店带来相对高的客流量和客单数，可以带来整体高利润（所谓薄利多销）和综合高毛利（品牌溢价）。

我个人认为，对零售药店来说，一方面，品牌药具有可观的间接效益。依靠品牌药过硬的质量疗效指标和其畅销的特点，以及市场占有率较大等优势，既能维持一定的客流量和忠诚消费者，又能提升药店本身的品牌。另一方面，药店还可以通过紧密型的战略合作，谋求品牌药和高毛利药品的动态平衡。这其中，包括建立品牌药直供体系、取得战略合作和整体支持以及获取独家规格的独家销售权等，是零售药店应该重点争取的目标。

在零售终端，还有一点容易被经营者忽略：品牌产品如果做主推，销量一般会是非品牌的同质化产品销量的5～10倍。如果这个品牌产品的毛利率达到40%以上，对连锁药店的总体利润贡献，就会比同质化非品牌产品80%的毛利率都要高得多。再加上品牌产品所带来的客流产生的相关销售，综合高毛利是十分可观的。

事实上，一些品牌厂家已经开始生产专供连锁体系的单独品规产品，一般是大规格包装，零售价格比小规格的日均消费还便宜10%～20%，消费者完全能够接受，店员推荐时消费者也不会产生反感，容易达成销售。加之其没有进入流通渠道，竞争对手难以获得这样的规格。因此，连锁药店可以独享品牌产品相对高的毛利。

品牌药品经历了较长一段时期的市场考验，最后沉甸积累形成了消费者认可的知名品牌，虽然一度因为利润率较低而遭受高毛利产品的冲击。但是，在国家高度关注民生这一特定的历史背景下，我们有理由相信，在未来零售市场的发展中，品牌药品的经营之路将会再现价值回归。

（万祥军）

二、改变品牌药当“伴娘”的局面

在我的调查中，零售药店品牌药的销售占比通常达到21%左右。这一数据几乎和保健品16%的占比持平，但又远远低于门店主推品种30%左右的销售占比。之所以出现这种格局，一是品牌药在门店中的陈列往往处在一个“灰色地带”，即货架中最不易发现的位置。除了顾客指名购买，品牌药很少能享受到“提示性销售”的殊荣。二是店员对首推品种的重视以及实施的终端拦截，直接影响着品牌药的销量。消费者进店后，店员通常会主推毛利更高的门店自营品种，没有店员会向消费者推荐低毛利甚至是负毛利的品牌药。品牌药对于门店经营而言，一直是一块“食之无肉，弃之可惜”的鸡肋。

一方面，品牌药在客流吸引方面具有不可动摇的地位。有数据表明，2012年百强连锁药店所经营的药品品类中，品牌药占比有较大提升，相较2011年同期提升了4.78%，而高毛利产品的占比则明显下降了三到四个百分点。由此可见，品牌药在吸引消费者方面具有不可替代的作用，且品牌药的回归已经成为药品零售行业的主流趋势。

另一方面，品牌药因其毛利低（甚至负毛利）的原因一直为门店经营者所诟病。在门店的人工、房租等经营成本高企的现行环境下，品牌药的低毛利现状与门店日益增长的经营成本产生了尖锐的矛盾。因此，对门店经营者而言，品牌药不能作为主要经营品种，只能以“伴娘”的身份出现在门店的经营规划中。

尽管品牌药在门店中的销售占比不高，且对门店的毛利贡献率极低，但鉴于其在消费者吸引和门店品牌塑造方面具有不可替代的作用，门店还是有必要做好品牌药销售的规划的。首先是不要把品牌药作为“祭旗”产品，降价促销只会恶化品牌药在门店中的生存环境。让品牌药回归正常的价格，并不会降低门店对消费者的吸引力。相反，经营者应保证品牌药在门店中的主导地位，即“品种应全，陈列合理，堆垛抢眼”。我曾去药店购买某品牌的复方板蓝根颗粒，好几家规模不小的药店均表示无货，最后我终于在一家规模不大的社区药店找到了。这时候，价格已经不是影响消费者购买药品的主要因素，有没有完善的品牌药品类供应链才是决定门店品牌价值的关键。其次是要充分利用好品牌品种的影响力，做好关联销售。近几年零售药店的经营分析显示，关联销售不失为提升门店经营业绩的重要途径。通过品牌药和自营品种的合理搭配，提高门店的药学服务能力，可有效创造品牌药和自营品种互补销售的共赢局面。

（王献波）

三、反思：广告和终端孰轻孰重

品牌产品（也被称为广告产品）与零售药店的矛盾由来已久，先后大约经历了三个阶段：一是品牌厂家绝对强势阶段。连锁药店刚刚出现，销售规模小，没有市场话语权，品牌厂家相对重视经销、批发环节。二是双方博弈阶段。连锁药店不断发展壮大，药店终端为提升渠道价值，树起“平价”大旗，与品牌厂家展开利益博弈。三是终端强势阶段。药店全面开展OEM工程“自救”，进入高毛利主推时代。

随着市场环境的变化，药品市场竞争呈现出更加复杂、激烈的局面，供应链竞争不仅取代了单纯的品种竞争，也宣告了厂、商博弈进入死胡同，品牌品种与零售药店的矛盾有望进入零、供共赢阶段。其重要标志是厂、商各自出现了新的困境和机会，只有进行深度的战略合作，厂、商才有可能真正进入共赢时代。

反思品牌产品与零售药店的矛盾根源我们不难发现，药店的利润需求和工业的份额需求之间形成了彼此的诉求错位。关键原因在于产业供应链的利润分配出了问题，高企的成本及不合理的费用投入蚕食了过多的利润。这其中，营销成本占比最大，一些品牌工业近乎疯狂的广告投入不仅非理性地拉高了产品的价格，而且挤占了供应链上的大部分利润。广告投入过亿而经营利润只能以千万计的品牌药企并不少见。

于是，一个疑问随即产生：为什么不可以将庞大的广告费用削减一部分，用以弥补药店终端的利润需求，进而换取终端的销售支持和品牌落地，以扩大品牌产品的市场份额呢？相对于终端维护费用，品牌药企的广告费用可以说是天文数字呀。

可以想见，这个疑问马上就会被一些“广告大王”戴上一顶“幼稚”的帽子：没有大量的广告投入拉动，产品会有现在这么大的销量吗？能够卖出现在这样的好价钱吗？品牌价值会有这么高吗？

其实，上述两种不同的思路，源自不同的营销理念和市场价值取向，简短的分析也无法将其剖析清楚，但有三点可以提出来供业界思考：

一是供应链的竞争要求产业链上各环节有限的资源应高度整合利用，同时也应尽量满足各自合理的利润需求，这是实现战略合作、零供共赢的原则和基础。如何让供应链（非某一环节）的利润最大化，如何消除药店利润需求与工业份额需求的错位格局，是合作双方都必须考虑且努力解决的核心问题。

二是为什么一些非品牌产品没有广告支持也能在终端上量，而且可以持续上量？而有些品牌产品只要广告一停，销量就立马下滑？除了营销的原因，是否还存在品牌力脆弱和价值取向没有得到消费者认可等原因？单纯依靠广告支撑的品牌能走多远？

三是巨量广告投入不仅蚕食了供应链的整体利润，同时也推高了药价，势必会压抑部分消费需求，影响产品市场份额的拓展，面对这种不自觉地将品牌“贵族化”趋势，上游工业应提高警惕。

（肖志飞）

谨慎扩张

“没有最低，只有更低”，类似的调侃在药店行业得到了证实。

有报道称，截至2011年底，约300万人口的江苏镇江市共有药店1 189家，比2009年增加了72家，光市区就新增了34家，平均每家药店的服务人数只有2 500人左右。然而，在药店急剧增加的背后，药店之间的竞争也白热化，部分药店已经到了微利甚至无利的地步，仅2012年一年市区就有超过18家药店关门。有连锁药店的工作人员表示，平均每天他们的销售额只有1 500元，除去水电、房租、人员工资和进货成本，基本无利可图。

这里，令人吃惊的所谓“更低”，是指店均2 500人的服务人数。因为这个数字在全国是3 300人，在欧美等发达国家是6 000人左右。在业内人士一致感叹国内零售药店竞争激烈、门店数量无序扩张的语境中，镇江市的这个“新低”令人深感忧虑。

不要认为药店数量多，消费者的选择余地就大，药店的服务质量就好，经营水平就高。良性竞争与恶性竞争的分水岭，就在于能否维持竞争参与者基本的利润及生存空间。正常状况下，一个地区的人均药品消费量是相对固定的。从门店经营的角度来看，店均服务人数越低，门店的经营成本就越高，盈利压力也就越大。当药店的盈利压力大到已没有利润，大到威胁企业生存的时候，只有两个选择：一是关门或转行，二是采取不正当的手段巧取牟利。这影响的将是整个行业的声誉和健康发展。

目前，很多连锁药店正在规划全年的发展目标，“新开门店××家”已成为大家习惯性的用语。在此，建议相关决策人士深入分析一下，镇江2012年医药类零售额同比增长91.2%，为什么有的药店还“无利可图”呢？不要对自己在经营竞争中的排他能力过于乐观。谨慎扩张，可能才是连锁经营者真正明智的选择。

（肖志飞）

品牌营销篇

PINPAIYINGXIAOPIAN

给药店起一个好名字

毫无疑问，一个意蕴深厚、新颖别致的药店名字，不仅能传达经营者的价值观，给目标顾客以健康的希望，其作为药店的品牌符号，还承载着知名度传播、美誉度累积、利益点承诺的“重任”。因此，凡欲做百年名店者，无不在店名的选取上谨慎推敲。然而纵观当今国内的药店，取名时平淡、简单者有之，草率、随意者有之，照搬、重复者亦有之。尤其是第三种情况，不仅容易造成市场秩序的混乱，而且还会招致商标、知识产权等方面的官司。为药店取名时应注意什么？应该如何为药店取名？什么样的店名可以流传久远？

圆桌嘉宾

肖志飞，《21世纪药店》报记者

杨　泽，广东盈天医药集团OTC事业部总经理

刘冠中，海南康芝药业股份有限公司OTC策划总监

一、九类店名各有精彩

从古至今，药店命名都是药店经营者非常重视的一件事。大到人生信仰、济世情怀，小到经营理念、门店定位，甚至地方掌故、风俗趣闻，都被一代代的药店人糅合进了那异彩纷呈、繁花似锦的店名堂号之中，在给人们以明确识别码的同时，往往还让人浮想联翩，回味无穷。因此，凡欲做百年名店者，无不在店名的选取上谨慎推敲，有的甚至千方百计、不惜重金向权威高人求名。而众多流誉广泛、影响深远的百年老店，也无不具有一个响当当、沉甸甸的独特名号。通过调研分析，我发现国内药店的店名堂号大致可分为以下几类：

古色古香类：名字来源于典籍文献、历史传说，或渲染悲天悯人的济世情怀，或突出古方灵药的神奇正宗，或传递曾经的某一段辉煌。这类名字多见于老字号药店，如桐君阁、同仁堂、九芝堂、同济堂、胡庆余堂国药号等。

现代时尚类：近年来，一些业外资本的流入为药品零售领域带来了一些时尚的店名。一些以经营保健品、药妆等为主的多元化药店，争相打出洋气、现代的店名。如美信大药房、一号大药房、舒普玛、尚薇等。

寓意独特类：店名有特定所指，同时又寓有其他含意。如益丰大药房最先由高毅、高峰兄弟所创，以兄弟俩名字的谐音合为店名，同时寓意“药店越来越丰厚”，可谓匠心独具。再如长沙的双舟大药房，其创始人原为一对周姓夫妇，双

"周"即"双舟"，算得上情趣盎然。

历史人名类：以药店的创始人命名，或者以某位历史上的医药名人命名。如马应龙大药房、雷允上药店、华佗药房、张仲景大药房等。

地名方位类：隶属于计划经济时期组建的医药批发公司的药店，多以区域性地名或城市别称冠名，或者直接以行政区划名称冠名，如花城大药店、吉林大药房、金陵大药房等。一些便民单体药店则多以街道、小区、方位冠名，如东关大药店、桃园苑药店、站西药店等。

经营特色类：此种方式的命名以专科药店和品类专卖店居多，如中医世家、广州新特药店、肿瘤药房、灵芝藏药店、医保全新大药房等。

理念品牌类：或突出药店的经营理念，如民生堂、百姓缘大药房、南北药行、漱玉平民大药房等；或构建独特的药店品牌，如大参林连锁、鸿翔一心堂、芝林大药房、新兴药房等。

健康祝福类：此类命名相当普遍，占国内药店一半以上，一般直接诉求药到病除、延年益寿、健康生活的主张，直截了当地表达药店的经营宗旨，充分彰显药店的服务理念，如回春堂、鹤年堂、康全医药连锁、金康药房、天天好大药房、健民医药连锁等。

挂靠企业类：制药企业或其他产业企业开办的零售药店，一般会直接以企业品牌冠名。如天士力大药房、先声连锁药店、复美益星大药房、千金大药房等。

（肖志飞）

二、药店命名的"主旋律"现象

在不同的社会发展阶段和经济环境中，人们的价值观和生活追求都会有所不同。因此，药店的取名也会受这些因素的影响。特别是新开药店的店名，大都会出现"主旋律"现象。

2001年，中国连锁药店开始进入"平价"时代，低价、超低价、"比政府核定价低45%"之类的标语在药店中随处可见，价格战在药店圈成为主旋律。这段时间几乎所有新开药店的店名都有"平价"二字，或者蕴含着平价概念。简单直接的就叫某某平价大药房，含蓄一点的就以"百姓"为说辞，湖南老百姓、梧州百姓、清远百姓、安徽百姓缘、济南漱玉平民等相似名称的连锁药店大量涌现，足以可见当时平价之风的盛行。

之后，药店业态从平价概念发展到了健康服务理念的时代，"健康"就成了这个时候出现的药店起名的主旋律，如健康人大药房、健康参药连锁、康之家连锁药房等店名开始大量出现。

随着连锁药店集中度和规模化的不断提升，药店起名又开始形成一种新定式。这个时期药店命名的主旋律侧重于体现药店归属的基本信息。如海王集团下属的药店含有“海王”二字，三九企业的药店含有“三九”二字（后来三九归属华润集团，就又加上了“华润”二字）。还有如青岛国风制药下属的青岛国风大药房、先声药业下属的江苏先声连锁（后更名为“先声再康”）、云南白药集团下属的云南白药大药房等，都是这种主旋律的体现。

（杨 泽）

三、市场竞争从店名开始

宇宙万物皆有“名”。无“名”要么是微不足道的表现，要么是尚处于人类未知的领域。因此，在药店人看来，取店名绝非小事，不可等闲视之。事实上，给药店起个响亮的名字，不仅中国药店人重视，外国人也同样重视。因为好的药店名字，便于记忆、易于传播。有人甚至认为，药店竞争从“名”开始。

世界上最大的零售超市叫沃尔玛，最大的零售药房叫沃尔格林。翻译过来，这两个名字都是“沃”开头，分别是“Wal-mart”和“Wal-green”。前面的“Wal”即“to be strong”，有强大、价值的意思。这两家零售连锁企业的门店已遍布全美甚至全球。虽然不能说他们是因为取了一个“强大”的店名才进入世界五百强。但这“强大”的店以其价值观的呈现对消费者心智的渗透作用亦不可忽视。事实上，他们在各自的领域也一直“强大”地引领着潮流。

外国人相对比较张扬，敢于将“Wal”这类“嚣张”的词语纳入店名。中国人很多以“中庸”为价值主张，因此过于张扬的词语用的人比较少。但我认为，在规则允许下，药店命名应尽量表达出企业的核心价值观，同时还要与门店的营运特色相吻合，就跟“人如其名”一样，要争取让顾客产生“店如其名”的价值感受。从市场营销的角度看，“店如其名”实际上是体现核心价值传播理念的途径之一，赋予店名以营销的任务，可谓一举两得。如在中药特色店的经营品类中最好有人无我有的特色中药，或应在中医学、中药学服务上具有明显的特色。切不可“忽悠”消费者，这一点非常重要。

（刘冠中）

营销和管理到底哪个更重要

品牌营销、整合营销、门店营销……这几年零售药店都在讲营销，销售业绩似乎是提升了，总经理却好像更忙了，员工流动性更大了，人才危机也更严峻了。如何处理好零售药店营销和管理的关系？当下连锁企业在内部管理上存在哪些困惑和误区？连锁药店该如何做营销？

主持人

肖志飞，《21世纪药店》报记者

访谈嘉宾

柯华松，广东良方药业有限公司总裁

陈　安，四川东升医药连锁有限公司董事长

张东风，哈尔滨报人医药营销策划有限公司总经理

一、同等地位的两条平行线

主持人　在药店经营中，你认为药店营销和药店管理的关系是怎样的？

柯华松　管理是为营销服务的。我觉得可以用“树木与森林”来比喻药店营销与管理的关系，营销是树木，管理是森林。在目前的市场环境下，很多药店更注重的是提升药店的营销能力，努力将产品特别是首推产品卖得更好，这容易造成一叶障目不见森林的局限。其实，药店营销离不开管理。营销是一个系统工程，需要团队、品牌、文化以及采购、后勤、配送、运营等方面的配合。药店营销是企业的战略定位，解决的是企业生存发展的问题。例如，是走平价路线还是做社区便利店？是走高端的店中店路线还是“药店+诊所”的模式？什么样的定位，就要有什么样的管理支持。

陈　安　药店是一个销售场所，因此，如何卖好药、怎样最大程度地提升销售业绩肯定是每个药店人考虑得最多的问题。但在实际工作中，营销和管理是左手和右手的关系，是处于同等地位的两条平行线。从东升医药连锁的经营情况来看，管理做好了，营销业绩也就上去了。在一些大的门店，只要管理上出现混乱，营销业绩就一定会出现滑坡。

张东风　药店管理的重点是团队和流程，要解决的是“战斗力”和职能分工、相互配合的问题。药店营销的重点是顾客和品牌，要解决的是“吸引力”和门店形象、销售规模的问题。只有管理到位、流程清晰，营销才能策略化，品牌和规模才有可能同步放大。因此，从这个层面上看，药店的管理和营销是维护企业正常运营的两个方面，二者不可偏颇，也不能混淆。虽然营销中有管理，在管理的过程中也会涉及营销的内容，但在组织架构上，一定要分工明确、各有侧重、各展所长。最后形成合力才能促进销售和品牌的共同提升。

二、管理决定营销的成败

主持人　在处理营销和管理的关系上，目前连锁药店圈内普遍存在哪些问题？造成了什么样的后果？如果不能妥善地处理好这两者的关系，从长远来看，

对药店经营会有怎样的影响?

陈 安 连锁药店最容易出现的问题是管理方式与营销模式的不匹配。总部向各个岗位下达了任务和业绩指标后，就会出现各部门、各门店争资源、争政策的现象，这时候很多员工考虑的不再是企业的整体目标，而是自己的任务和指标，在相互配合上往往容易产生矛盾。这时候，高管层的战略管理水平和统筹协调能力显得尤为重要。实施营销模式的目的是直接促进销售、达成企业整体经营目标。连锁高管层应该通过制度、措施等管理手段，在不与企业战略部署相冲突的前提下，推进营销模式的实施。如果统筹协调做得不好，将使企业陷入混乱之中。

张东风 重营销轻管理是当前连锁行业普遍存在的一个问题。因为营销有销售业绩和利润指标，是硬任务，不完成会直接影响个人收入和企业的发展目标；而管理从很大程度上来看是软性的，忽视一点或落后一点不会立刻看到后果。其实这是一个很大的误区。没有完善、到位的管理作支撑，营销工作便成了无源之水、无本之木。营销工作做得再好，如果管理跟不上，营销一定走不远。当年三九医药实施“万家门店”战略时曾集聚了不少顶尖级的门店营销人才，门店营销也做得很有特色，但由于管理没有跟上导致了惨败。海王星辰前几年在门店营销上也花了不少功夫，但由于品类管理、客类管理、供应商管理等方面的失误，利润的可持续性出现了问题。现在，这家当年国内最大的连锁药店、在美国上市的品牌连锁公司，已暴露出被边缘化的危险迹象，这一切都值得国内同行警惕和借鉴。

三、人力资源是管理中的关键

主持人 你觉得当前药店管理中最突出的矛盾或者难题有哪些？请谈谈你解决这些矛盾的基本思路。

柯华松 跟其他行业一样，人力资源是企业管理和发展的关键因素，事实上这在药店行业中更加突出。目前药店管理中比较突出的是员工培养与激励问题，也就是执行力和凝聚力的问题。药店一线员工的工资普遍不高，且员工大多是80后、90后，思想活跃、行动活泼、忠诚度不高。而药店又是劳动力密集型行业，在医院、社区卫生中心以及同行的多重竞争打压下，利润在不断摊薄，要大幅提高员工工资不现实。只有靠绩效考核来激励员工多创造价值，提高收入水平；靠企业快速发展为员工提供更多更好的升迁机会，实现自我价值；靠良好的企业文化凝聚合力，分享发展成果。这样，才能有效提升药店的综合管理水平。

陈 安 个人认为，目前药店管理中最突出的矛盾是团队建设与人才短缺的问题。零售药店数量在逐年增加，对人才的需求越来越强烈。比如最近出台的“国家药品安全十二五规划”要求，到十二五末要实现“一店一名执业药师”的目标，而执业药师紧缺正是当前最紧迫的问题。我们东升药房的解决思路是："走出去、引进来"。把合适的店员送出去学习、培训，同时与相关专业院校、培训机构达成战略合作关系，分期分批引进人才。同时，我们还注重对内部人才的培养，采取以老带新、专题内训、系统集训、鼓励自学等方式，促进人才梯队的形成和优秀人才的选拔，较好地解决了目前企业的人才需求问题。

张东风 在咨询实践中，我们发现，不同的药店存在着不同的管理上的矛盾和难题。当然，针对具体矛盾、难题，应该有具体的、针对性的解决方案。在这里我想谈一些基本原则和个人总结出来的思路，供连锁药店决策者参考：一是在管理方式上要规范化与人性化相结合。没有规矩不成方圆。过于人性化会消弭掉管理中的一些张力，而过于规矩则易禁锢活力。二是预防与惩戒并举。既要有奖惩措施，又要有预判和预案，不要总是等问题暴露出来后才想起要严厉处罚。只有刚性管理而缺乏事前预警机制，会严重影响员工对企业的忠诚度。三是要根据营销需求，瞄准企业目标制定管理方案和制度。对于成长中的中小型连锁药店，其企业的管理制度不一定要很全面，也不一定要很超前，适用就好。不适用了就及时修订，以求可行、实用、实效。

都是"营销"惹的祸

以前只要拿很少的几个品牌品种做促销，一天销售额便可提升20%，现在促销力度加大一倍，为什么效果还不及原来的一半？

同样条件的新店，为什么有的可以实现当月盈利，而有的开业半年都还在亏损？

地理位置差不多的两家门店，品类、店面、硬件投入、促销手段相差无几，为什么一家盈利可观而另一家只能勉强维持？

同一个门店，同样的店员，同样的政策和投入，为什么前任店长苦心经营几年却挤不进公司的前几名，而现任店长只用了不到三个月的时间就令业绩突飞猛进，深得老总赞许？

这些药店经营中司空见惯的现象，这些令当事店长、连锁高管们伤透脑筋的"滑铁卢"式事件，到底是什么原因造成的呢？

"都是'营销'惹的祸！"有人下了这样的结论。

从大量的现场采访和长期的观察分析中也能发现，造成这些现象的根源确实是营销。

一、药店挑战屈臣氏为什么失败

从市场竞争的角度出发，营销和促销，都可以看作是药店经营的策略性工具。从字面上分析，“营”主要取筹划、谋求之意，“促”则取推动、改善之意。都以“销”作为目标，二者虽然只有一字之差，但方法、效果却有很大差异。

一般而言，营销包含促销。促销是基础，是营销的一个环节或者一个方面；营销是促销的升华，是对促销相关方法的合理利用和整合；促销可以是单一形式、单一目的的推销行为，营销则必须是复合形式、多重目的的策略模式；促销可以是低层次地、直接地刺激购买，营销则必须有一定的战略高度和品牌意识；促销可以重复和照搬成功的方案，营销则坚决杜绝复制、必须有所创新；销售业绩的偶尔失利和低落可能是由于促销的失败，而门店长时间的萧条和亏损则一定是由于营销的失策……

让我们来看下面的例子：

在多元化浪潮中，A连锁药店看到屈臣氏门店的个人护理用品卖得很火，不少品类卖得都很好，于是高薪聘请曾经在屈臣氏做过营运总监的M来指导多元化门店的运作，在一条不可多得的繁华商业街，比照屈臣氏的品类结构、店面陈列、店堂装修、促销政策开了一家新店，连员工管理、考核、接待技巧都基本照搬了屈臣氏的做法。这家药店门店面积比屈臣氏的更宽敞，商品价格整体上比屈臣氏的低，但热热闹闹的开业庆典之后，客流量虽然不少，销售额却总上不去。店长派人跟踪一些明显有需求意向但最终没有形成购买的顾客，发现他们从A连锁门店出来后直接就去了距离约200米的屈臣氏门店，并且完成了购买行为。三个月下来，这家总部曾寄予厚望的多元化药店，仅仅只是维持了没亏损的局面。

为什么会出现这样的情况？我应A连锁药店老板之邀前往观察、诊断，认为最根本的原因是品牌影响力的问题。而品牌影响力则来源于门店合理、长期的品牌营销策略。试想，同样的商品，同样的经营方式，凭屈臣氏长期以来的品牌积累及其对消费者的心智影响，初涉个人护理用品的A连锁能是其对手吗？仅凭一点点价格优势，就能让消费者舍弃一直以来信任的大品牌而转向一个从来只卖药没卖过个人护理用品的小连锁店？显然，难度很大。

对此，我给A连锁的建议是：要么运用差异化营销策略，学习屈臣氏的管理模式和促销方式，在商品、服务方面做到人无我有、人有我优，这样通过一定时间的品牌运作，方有可能形成自己的目标顾客群；要么维持原来以药品经营、药学服务为专业特色的门店定位，充分利用商业街旺盛的客流和较高的消费水准，适当增加贵细滋补类中药饮片的比例，形成自己的经营特色。后来A连锁采纳了我的第二条建议，当月销量就递增了23%，第二个月利润递增了50%。

二、整合营销成功超越单一促销

再来看看另一个案例：

B药店和C药店是某二线城市两个药品连锁企业开在同一条商业街上的门店。两家门店相距约300米，店堂面积和门店位置都差不多，B药店较C药店迟开业约半年时间。

当时B药店选择与C药店毗邻而开，主要也是看中了商业街这个码头和C药店旺盛的生意。但由于C药店进入得早，顾客对其认可度较高。加上其着力发展会员，经常开展免费的会员活动，所以C 药店的顾客忠诚度很不错。

B药店开业之初，生意一直不温不火，连续半年也没多大起色。后来，B连锁调来了一个新店长。新店长来后，花了一个月的时间对周边市场和商圈进行了调查，暗地里观察、研究C药店的商品品类以及顾客构成，然后征得总部同意，请了一个做药品零售咨询的专家，会同公司的商品、营运、品牌等部门，对自己的门店作了一个全面的诊断，并与C药店进行对比分析，制订了一个详细的年度营销方案。

营销方案的第一步是从常用的买赠促销入手，由此点燃两家药店的战火。C药店发现B药店强大的促销攻势后，自然是立马跟进。一时之间，小小的商业街上火药味浓厚，广大顾客高兴地分享着两家药店的让利和赠品。为了显示自己的实力和对会员让利的力度，C 药店把曾经一个月一天的会员优惠日增加到一周一天，几乎把全部精力都放在促销上，销售利润大幅下降。而这时，B药店却悄悄改变了营销策略，促销的广告做得越来越响而拿来做促销的品种却越来越少。同时，B药店加大了店内品类调整的力度和范围，借助顾客已形成的在两家药店间转来转去选择购买的习惯，加大了会员制营销的优惠力度。时值初冬，B药店又通过公关取得了中医坐堂的试点资格，与上游供应商合作熬制膏方，聘请当地多位名老中医坐堂免费为顾客开方。不到三个月时间，两家药店的销售额和会员成交率就对换过来了。

从上述案例中不难看出，是创新性的整合营销挽救了B药店，而C药店由于过度依赖促销，终被竞争对手成功超越。

（肖志飞）

药店经营：促销上量，营销破局

什么是门店营销？营销和促销有什么区别？

有人认为：促销是向进店的顾客技巧性地推销产品，突出一个“推”字；营销是通过整合推广把更多的目标顾客拉进门店，突出一个“拉”字。比如：通过冬季进补的概念让更多的顾客来店购买膏方是营销；通过陈列、店员主推、关联销售等把膏方卖给顾客是促销。促销主要解决某个产品的销售问题，只是营销的一部分，是有条件的一对一销售；而营销解决的是门店的整体销售问题或产品的品牌形象问题，是创造条件实现一对多的销售。连锁药店应该如何做促销？什么样的营销策略和模式才适合零售药店？如何处理好终端促销与门店营销的关系？

主持人

肖志飞，《21世纪药店》报记者

访谈嘉宾

龙　岩，甘肃德生堂医药连锁有限公司董事长

蔡文兵，江苏盐城苏好医药连锁有限公司总经理

一、做促销的多，做营销的少

主持人　在我国，“营销”一词是伴随着市场经济体制而出现的，在很多制药企业都设有市场部、营销中心之类的部门。但在药店圈，似乎做促销的多，营销却很少有人提及。你如何看待门店的营销和促销？

蔡文兵　的确如此，随着零售药店越开越多，药店通过促销活动来提高顾客购买力的做法也越来越普遍。但促销显然不等于营销，因为促销只是营销的一个组成部分。我认为所谓门店营销，就是根据市场需要组织产品，并通过销售手段把产品提供给需要的客户；所谓促销，就是商家向消费者传递企业及商品的各类信息，说服或吸引消费者购买其产品，以达到扩大销售量的目的。通过比较可知，说服或吸引只是营销的一种手段而已。会员制营销、药学服务、公益宣传等，应该算是药店具有代表性的营销行为，而特价、打折、买赠等仅仅是单纯意义上的促销行为。

龙　岩　由于业态的特点，连锁药店一直以来比较重视促销，因为营销的效果往往不及促销那样立竿见影。但随着零售市场的发展和市场竞争的加剧，营销的理念慢慢地渗透到了连锁决策者的思维中，门店经营也已越来越多地体现出营销意识来。比如会员营销，虽然以促销作为基础，然而在很多做得好的连锁店，其策略的系统性、方案的完整性、传播的多样性等均已上升到了营销的层面。但我们也要看到，一些连锁药店，特别是中小型连锁药店还没有明确的营销概念，一些连锁店老总甚至连营销的概念也弄不清。一句话，连锁药店的营销意识还有待普及和加强，其在零售药店的影响远不及其他领域，也不及上游工业。

二、营销是“道”，促销是“术”

主持人 你认为促销和营销对药店的作用和影响有哪些不同？在当前零售药店面临的经营困境中，药店是否应加快营销理念的引入、重视门店营销？

龙 岩 在药店经营中，我觉得营销和促销是不可分割的。要说其不同，无非是在不同的发展阶段和不同的连锁门店，对营销的理解和重视程度不同而已。事实上，营销中一定包括有促销，促销做到一定的境界也就是营销。比如开业庆典，即使是做得很一般的药店，也懂得将营销和促销结合——从开业信息、商品信息、经营理念的传播，到门店形象、服务内容、连锁品牌的展示，这些都是营销的范畴，而开业酬宾、免费检测、礼品赠送等显然只能算是促销活动。但这两个部分是密不可分的。我们德生堂把2013年定为企业的“营销年”，追求的也是营销和促销的完美结合。

个人认为，营销具有整体性、指导性、系列化的特点，主要解决策略和方向的问题，是“道”；促销具有阶段性、单一性、直接性的特点，重点解决的是操作层面的问题，是“术”。只有将“道 ”与“术”有机结合起来才能决胜市场。

蔡文兵 零售药店适度促销可以增强门店经营的活力，吸引新客户。但过度促销也会影响药店的声誉。众所周知，药品是特殊商品，对于没病的人，或有病但不对症的人，不仅毫无作用，而且还有可能造成伤害。况且药品都是受效期管理的，购买过多的药品可能会导致家庭储备药品大量过期，带来安全用药的隐患。所以，靠单纯的促销来激发过度消费是一种极不负责任的行为。在当前并不乐观的经营环境中，我们苏好连锁药店正致力于通过强化企业文化宣传，提高药学服务的专业水平，优化会员制内涵等来达到创意营销的目的，进而提高公益宣传力度，提升药店的品牌形象，吸引客流。

三、营销是一门研究策略的科学

主持人：面对当前客流减少、销售额下滑、利润没有保障、社会对药店经营行为存在误解这些问题，你认为药店营销可以从哪些方面着手以寻求突破？

蔡文兵 新医改系列政策的推进以及基本药物制度的实施，令零售药店失去了很多竞争优势。一些目光短浅的经营者把维护高利润点作为经营目的，忽视甚至拒绝销售低毛利的品牌产品。这种方式极为不妥。短期之内利润可能不会受太大的影响，但久而久之就会发现药店客流量逐渐少了，销售额也慢慢下滑了。这样一来，高利润点当然也就无从谈起了。

我认为可以从三个方面来应对零售药店当前的经营困境：一是重视会员制营销，利用会员折扣、消费积分兑奖以及手机短信、电话拜访等方式扩大会员队伍；二是引入现金抵用券营销，在一个特定时期，实施“买100送100、买200送

200”的促销方式，所送金额分成每张券3元、5元的小面值，每次消费足额可抵用一张券，用此法来提高客单价和销售额；三是通过公益、爱心活动来塑造药店良好的社会形象，谋求持续、稳健的发展。

龙 岩 应该承认，现在的药店确实越来越重视门店营销了。店堂装修、商品陈列、价格策略、专业服务、品牌传播等已不再是大连锁的专利，很多区域的中小型连锁，在这些方面都做得非常出色了。德生堂率先在兰州推出“放心药店”样板店，很好地增进了药店的美誉度，提升了企业的品牌形象。此举引得很多同行争相效仿。现在，“放心药店”工程已成为兰州药品零售市场的一张名片。

当然，营销是一门学科，必须讲究策略。对于连锁药店来说，首先要重视营销人才的培养和引进，要坚持让专业的人做专业的事。其次，营销要与企业的发展战略、经营理念相吻合，目标要明确，计划要合理。再次是要有适当的费用预算。品牌打造需要投入，更需要各部门、各方面的配合和支持，要着重提倡合理整合资源，实现低成本营销。

促销短板营销补

——如何破解零售药店的经营瓶颈

零售药店应该怎样做营销？普遍认同的观点是“促销上量，营销破局”。但记者在采访中发现，在当前的药店经营中，“促销上量”的理念在业界已基本达成共识，但“营销破局”的想法却还只存在于少数有营销意识的连锁药店决策者中。连锁药店应该如何做促销？什么样的营销策略和模式才适合零售药店？如何处理好终端促销与门店营销的关系？这不仅是很多药店经营者颇感困惑的问题，而且也是摆在所有连锁药店决策者面前亟待破解的课题。

事实上，当药品零售市场发展到今天这样一个境地时，经营理念和盈利模式的与时俱进便显得格外重要。药店经营如果还只是停留在促销上“量”的层面，很多市场困局和竞争瓶颈将难以破解。为什么现在的客品次、客单价不理想？为什么促销活动效果越来越差？为什么会出现专门赶场次领礼品却不消费的顾客群体？这其实都是促销的即时性特点引起的。如果药店不是那么急功近利，不再为促销而促销，不只盯着产品和高毛利……转而从营销的高度，以品牌形象为基础，以为顾客提供健康解决方案为手段，以系统化服务为依托，从根本上影响（不必占领，事实上也不可能占领）消费者的心智空间，效果将会如何呢？

一、药店经营凸显三大瓶颈

中国药店在线商学院副院长陈浩然在接受记者采访时认为，零售药店经营的瓶颈，主要表现在以下三个方面：

一是销售瓶颈。当前药店的密度确实太大，在一些地方，一家药店平均服务2 000多人。试想，按2011年全国人均年用药约700元、零售药店在其中约占120元计算，这样的药店一年销售额只有30万元左右。如此市场空间，零售药店的生存环境可见一斑。

二是利润瓶颈。销售量减少对利润的影响还只是一个方面，基层医疗机构销售药品实行零差率、药品的行政性强制降价和门店经营成本的不断攀升，其实对药店利润的影响更大。因为销量还可以通过竞争手段提升，但基层医疗机构的药品实行零差率且还有医保报销的优势，则使零售药店完全没有了与之竞争的可能性。眼睁睁地看着客流锐减不说，还得遵守政策规定配备一定数量微利甚至无利的基药品种。面对药品的行政性强制降价和经营成本的居高不下，药店除非关门大吉，否则无可回避。

三是发展瓶颈。没有一定的利润支撑，药店的发展就只是一句空话。不发展就只有两条路可走：要么被大鱼吃掉，要么转行做点别的。外部环境不容乐观，内部竞争日益激烈，药店发展谈何容易。

陈浩然认为，药品消费是刚性需求，总的市场蛋糕就那么大。要想提升销售，只有三条途径：一是抢夺其他门店的市场份额；二是争取医院处方流入；三是增加非药品的销售。增加非药品销售的难度之大很多门店已有体会。事实上，放弃药店的专业化优势去搞多元化，这种做法的可行性和科学性也还值得商榷，而前两条途径显然会加剧竞争的激烈程度。事实证明，促销在抢夺其他门店市场份额中的作用已越来越小，而在争取医院处方方面则基本上无济于事。要想突破这一瓶颈，必须有一个更科学、更有效的方式来代替过去的促销。从一些成功经营的案例中我们可以看出，更科学、更有效的方式就是药店营销。

二、突围之道：营销强化竞争力

谈到营销对零售药店的影响，北京德兴隆医药管理咨询公司董事长高普才的观点似乎颇具代表性。高普才认为，营销就是通过某种手段让更多的人了解产品，产生购买欲望，然后通过系列服务以达成销售或购买的行为。这其中有四个要素：一是产品；二是手段（策略）；三是传播；四是服务。服务其实也是产品，也是有价值的，也是可以产生利润的。策略和传播是为销售产品服务的，是需要投入的。

高普才告诉记者，从营销的定义可以看出，“让更多的人了解产品然后产生购买欲望”是营销的根本目的。其与促销的最大区别，就在于促销是一对一，营销是一对多。显然，营销追求的是小投入大产出，试图通过“某种手段”激发所有目标顾客的购买欲望，从而实现销售。与促销只是针对进入门店的少数顾客相比，门店营销要解决的是如何让更多的目标顾客进店，进店后如何通过促销及其他服务让尽可能多的顾客形成购买等问题，也就是从根本上强化门店的竞争力。

那么，应如何开展门店营销呢？高普才给出的对策是：

首先，要明确营销的实质。市场营销是一个发现需求然后满足需求的过程。作为药店经营者，必须根据自己药店的定位找准目标顾客群体，然后深入分析、了解目标顾客有哪些需求，包括产品需求和服务需求。在医药行业，这些需求综合起来可以叫健康需求。只有找准了目标顾客的健康需求并以最合适的方式满足这些需求，药店的价值才能得到充分体现。

其次，要了解影响营销效果的条件。传统营销理论强调产品、价格、促销、渠道（被称为“4P”，取上述4项的英文的第一个字母）是影响营销效果的关键。随着市场环境的日益复杂和不断变化，在上述“4P”的基础上，又有人主张增加公共关系和时机这两个“P”，从而构成颇具影响力的“营销新6P”理论。

再次，要清楚营销包括哪些内容。著名的“4C”理论——顾客、成本、便利、沟通——是对门店营销较为完备、科学的概括和总结。“4C”理论，即有了需求产品的顾客（定位），控制好经营成本（保持适当的利润），提供便利的购买条件（服务），做好与顾客的沟通（传播）。有人肯定会说：这些我都做了呀，为什么还是没能突围而出呢？究其原因，主要是策略性和系统性做得不好、不到位所致。

高普才指出，营销的策略性是一门永难完美、需要不断创新的技巧性学科，营销的系统性则是有关资源整合和操作模式的总结、归纳，有待进一步深入探讨。

（肖志飞）

门店营销三管齐下

药店营销怎么做？这是一个大课题。我认为，了解并领会药店营销的实质、基本内容、与促销的关系等问题的要旨，可以有效地避免药店经营决策者犯方向性的错误。但认为单凭这些就可以做好药店营销，显然是不现实的想法。

知道要做什么，并不意味着会做，更不代表着能做。营销是一个系统工程，实施前必须有周密的策划，实施中应该有合适的监督和修正，阶段性结束后还要有总结、评估及后续跟进。这其中，营销执行（怎么做、具体方案如何实施）是关键。因此，在探讨怎么做药店营销之前，经营者们还必须明晰哪些该做、哪些不该做。把握住执行中的原则性问题，才不会做“无用功”。

药店营销中该做的工作很多，具体内容也会因营销目的、策划角度、商圈环境、竞争对手等的不同而有所取舍或偏重。但总体来说，以下三个方面是必须要长期坚持做的：

一、顾客管理

药店营销不同于上游工业的产品营销。上游产品营销的主体比较狭窄，往往只做一个或几个重点产品的推广，而药店营销要做的是成百上千个的产品群（门店所有主推的战略品种和高毛利品种）；上游产品营销面对的是战略区域内所有的目标用户和竞争产品的用户，受众相对模糊，而药店营销只面对商圈内可辐射区域的目标顾客，受众具体；上游产品营销更多地着眼于某一产品的销售，而药店营销则追求品类的整体消费以及门店的总销售。因此，上游产品营销重在产品管理，药店营销重在顾客管理。

任何营销策略的最终目的都是销售的最大化，药店营销亦不例外。在顾客基数一定、刚性需求的市场空间一定、品种和服务大同小异的情况下，来店顾客人次、忠诚顾客数量、顾客口碑等，便是决定门店销售业绩的关键因素。只有做好、做细顾客管理，谋求上述因素的最大化和最优化，才能保证药店营销效果的最大化。

当前大多数连锁药店的顾客管理是通过会员制来实施的。但目前药店会员制营销中存在的同质化、表面化、短期化弊端，已明显成为顾客管理中的短板。营销无规则，执行有标准。药店营销中的顾客管理不应受规则的限制，不能只依赖于“会员制”这条独木桥，不能拘泥于既有思维，必须积极创新。但在具体执行过程中一定要有标准化流程，不能给人留下随意、顾此失彼的印象。

二、健康服务

任何形式的营销都必须建立在有一定消费需求的基础之上，然后通过满足这些需求来达成价值化的销售。这是营销的实质所在。

药店营销的基础是目标顾客的健康需求。只有充分满足进店顾客的健康需求，药店营销才有意义，才有可能持久，门店的顾客管理才算落到了实处。从这个角度出发，药店营销就应该以健康服务为核心，围绕产品功效、药学服务（包括基础药物经济学应用）、疾病预防、养生保健等寻找需求，开展策划，制订方案，科学指导，在合理、安全的基础上适度引导消费。与此同时，药品的特殊属性和药店的特殊功能，决定了药店营销必须为顾客提供合理、安全、有效的健康解决方案。人命关天，绝不能为了销售而夸大产品功效、擅自更改服用疗程、随意关联辅助品种。

与顾客管理相比，健康服务有明显的技术含量和学术价值要求，其水平的高低将直接影响顾客需求的满意程度，因而是最容易形成营销差异化的环节。要想摆脱药店营销的同质化困境，经营者不妨在健康解决方案的细致化、药学服务的专业化、养生保健的个性化方面加大力度，不断提升专业水准和技术含量，让商品成为健康服务的载体和工具，让顾客觉得来药店购买的是健康而不是药品。这样，店员做推荐或关联销售的成功率一定会成倍地增长，营销的效果也就不用担心了。

三、品牌打造

有人说："品牌是市场竞争的终结者。"这话虽然不是很准确，但足以见得品牌在营销中的重要意义和巨大作用。品牌药店给顾客的感觉肯定不只是一个提供药品交易的场所，它还含有信任、依赖、附加价值等成分。这些成分与品牌知名度、美誉度、影响力是成正比的。

品牌之间存在竞争，这是不争的事实。市场中的品牌序列一直在动态中调整，这是市场规律。在我国的百年老字号药店中，无论哪一家，当年一定都声名显赫、门庭若市。但为什么现在有些品牌已黯淡无光，有些却依然如日中天？这一方面是品牌竞争的结果，另一方面是那些没落品牌在维护、打造品牌时失策的结果。

品牌营销是药店营销的最高境界。一般而言，品牌就像一个符号，具有很直观的识别意义。想买便宜药，很多人首先会想到老百姓大药房；想得到标准化的服务，熟悉益丰的一定会首选益丰大药房；想消费高档一点的中成药，相信不少人还是会去同仁堂……这就是品牌符号的价值。但品牌符号也是一把双刃剑，稍有闪失，副作用就会成倍放大。比如顾客发现老百姓大药房里药品的价格比其他药店的更高、在益丰大药房得到了忽悠式的服务、在同仁堂买的药效果不明显……这时，品牌符号不仅会受到负面影响，而且很难修复。

诚信和文化是品牌药店的双翼，诚信缺失和文化浅薄的药店是不可能成为品牌的。因此，只有像保护眼睛一样维护诚信形象，像艺术创作一样构建文化内涵，药店品牌才能起飞，才能得到顾客的认可。

（肖志飞）

平价“江湖”的过去和未来

为落实国务院关于稳定消费价格总水平、保障群众基本生活的文件精神，政府主导的平价商店建设工作在全国上下全面铺开。在此背景下，广东佛山已开出八家“药品平价商店”。可以预见，由政府主导的“药品平价商店”即将大量涌现。

据了解，此类平价药店销售平价药品将在150种以上，药品零售价格将低于市场价至少5%以上。与前几年从连锁药店内部刮起的“平价风暴”相比，你觉得“药品平价商店”的市场空间如何？对药品零售业态将产生什么样的影响？零售药品的平价空间到底有多大？

主持人

肖志飞，《21世纪药店》报记者

访谈嘉宾

荣首文，益丰大药房医药连锁股份有限公司企划总监

翁斯春，金百合药店联盟理事长

徐科一，广州白云山和记黄埔中药有限公司第一副总经理

一、零售市场的繁荣与发展，“平价”功不可没

主持人 21世纪以来，在药价虚高确实存在的背景下，平价药店在全国各地大量涌现。有“平价先锋”之称的益丰大药房、湖南老百姓大药房现已分别成为国内A股首批三家申请IPO的零售药店之一。你认为第一批平价药店的最大亮点在哪？其对药品零售市场产生了什么样的影响？

荣首文 第一批平价药店的主要特征是：开架自选、平价销售、大卖场、大宣传、品种全、服务优、活动多、位置好。其最初打出的口号是“平均药价比政府物价部门核定的价格低45%”。从竞争的角度看，平价药房最大的竞争优势在于低成本采购、规模化经营、低价格销售，并以此为诉求大做广告，迅速扩大市场占有率。

从益丰的情况来看，平价药店对药品零售市场的影响主要有三点：一是加快了医药零售行业市场化进程，为消费者提供了更多实惠；二是一定程度上缓解了医药不分带来的医患关系紧张的局面，促使医院改进经营管理体制；三是促进了药品生产企业的整合和市场良性竞争，对虚高价格提出了挑战，起到了价格调节

市场供求的杠杆作用。

徐科一 十年前药品零售市场在政策上已经放开，信息业及医药物流业发展迅猛，但药价虚高现象仍然比较严重。在这样的背景下，药品零售市场孕育了一场变革，第一批平价药店应运而生，并迅速被复制到全国各地。其与传统药店的明显区别在于药品价格低、品种齐全、患者买药方便、客流量大、薄利多销等。从结果来看，前十年硝烟弥漫的药品零售市场造就了几个药品零售连锁的巨人，如湖南老百姓、深圳海王、广东大参林、益丰大药房等，还有数量众多、销售额也不小的区域零售连锁企业。这其中，“平价”功不可没。

与此同时，第一批平价药店对工业企业的影响也是明显的。从品类选择、品规选择、市场宣传、合作模式、消费者服务等方面，工业都紧紧地与零售企业保持了一致，目的是实现工业、零售、消费者三方共赢。

翁斯春 21世纪之初诞生的第一批平价药店，以低价为重要标志，以丰富的品种、卖场式的管理和全新的经营模式（开架销售），满足了顾客的消费需求。平价药店的出现，为药品零售业态带来了营销理念和服务理念的变革，使原来处于平静的传统零售市场受到了很大的冲击。其实，市场从来都是围绕消费者的需求而不断调整的，平价药店的出现也是市场经济发展的必然产物。

二、“平价”的影响力已经大不如前

主持人 目前，第一批平价药店的生存状态怎样？与政府所提倡的药品平价商店比，二者的共同点和差异点在哪？药品零售市场上“平价”概念还有没有市场？

荣首文 个人觉得，药品零售市场上“平价”概念还有市场，并将永远都有市场。有比较就有低价，只要医药零售市场存在竞争，“平价”概念就会一直存在。因为消费者的逐利心理不会消失。以益丰大药房、老百姓大药房为代表的第一批平价药店，目前的生存状态是良好的。但我们也要看到，部分规模较小的，特别是区域市场里的平价药店遇到了难以逾越的发展瓶颈。

无论是平价药店还是药品平价商店，共同点都是在政府拟定的商品目录中的药品都采用低价，以形成一定的低价口碑。而差异点主要是一个由政府提倡，一个是企业的自主行为。平价药店采用的是商品低价格策略，而药品平价商店采用的是商品低价格策略，前者形成并熟练掌握了平价前提下的盈利模式，后者可能只是一种政策主导下的被动行为。

徐科一 受医改政策、门店运营成本及行业内竞争等因素的影响，目前第一批平价药店的生存状况不容乐观。平价药店只是社区店、店中店、药妆店、医保店等业态形式中的一种。随着人民群众消费意识的提高，药品价格的影响已经不能弱化其他影响因素，如药品质量、品牌认知、售后健康服务等。所以平价药店的影响力已经大不如前。

对比十年前药品零售行业的“平价”风暴，药品平价商店有着显著的特点：后者属于政策性平价，而前者属于市场性平价。大家知道，“政策”和“市场”是两个完全不同的范畴。个人认为，市场的“平价”已经完成它应该承担的历史责任，目前不应该再放大市场“平价”的作用，应该让它回归零售行业众多业态中普通一类的行列。政策性的“平价”则是政府在平抑物价方面开展综合性治理的措施、内容之一。二者的力度和目的不可同日而语。

翁斯春 前不久，当年被称为“上海零售领域平价药店开拓者”的上海开心人大药房被益丰大药房正式收购。从表面来看，这只是一次正常并购，但其背后，却是当下平价药店生存艰难的无奈现实。其实不只是上海开心人大药房，目前全国不少平价药店都陷入了困境，个别平价药店几度易主，说明了平价业态生存的艰难。据我个人分析，在未来的零售药店市场，可能还会有更多的平价药店退出市场，平价药店的前景让人担忧。

药品平价商店与第一批平价药店的最大区别在于，前者不仅属于药店范畴，同时还属于“平价商店”建设规划的范围，有政府的推动和政策的支持，而且将有严格的准入机制。据了解，2012年广东将大力推进平价商店建设，物价部门将加强对平价商店质量的监管，近期就将派出七个检查组对全省平价商店进行考核。对考核不合格的将予以警告，拒不整改或整改后仍不符合要求的，将取消平价商店资格。

三、谨慎估计发展机遇和生存空间

主持人 您如何看待药品平价商店？其发展空间怎样？对当前药品零售市场的哪些方面会产生影响？

荣首文 药品平价商店是一个好的发展方向，也是特殊社会环境下的一个特殊产物，关键是它应该怎么做的问题。如果由真正具有竞争力的平价药店按市场规律来做，少一些行政干预，多一些政策引导，平价药店无疑将如虎添翼。但我们应该看到，如果政府主导的平价药店大规模出现的话，有可能拉低药品整体价格，甚至冲击药品零售企业（尤其是中小型企业）的盈利能力，并有可能影响到相当一部分没有纳入药品平价商店优惠之列的其他药店的生存。因此个人觉得，药品平价商店的发展空间有限，不可能出现像益丰大药房等第一批平价药店所遇到的那么好的发展机遇和生存空间。

徐科一 药品平价商店在品种选择、盈利模式、管理方式、服务对象、政府公关等方面必然形成一套新的体系，但同时也是多业态形式中的一种。个人觉得，其只是弥补市场竞争的不足，起到丰富药品零售业态的作用。随着医改的推进，这种业态说不定哪一天就会融入新医改政策系统之中。

翁斯春 无论从市场的发展、监管还是满足消费需求上来看，药品平价商店的出现都是一件好事。如果能按照政府规划的目标一一实施，将会给药品零售领域带来新的规范化的局面。

但任何一项工作的开展都不可能是一帆风顺的。在药品平价商店的推广过程中，我们要对可能遇到的困难做好充分的准备。如上柜的品规、品种是否能满足消费者基本用药需求？价格执行能否真正到位？低价的同时会不会出现低水平服务？平价药店资格的评定、各项政策性优惠或补贴能否及时兑现等，都是不容忽视的问题。总的来说，其对药品零售市场的影响是客观存在的。至于影响的深度和广度，要看普及程度和实施力度。作为零售药店经营者，应该密切关注其进展和影响。如果有了合适的时机，则应积极参与，在共享政策带来的利好的同时，也为和谐社会的构建尽一份责任和义务。

政策吹来“平价”春风

“平价”二字再次以业态形式进入业界视野。不同的是，第一次“平价”属于连锁药店的自发行为，来势凶猛，后来被研究者称为“平价风暴”，这一次的“平价”由政府主导，并且有望得到某些政策上的支持。

据报道，广东佛山市卫国路的开心大药房和同济路的健民药店即将率先挂上政府有关部门认可的“药品平价商店”牌。据了解，这些平价药店的试点建设，是2012年3月底在广东省平价商店建设工作现场会上提出的。年内，同属佛山市的禅城区平价药店将试点14家，三水区13家，南海等区也会陆续敲定。佛山市发改局（物价局）成本监督科相关负责人介绍，药品平价商店依托大型药品连锁企业，通过设立平价药品专营区、平价药品专柜等方式，平价销售常用的大众化药品。在品种方面，物价局出台了包括妇儿科用药、风湿骨痛类用药、感冒清热解毒类用药、呼吸系统用药等十二个分类的产品分类指导表，规定药店必须选择这其中的十个分类，每个分类起码上架十种药品，销售的平价药共计150种以上。物价局同时还规定，在药品平价产品专营区（柜）销售的药品零售价格应低于市场价至少5%以上。

这当然是利国利民的大好事。但对于零售药店来说，这种政策性“平价”意味着什么？这类平价药店对业态会有什么样的影响？相信这是业内人士非常关注的。我个人觉得，有条件的连锁不妨积极参与。从小处看，可以享受优惠政策的利好；从大处看，对门店的品牌美誉度亦不无益处。

虽然“药品平价商店”的具体实施办法还有待探索完善，市场效果也有待观察。但我了解到，平价商店建设是为了贯彻落实2010年国务院关于稳定消费价格总水平、保障群众基本生活的文件精神而大力推广的。事关民生大计，药店积极响应，为降低药价做点实事，尽到“企业公民”应尽的责任，对药店品牌来说这一定是加分之举。更何况还有政策规定，合格的“药品平价商店”将在税收、物业租金、行政事业性收费、水电价格、药品价差等方面享受政策性优惠或补贴。如此利国利民又利药店的好事，何乐而不为呢？

（肖志飞）

从抗菌药乱象看药店管理难题

号称史上最严的《抗菌药物临床应用管理办法》于2012年8月开始实施，但其在零售药店的执行情况却不容乐观，违规销售行为仍时有发生。甚至有媒体报道，重庆、广州等一线城市个别知名连锁药店也在随意销售抗菌药。可以肯定的是，作为知名连锁药店，对政府的政策法令不可能公然对抗，也不会阳奉阴违地同意门店违规销售抗菌药。之所以出现上述现象，除了利益驱使，应该还有内部管理、经营理念、企业文化、经营环境等相关因素的影响。我们应该如何看待药店违规销售抗菌药的现象？

主持人

肖志飞，《21世纪药店》报记者

访谈嘉宾

文立高，湖南千金大药房连锁有限公司总经理

王建锋，CAMORE（康顾多）医药连锁全国营运总监

张继明，上海桑迪营销咨询机构首席执行官

一、违规：经营压力和顾客要求是主因

主持人　门店违规销售抗菌药，毫无疑问后果是严重的，既有可能留下安全用药隐患，又会危及连锁店的品牌形象。不管是否被查处，都是不能容忍的行为。要解决这个问题，首先须弄清楚产生问题的根源。你认为门店公然违规的主要原因是什么？违规销售处方药的现象为什么屡禁不止呢？

文立高　就我个人的观察来看，门店违规销售处方药的原因大致有以下几点：一是销售任务年年递增的压力，为完成任务而不希望顾客和销售流失。二是

营业人员或者顾客具备较好的医学、药学专业知识，双方或者一方能够自己判断；或者正好相反，营业人员或者顾客都不了解擅自使用处方药的危害，对医学、药学知识似懂非懂。三是顾客为了图方便、怕麻烦，不愿意去医生那里开处方而执意要求购买处方药。而类似违规行为屡禁不止的原因则比较复杂。可能的原因，一是执法部门执法不严或者执法标准不一致；二是门店营业人员不学法、不懂法；三是少数门店为利益所驱动；四是一些医疗机构的医生随意处方、乱开大处方对患者的错误引导。

王建锋 国家出台了所谓“史上最严限抗令”，这对于药房的健康发展是有利的。为什么在一些门店仍然存在违规销售呢？我觉得，一是企业追逐利益的本性使然。抗菌药物目前在药房的销售占比平均达10%左右，毛利也非常可观。在药店竞争激烈、经营成本高的今天，严格限制销售使药房面临巨大的压力。二是药房专业功能的缺失。零售药房应该重视专业服务功能，给患者更多关心、更多照顾，但不少药房只是一个药品交易的场所，只承担了搬运工的角色。三是任何一项制度从颁布到实施，都需要一个过程。对于零售药房来讲，有销售的惯性，需要有一个从适应到实施的过程。

张继明 上面两位分析得很中肯，这些原因确实是主要原因。但我觉得除了这些原因外，与连锁企业的内部管理及员工教育、制度考核等方面的欠缺也有很大的关系。诚然，连锁总部绝不会要求或者默许下面的门店有类似违规行为的。如果管理体系科学、制度合理可行、教育考核到位，我想上述违规现象一定难有藏身之所了。

二、滥用：医院远比药店严重

主持人 有人说门店违规销售处方药是受利益驱使，与连锁总部下达的指标任务压力过大有很大的关系。你认为这种说法对吗？也有人觉得，相比一些医院随意处方大剂量、高等级的抗菌药，个别零售药店违规销售抗菌药现象实在是小巫见大巫——后者最起码还有一个患者主动、自愿的前提。你如何看待这一现象？

文立高 药店违规销售处方药，与连锁总部的任务指标压力以及门店利益驱动肯定有很大关系。但是，正如一些人所说的，真正的用药安全问题其实主要在医疗机构。不少医院的医生在“以药养医”及非法的处方提成等自身利益的驱动下，小病大治的现象十分普遍，普通患者被迫使用大剂量、高等级的抗菌药绝非个别现象。这一方面直接危及患者的生命健康安全；另一方面，还有可能使患者逐渐被误导，潜意识里对抗生素类药物产生麻痹思想。事实上，门店销售处方药的份额本来就很小，违规销售的也只是极少数。个人认为，在国家法律严格管控的前提下，零售药店违规销售处方药的现象虽然存在，但与医院相比，纠正起来并不难。我们没必要对此过于敏感，更不应该顾此失彼——因零售药店的小问题而忽视了医院里所存在的大问题。

张继明 我们不能说零售药店随意销售抗菌药与一些医院医生随意处方大剂量、高等级的抗菌药物有直接的关系，但它们之间的影响肯定是有的。特别是在患者主动要求购买的行为中，医院医生的“示范”影响往往起着非常大的作用。我个人认为，对零售药店这方面的管理和处罚要与整治医院“小病大治”、随意处方行为进行联动，要在所有用药环节杜绝乱用、滥用抗菌药物的现象，要在全社会形成一个科学、合理、安全用药的氛围。这样，《抗菌药物临床应用管理办法》才有可能真正落实到位。

王建锋 医院医生滥用抗菌药物的现象其实比零售药房严重得多，我自己、家人以及朋友都有很多这方面的亲身体验。但是，这些现象不能成为零售药房违规的理由，在零售药房，顾客主动要求购买抗菌药物的情形也确实存在，不可掉以轻心。对于连锁企业来讲，我觉得在追逐利益的同时要承担一定的社会责任，要强化药房专业服务的功能，要从上到下形成对客户健康负责的观念和行动计划。如康顾多医药连锁要求旗下的门店将以销售、毛利为导向的观念转变为以顾客为中心、以顾客满意度为评估标准，因而很多门店都获得了很好的成长。其即将推出的针对顾客的健康照顾方案，就是为了更好地照顾顾客的健康。

三、办法：外部监管和内部管理结合

主持人 请分别从政府监管、连锁药店内部管理、社会外围环境建设的角度，谈谈你对杜绝药店违规销售处方药的看法和建议。

王建锋 说到政府的监管，如果从一个消费者的角度来看，当然希望一切都从患者利益出发，加强监管力度，并加大对违规者的处罚力度。而从药零售行业从业人员的角度出发，特别希望政府在严格执法的同时，能够加强对企业和消费者的教育与引导。

对于零售药店来说，个人的建议是迅速进行药房功能的转换，由单纯的药品交易场所转换为专业的药事服务场所，由销售、毛利导向转向以顾客为中心的经营导向。短期来说，要杜绝药店的违规销售行为有一定的难度，这需要整个社会的共同努力。但作为企业，在逐利的同时，应该尽最大的努力去履行自己的社会职责。

张继明 我给连锁企业的建议只有一句话：管理体系务求科学，制度设计合理可行，教育考核细化到位。

文立高 杜绝药店违规销售处方药并不难。首先是药监、卫生等政府部门应加强监管和检查，对所有违规行为按照统一标准严格处理，绝不姑息迁就；其次是连锁药店内部要加强员工药学、医学专业知识的培训，严格自律，把患者的生命健康安全与企业的品牌形象紧密结合在一起；再次是医疗机构要把提高医疗服务水平、提高医务人员道德水准放到重要位置，持续抓，持续落实，消除医疗机构“大处方”、“小病大治”等现象对患者的隐形影响，进一步净化合理、安全用药的社会环境；最后，加强对患者的药品知识宣传，提高全民医疗卫生知识和健康水平。这几年来，我们千金大药房通过“内部神秘顾客”和高管人员全覆盖带任务巡店等相结合的管理方式，着力解决违规销售处方药、违规刷卡等问题，效果非常显著。

安全用药，门店责任几何?

药品安全，基本民生。

随着“国家药品安全十二五规划”的出台，全国“两会”的召开，药品安全问题又成了最近这段时间的热点话题。作为药品供应链的最终端，零售药店在经营和管理中应如何树立用药安全意识？如何通过严格执行GSP来强化药店的品牌管理？在保证人民群众安全、合理用药方面，零售药店应该尽到什么样的责任?

主持人

肖志飞，《21世纪药店》报记者

访谈嘉宾

田建勇，环球医药控股集团连锁药店事业部总监

刘鉴锋，哈尔滨宝丰医药连锁有限公司副总经理

朱丽华，山东益寿堂药业有限公司46分店店长

一、义务自觉化，责任具体化

主持人　一般而言，你认为药店在保证人民群众安全用药方面有哪些义务和责任？具体体现在哪些环节？

田建勇　药店首先要保证药品在进、销、存过程中的质量管理：必须从合法的单位购进药品，严格审查供货商资质，严把质量关；按GSP要求保管药品，定时养护药品，检查药品的质量；能正确判断患者的用药需求，正确提供用药咨询和合理指导患者购药，执业药师或药师应负责对药品的购买和使用进行指导，售后服务要到位，保证顾客的用药安全。

朱丽华　药店在安全、合理用药方面必须承担一定的责任和义务，主要有

以下四个方面：一是质量控制。药店要严格遵守《药品管理法》及其实施条例和GSP各项条款的规定，从购进、验收、储存、养护、销售等一系列环节抓好质量管理。二是提供高质量的药学服务。随着医保体系的逐步完善和人们对自身健康关注度的提高，消费者对药店药学服务的需求也在提高，以药师、主管药师为主体的药学技术服务人员，必须向职称类（如主管药师）和资格类药师（如执业药师）加速融合。三是做好药品不良反应情况的搜集和上报工作。四是做好安全、合理的用药宣传。遍布城乡的所有药店如果都能自觉担当起药品安全宣传的任务，对整个社会安全用药水平的提升将起到巨大的促进作用。

刘鉴锋　药店应在五个方面确保药品安全：第一，购进时严格审核供应商和产品的相关手续，必要时进行实地考察；第二，入库时仔细核对销售单据，查看产品外观质量状况和有效期等信息，保证购进药品的质量合格；第三，库存时严格执行药品说明书上标示的储存条件，并定期进行养护；第四，销售时严格审核处方，对于超剂量或有配伍禁忌的药品，必须由原医师签字确认后方可调配；第五，药品售后出现不良反应时，要本着可疑即报的原则，严格执行记录上报。

二、安全用药薄弱环节不容忽视

主持人　*目前零售药店在安全用药方面存在哪些薄弱环节？*

田建勇　主要体现在三个方面：执业药师或药师不在岗的现象很普遍；违规销售处方药的行为屡禁不止；受利益驱动导致不合理的联合用药时有出现。

朱丽华　从药店经营角度看，违规销售处方药的现象还没有从根本上杜绝、非处方药用药指导不足、保管养护不当等三个方面，是药品安全的主要隐患。特别是有些药店存在只重视药品购进时的检查而轻视药品养护的现象，极易使合格的药品转变为不合格药品。

从制度层面上看，药品销售失信惩戒制度的不健全也是一大隐患。一些药店经营假药或是劣药后受到的处罚多为经济处罚，失信惩戒制度并没有很好地实行，违法成本较低，使得个别药店屡查屡犯，具有较强的反复性。

刘鉴锋　根据个人的观察，我发现当前零售药店在安全用药的服务方面存在三大隐患：在购进环节，个别药店为了实现利润的最大化，只要便宜的药品就进，不能保证药品的合法性和安全性；在销售时，特别是抗生素类药品的销售，随意联合用药，超剂量服用或滥用，导致患者耐药性增大；门店执业药师匮乏，不能对药品进行正确审方和指导顾客合理用药。

三、员工专业素质将成决定因素

主持人　*为了更好地贯彻执行“国家药品安全十二五规划”，你认为零售药店应该从哪几个方面着手进行努力？*

田建勇 药品的特殊属性，决定了药店经营必须有别于其他零售商店，除了追求经济效益外，更应该注重为顾客的健康服务。为了更好地服务于顾客健康，药店员工必须不断提高个人的专业素质，企业应当组织、鼓励员工参加执业药师考试，并给执业药师一个良好的工作平台和合理的薪酬回报。要通过对以执业药师为质量负责人的重点考核，规范药品经营过程中的质量管理，提高药店整体的药学服务水平。

朱丽华 我们的计划是：深入学习领会国家关于发展零售药店的政策和精神，抓住机遇，从设施配备、机构设置、人力资源配置、各项质量管理制度的实施等多个方面着手，树立"质量第一"的思想，持之以恒地加强对质量把关技术人员的教育和培训，致力于把药店做大、做强、做规范。

刘鉴锋 最主要的还是要加强全体员工的质量安全意识，严格执行GSP。其次要提高员工素质，要鼓励员工不断学习药品知识，并取得相应的执业资格。

四、药品零售市场面临巨大变局

主持人 *你如何看待执业药师需求与供给不平衡的矛盾？*

田建勇 自1994年实行执业药师资格考试以来，每年都有很多人参加考试，但通过率一般不会太高。而药店仍处在高速发展中，门店数量每年都在大幅度地增加。这使得执业药师的刚性需求是巨大的，供需矛盾越来越突出。同时，由于种种原因，执业药师在药品零售经营中未能充分体现出自身的价值，在药物治疗过程中的作用、地位没有被重视，其专业技术和专业知识被大大淡化，得不到很好的发挥，导致很多执业药师不愿意留在零售药房。另外，由于教育发展水平的差异，以及药品经营企业（包括流通企业等）密度的问题，执业药师的需求与供给中还存在区域分布、领域分布不平衡的现象。

"国家药品安全十二五规划"中硬性要求零售药店营业时有执业药师，这对零售药店来说是一个难题。我个人觉得，这一硬性要求可能对未来零售药店的布局起到一定的调整作用。因为现在开药店的门槛还相对较低，一些药店的药师还存在挂证现象。药师在药店的缺位，给顾客安全用药带来很多的隐患。通过设置执业药师这一门槛，可以起到优胜劣汰的作用。

朱丽华 执业药师需求与供给的矛盾具有一定的地域性。在沿海的发达城市，执业药师的拥有量和需求量差别并不大，有些地区还存在供给大于需求的情况。但对于中西部和欠发达地区而言，的确存在执业药师人才严重匮乏的现象。对此，我个人希望，不同地区能给予不同的推进实施时间表，如沿海地区应先于其他地区实施；而对于欠发达地区，则应给予一定缓冲期。这样，通过制定出推进时间表和优惠政策并向社会公布，既让不同条件的药品经营企业有一个适应的过程，同时也可以促使执业药师从过剩地区向缺乏地区合理流动。

刘鉴锋 如果硬性执行“国家药品安全十二五规划”，以目前的情况看，至少60%的零售药店将会关闭。这在提高药品安全性的同时，也将对百姓购药的方便性产成极大影响。另外，药品零售市场的销售格局也将产生巨大的变化。因此，对于有实力的零售连锁企业来说，这是一个难得的发展契机。早做准备、把握机会、苦练内功、顺势而为，或许将是意欲做大做强的连锁药店的唯一选择。

编织药店成长基因图谱

这一两年来，当我参加药品零售领域的诸多论坛、会议及活动时，谈到零售药店经营环境这个话题，听到最多的是对政策环境的抱怨和期待。归纳起来，大概有以下几种类型的观点：

一是新医改“改”走了药店的客流。政府对基层医疗机构的投入以及政策上的倾斜、医院门诊及基层医疗机构所享受的医保报销制度，把“大病去医院、小病去药店”变为了“大病去医院、小病去社区（卫生中心）”。药店客流量锐减，想要为新医改做点事也是巧妇难为无“米”之炊。

二是基药制度“渡”走了药店利润。基本药物零差价销售本是政府解决“看病贵”这一社会问题的好政策。然而同是执行这一政策，医院药房能享受政府补贴，零售药店却不能。政策规定，零售药店必须零差价销售基药，这等于是要药店拿自己的利润为政府的基药政策买单。

三是医药分开“分”掉了药店优势。医疗体制改革的重点是医药分开，而医药分开的目的就是最大程度地降低药价。药价降下来，医院药房收入减少有医疗诊金提高及增加其他服务收费来弥补，而零售药店虽然利润率不受影响，但原来的低价优势也荡然无存。

不能说上述观点完全没有道理，也不能说不可以呼吁、期待政策对医院和药店一视同仁。在这里，我们想提醒业界的是：不论碰到怎样的政策环境和经营难题，总会有经营得法的优秀药店出现。过去如此，今天亦然。既然面对的是相同的政策和经营环境，为什么我们不能通过调整自己的经营策略来适应环境呢？为什么不想办法通过改善内部的核心竞争力以应对政策的冲击呢？事实上，政策要解决的是全社会的问题，调整经营策略要解决的只是一家企业的问题，后者远比前者简单、容易得多，那么，我们为何要舍易求难呢？

基于以上想法，于是有了“编织药店成长基因图谱”的专题策划。我们试图从不同角度、层面讨论药店的发展现状、存在问题、优势机会及成长基因的发现途径，希望业界进一步认清形势，把思考的重点从政策转到策略上来。

坚强成长的零售药店

在医改政策陆续出台的政策经济时代，药店把发力点瞄准品类管理、盈利模式和人员绩效考核，取得了较为明显的进步。

自20世纪90年代"关于公布非处方药专有标识及管理规定的通知"颁布以来，在国民经济及人口快速增长的背景下，我国药品零售行业已走过十多年的快速增长期，取得了可喜的成果和长足的进步。目前，药店的管理、经营现状如何？将会出现哪些发展趋势？随着政策和经营环境的变化，盈利模式将发生哪些改变？

一、政策影响药店的发展方向

在过去十多年里，我国药品零售行业不断完善监督管理的法制化、规范化，已形成"中心城市以连锁药店为主，县以下市场以中小型连锁药店、单体药店为主"的布局。其中，中心城市的药品零售市场被区域性主流连锁药店"割据"；从海王星辰医药连锁在美国纽约证券交易所上市，到最近的云南鸿翔一心堂获批进入国内A股，药品零售连锁企业的上市步伐已经迈开；全国药品零售百强、二百强企业的零售市场份额日渐提升，集中度稳中有升；年销售10亿元以上的连锁药店已有近20家，门店不断扩张，规模化进程逐渐加快……这些现象预示着我国药品零售行业的发展已由成长期步入了成熟期。

与此同时，最初的计划经济向市场经济过渡顺利完成，近年来伴随着医改步伐的不断推进，药品零售行业又步入了政策经济时代，在不同的发展时期坚强成长着。

特别是近年受到医改政策的影响，我国药品零售行业的发展方向也随之变化，从而直接影响了自身的经营管理、品类管理、盈利模式等诸多核心问题。例如，国家基本药物制度的实施以及基层医疗机构的蓬勃发展，直接促进了药品零售行业的多元化经营，并且树立、完善了以大健康服务理念为导向的经营战略目标。其结果是零售药店大健康产品的销售占比和利润贡献率逐年提升，零售药店已基本形成了一套经营大健康产品的模式。

二、经营和管理双管齐下

近十年来，药品零售行业的经营模式逐渐成熟、完善，尤其是在门店的品类管理、商品分析和人员绩效考核方面取得了较为明显的进步，并由此形成了一系列连锁经营和门店管理的方法。

首先，药店经营逐步完善。从单纯的价格战到主推高毛利产品、辅以品牌药，从单纯毛利率销售到商品利润贡献率、客流量、客单价的综合评定，药店在品类经营过程中不断探索可行之路。如今，门店高毛利产品和品牌药品的合理配置已较为成熟，毛利率的刚性需求成为药店经营的重要环节；提升门店客流量、客单价和门店整体利润指标业已成为经营重点；商品分析、商圈分析、消费者分析也已成为药店竞争力的重要体现；建立和健全药店的各项管理、控制制度，提升药店店员的基本素质和专业知识水平，成为团队建设的必由之路。

其次，绩效管理助力经营。以药店经营利润导向为例，各级人员的绩效考核会直接或间接地影响某产品在该品类的销售占比（连锁药店各级人员绩效考核关系的问题如表1）。连锁总部人员、门店店长、店员的提成绝对值以及基本利润的保障，是产品首推和各项终端活动顺利开展的基础，较好地调动了药店各级人员对产品销售的积极性。

表1　连锁药店各级人员绩效考核关系表

人员	负责内容
连锁总部人员	（1）公司盈利情况（营业收入，与产品的毛利率相关）+营业外收入（与厂家的支持与费用相关）； （2）公司的销售规模； （3）如联系厂商举办活动等其他方面。
门店店长	（1）门店的利润考核指标（与绝对值相关，年初下达任务，中途不会改变，给予总部营业外收入不能抵减店长的利润任务）； （2）门店的销售额； （3）门店管理。
店员	（1）产品的提成比例； （2）总提成金额（与产品的绝对提成额相关）； （3）推荐的难易程度（产品力、产品知识和技能培训很重要）。

三、零售药店发展的六大趋势

随着药品零售业外部环境的变化，药店在经营管理中内生性因素的作用将越来越突出，药店发展亦将呈现更加多元的趋势。我认为，未来药店的发展会沿着日渐成型的模式进行，主要将出现以下六大趋势：

趋势一，横向并购转向纵向发展。随着资本对零售药店的青睐，药店之间的兼并、收购、合作将成为打造零售航母的重要手段，大型医药连锁企业将从横向联合、扩张、兼并、收购，转向纵向发力，向二、三线甚至四线城市市场发展。由于乡镇的竞争相对小、运营成本较低，目前已有大型连锁药店瞄准这些市场，在提高管控力的同时大力开拓市场。

趋势二，产品利润成为刚性需求。随着经营模式日渐成熟，经营利润导向逐渐成为药店的核心关键点。因此，药店对产品毛利率的要求也逐年提升，产品利润要求将成为药店的刚性需求。与此同时，药店必须做好自身资源的建设，利用门店的营销资源换取更多的产品资源和上游供应厂商的支持。

趋势三，转型大健康是必然选择。受“大力扶持基层医疗机构”等医改政策的影响，药店转型大健康趋势明显，非药品的销售占比将继续增大，品类管理愈发重要。此外，围绕品类管理衍生出的门店设计系统、采购管理优化系统、库存管理系统、商品研究分析系统、商圈竞争分析系统、门店促销和消费者活动策划系统、会员制管理和核心客户管理系统等，将逐步系统化和程序化。

趋势四，差异化范围将更加广泛。目前，促销竞争同质化程度较高，过于激烈的促销竞争造成行业资源的巨大浪费。因此，差异化、独特化等经营模式将被药店接受和采纳。比如在产品上，药店要求“我有他无”的趋势比较明显，这不仅有利于稳定价格，确保经营利润，还避免了同一商圈中产品在价格和促销资源上的过度竞争。

趋势五，促销将回归消费者服务。建立、完善各项管理制度和科学的经营理念，将成为药店尤其是连锁药店的发展趋势。其中，药店将更加注重消费者的研究、分析、服务工作。围绕消费者服务中心理念而衍生的门店设计、品类管理、商品分析、店员激励、消费者活动和教育等，都是强化自身资源、提升客单价和客流量的重要手段。

趋势六，会员管理模式综合发展。会员制管理从会员优惠、定期促销活动等简单的管理模式，向VIP客户管理、潜力客户群研究、病类患者研究、提升会员质量等综合模式发展。挖掘有价值的客户群能提升药店整体销售额和客流量。

总之，药店将逐步完善管理制度和经营模式，更加注重门店的盈利能力，注重商品的利润贡献率，盈利模式不再单单考虑产品的毛利率，而会更多地考虑产品给药店所带来的综合资源和盈利能力。同时，在门店营运过程中，创新手段会更加成熟，药店之间的竞争会更加趋于理性化和差异化。

（杨　泽）

第二部分：“寻因”

药店发展三大难题解读

相关政策明显地向基层医疗机构倾斜，战略定位已迫切地摆在连锁药店的高管面前。连锁药店的高速发展，不仅需要大量资金，还需要解决人才问题这个最大的瓶颈。

在过去的十多年中，我国连锁药店经过高速发展，虽已取得了可喜的进步，但还是存在不少困难和问题。在黄金十年中，零售药店要想继续健康、快速地成长，必须具备“三大件”：长远清晰的战略定位、强大的资本后盾以及可持续的人才队伍。

一、战略定位选择

战略定位决定了企业的发展方向，也决定了未来连锁药店的业态模式和盈利模式。我认为，连锁药店要想做强做大，专业化和多元化是两个必须抉择的事情。当然，多元化必须是建立在专业化基础上。

随着医改政策的逐步推进，有着健康需求的消费人群主要分为两类：一类是以治病的刚性需求为主的人群，治疗产品多为基药，一般医疗机构，尤其是基层医疗机构即可满足此类人群的需要；另一类是保健人群，以中产阶层为主，他们的保健、养生、调理、预防、康复等自我药疗需求明显，是零售药店的主力消费群体。

目前，社区卫生机构日益增多，相关政策明显向基层医疗机构倾斜，若传说中“个人医保账户的资金转到社区卫生机构”等政策成为事实，那么医保定点药店将不复存在。因此，药店要先确定自己的发展方向，到底要做什么业态，经营哪些产品和服务，战略定位已迫切地摆在连锁高管面前。若没有确定发展方向，药店的品类构建、人才培育等都将失去意义。

目前，较有前景的多元化业态发展战略有三类：

第一，养生型药店业态。需要构建药食同源类大中药品类，包括中药饮片、定形装药食同源类中药、花茶、参茸贵细、功能性五谷杂粮、家用型康复器械等。药店的保健人群离不开这些品类。因此，养生型药店需要系统构建中药品类，把中医药文化知识的传播渗入其中，才能在竞争中立于不败之地。

第二，连锁型诊所和诊所型药店。需要与医疗单位异业竞争，分得其部分市场。目前，连锁型诊所还没有起步，但在未来肯定是发展的主要方向之一。目前，各地连锁中医馆的成立，已为这一模式进行了探路。

第三，眼镜店。眼镜店是个暴利的、被垄断的行业，若药店能打破它的营销定式和经营门槛，不但可以分得一杯羹，而且还可以保持高毛利。

药店经营者不能只低头拉车，更要抬头看路。“看路”就是选择药店的发展路径和战略，看清楚现在要如何做才能赢得未来。

药店经营者要敢于打破规则，很多企业的疯狂增长都基于打破规则，比如当年老百姓就是靠着打破价格规则发展壮大的。因此，首先要敢于向异业竞争，敢于打破规则，才能创造全新盈利模式和业态模式。其次，要敢于放弃，比如若不放弃医保，长期受到非药品撤柜的限制，就无法做大多元化品类，到时一旦取消医保定点刷卡，药店就会被市场淘汰。

二、运营资本大增

连锁药店的高速发展，无论是内生式（自己开店）还是外延式（兼并重组）扩张，都需要大量的资金。目前，在经营、扩张中遇到困难，在供应商心目中形象不好的连锁药店，一般都存在资金困难、回款不及时的问题。

经营成本日益高涨已成为药店经营者必须面对的现实。以前，开一家80~200平方米的门店，一般需要50万~80万元；如今，则需要80万~160万元，主要是因为房租和员工工资增长较快，且增长势头不减。以前，新开门店2~3个月后便开始盈利；如今，5~6个月还无法保证盈利。更难的是，营销成本几乎翻倍，不仅开业期间花费大大增加，而且平日的促销成本也增加了。

此外，还有一个问题必须引起注意，那就是连锁药店的扩张不能依靠拖长回款周期来解决资金问题。到处赊货并非解决资金难题的上策。长期拖欠供应商的货款，会引起供应商的集体不满和挤兑，甚至导致不予供货。这样，产品的丰满度和满足率便会大打折扣。若频繁更换品种，无论是店员还是消费者都不认可。因此，门店扩张、日常促销等都必须三思而后行。

除了采取各种方式融资，还可以实行内部集资，和员工分成等方式。同时，连锁药店应该心无旁骛，尽量把赚到的钱用以购买物业来开店，这样运营成本才有可能降低。就像美国连锁药店之王沃尔格林一样，拿自己的物业开店，竞争力就强。如果拿着连锁药店赚来的钱做其他投资，就是自掘坟墓了。

三、人才短板凸显

人才是制约药店发展的关键因素，尤其是对快速扩张中的连锁药店而言，人才是最大的瓶颈。若不能输出文化、管理和产品，扩张就很难实现应有的效果。具体来说，目前药店主要缺乏以下几种人才：

第一，店长：店长必须既是销售高手，又是管理高手；不仅要有智商，还得有情商。店长贮备不足是目前连锁药店扩张最大的难题之一。尤其是“弱总部、强门店”型的连锁药店，必须重视店长能力的全面、系统提升。

第二，品类分析和优化人员：采购部并不等于商品部，多元化的品类构建，需要熟悉相应商品、消费者以及竞争者的研究型人才。然而现实是，大多数连锁药店并没有挖掘、培养出一定的品类分析和优化人才，只是储备了向供应商要资源和赞助的人员。

第三，信息技术人员：没有统一的信息系统，就不知道门店进、销、存的相关资料，连锁药店的"六统一"就无法实施，异地并购也无法管理到位。零售的IT信息技术并不复杂，且花费也并不算大，关键就是要下决心去实施。

第四，数据分析人员：没有对销售数据作透视、分析，店长就是一个盲人或者近视者。就算天天待在门店工作，也无法准确判断门店存在的问题，因此也就找不到提升门店业绩的方向和方法。

此外，零售是一门技术活，因此，真正懂得零售的营销人才也是必不可少的。

（李从选）

第三部分："群言"

零售药店如何创新盈利模式

一方面，零售药店要想生存和发展，成长力是关键性因素，尤其在零售药店被大环境所忽略的大背景下，成长力决定影响力，影响力决定发展空间。认识到这一点的药店人不再怨天尤人、悲观失望，他们认为，既然外部环境无法掌控和改变，不如把更多的精力聚焦于对内在成长原动力的探索和完善上，力求让顾客、员工满意。另一方面，政策环境磨炼药店，发展模式成就药店。在同一政策下，发展模式是药店最重要的核心竞争力，体现了药店的价值与实力，也是药店差异化竞争与特色发展的基础。如何适应经营环境？如何创新盈利模式？不妨听听业界同行的意见——

主持人

盘美爱，《21世纪药店》报记者

访谈嘉宾

刘鉴锋，哈尔滨宝丰医药连锁有限公司副总经理

逄增志，山东淄博万昌科技股份有限公司总经理助理

刘玉平，江苏常州市恒泰医药连锁有限公司副总经理

叶永标，福建泉州国大药房连锁有限公司商品采购部经理

一、政策影响不可忽视

主持人 基药制度、医保报销制度、药店限距令、限制非药品区域、医保店不许卖非药……近年来，在国家及地方陆续颁布的医改政策中，哪些对药店的成长产生了重大影响？

逄增志 新政一个接一个出台，颇有“你方唱罢我登场”之势。其中，基本药物零差率、医保店禁止多元化等政策的影响是颠覆性的。前者直接导致药店的目标消费者流失，后者让药店摸索了多年的多元化之路不得不画上句号。在药店经营成本不断攀升时，政策却提升了老百姓对药价进一步下降的期望值，这无形中抑制了消费者的需求。

从另一层面上看，这些政策对基层药店带来的最大影响，是造成业内的“政策恐惧症”。一方面，主管部门出台政策时容易忽略药店的声音，药店无奈成为政策的买单者；另一方面，“泛政策化”倾向愈演愈烈，当某地出台某政策后，其他地区纷纷照搬效仿，而对政策执行后的评估与纠偏等却没人关注。不断出现的政策、不确定的环境走向等，客观上制约了药店行业的发展。

刘玉平 基本药物制度、社区卫生机构实施零差率，这两大政策对零售药店产生了较大的影响。事实上，基层医疗机构的部分药品销售，跟社会药店的销售一样都是一种经营行为，但却没有被同等看待。医疗机构销售药品是不用交税的，而社会药店必须交税，这是一种不公平的待遇。一方面，国家应将基层医疗机构的药房剥离出来，与药店一样产生竞争；另一方面，国家给予各级医疗机构的补贴资金可以直接补给老百姓，以打造公平竞争的环境。

刘鉴锋 我们感觉到的政策影响，主要是前些年哈尔滨市相关部门发出的“两网建设”号召。为此，我们宝丰医药连锁投入人力、物力、财力，与哈市周边各市县的供销社、诊所合作，建立了近2 000家药店（药柜），把药送到了农村。可是，农村的老百姓只接受低价格、简包装的老药和保健品。宝丰的产品价格在哈市是最低的，到了农村却变成最贵的了。加上遇到乡镇小药店的不正当竞争，我们损失了近 5 000万元，后来不得不关停一半的门店。

叶永标 在泉州申请医保定点零售药店，除了要满足国家规定外，还要求药店的医保目录内非处方药品供药率达85%以上。但是目前，有一百多种药品很难在市场上买得到，即使找到购进渠道，不少目录内的药品因销量不好，只能等过期销毁。此外，申请定点药店还应具备50平方米以上的经营场所，以及相应的药品储存库，配备医保电脑管理系统终端等一系列条件，这在一定程度上也提高了药店的经营成本。

主持人 针对这些政策，药店如何调整战术，以适应政策要求？

逄增志 乐观的药店经营者会利用新的载体、平台，加大宣传药店的专业服务，扩大影响力；同时苦练内功，压减弹性成本，勒紧裤带打持久战。药店在扩大规模、投资进入新领域等方面务必慎之又慎，特别是在当前经济危机恶化、经营预期下滑、资金高度紧张而消费者需求不旺的情况下。

刘玉平 药店必须顺应政策。随着国家医改政策的进一步深入，医保人群将会随之增加，连锁药店可瞄准医保顾客，选择往专业化方向发展，增加医保品种。在为医保顾客提供专业化服务的前提下，增设多元化服务项目，满足顾客的不同需求。

二、战略定位决定盈利模式

主持人 随着相关政策的不断出台和经营成本的上涨，激活成长的原动力成为药店可持续发展的根本举措。其中，盈利模式对药店的成长起着关键性作用。你认为哪些盈利模式比较符合未来药店的发展趋势？

逄增志 采取哪种盈利模式，主要取决于药店的战略与定位，同时必须考虑到外部的政策和环境。比如通过多元化提高客单价对目前的医保定点药店来说就是奢望。事实上，没有过时的盈利模式，只有落后的发展理念。

此外，还有一个短期、中期与长期利益的问题。对于新药店来说，短期内最迫切的是培养忠实顾客、树立品牌、扩大市场占有率，那么，就必须做好专业化定位与服务、多渠道动销、持续提升顾客满意度、药店社区服务化等方面的工作。中期则把利润、效益等作为主要诉求，重点放在强化自有品牌产品、主推高毛利产品、加强内部精细化管理上。长期来看，随着环境的好转、政策的日渐明朗，越来越多的药店会把多元化经营、细分市场、差异化服务等作为重点。

叶永标 严格地说，如今不少药店已远远超出了通常意义上的“药品专卖店”的定义。与其称之为“药店”，不如称之为配置了药品的便利店或折扣店更为准确。我认为，药店社区服务化将成为发展趋势。目前，全国药店数量依然在增长，市场已基本饱和，药店不妨另辟蹊径，走进社区，覆盖农村，满足尚未被完全挖掘的消费需求。应注意的是，药店可根据不同商品特性、购买频度、毛利等合理搭配的商品组合，丰富商品品种，实现与超市、社区便利店等业态错位经营。

刘玉平 探索盈利模式的同时，必须加强品牌形象的建设，开展公益活动，提高美誉度。比如与药监部门联合开展“3.15”打假活动，与社区服务站联合开展健康讲座等。

三、促销应尊重顾客需求

主持人 经营药店就是在经营顾客，如何把握好高毛利药和品牌药、药品和非药品的度，满足顾客的不同需求？同时要提供怎样的服务，满足顾客的心理需求？

刘鉴锋 把握好高毛利药和品牌药的度，跟推销技巧、联合用药有着直接关系。同时，高毛利药品的选择很重要，不要只看毛利不看产地，要在名厂二线产品上下功夫。另外，店内的绩效考核对高毛利品种销售有直接的关系。而药品和非药品的占比，跟各地区的消费习惯、消费水平也有关系。不仅是南北差异，还涉及城市发展消费水平，甚至和药店所处的商圈也有关系。比如商业区和综合区一定比交通交换区和社区卖得好，各自所占的比例也不一样。

叶永标 经营顾客应以顾客满意度为中心，以专业求双赢。然而现实是，店员为了提升高毛利产品的销售额，不惜拦截品牌产品，以牺牲品牌产品为代价，换取高毛利产品的销售。其实，放弃品牌药就等于放弃了门店的客流量。店员应根据消费者的需求，适度推广高毛利药品。

从另一个方面来说，品牌资产源自于顾客资产，除了大量的传播之外，必须精心呵护每一位顾客，满足他们的健康需求。只有提高顾客的满意度，才有可能打造强势品牌。

逄增志 顾客的心永远猜不透，目标顾客的群体需求也有着很大的不确定性。事实上，没有一个绝对的百分比可用来界定高毛利药与品牌药、药品与非药品的度，因此更重要的是要抓住每一个实实在在的顾客，将他们转化为现实的购买力。因此，店员在接待顾客时，要充分发挥心理学、礼仪学以及经济、社会、文化等综合性知识与技巧，善于换位思考，学会以情动销、移情促销，把文化融入销售中。不仅要给顾客想要的（满足顾客的需求），更要找到并激发顾客可能要的（学会创造需求）。

刘玉平 药店必须站在顾客的立场上，设想一下顾客进入我们的药店究竟有什么需求？如何吸引顾客进店？如何留住顾客？如何帮顾客买到称心如意的商品？这就应该在坚持销售品牌品种、满足顾客需求的前提下，适度推荐疗效确切的高毛利品种。

四、“薪”留人，“酬”留心

主持人 除了顾客外，影响药店健康成长的“人”的因素还有员工。目前，药店高管频繁变动，基层管理人员缺口大，一线骨干店员留不住。你认为，如何才能把人才引进来、留得住，并让他们与药店一起成长？

逄增志 人才战略向来不单是人才的问题，更是薪酬、机制、发展的问题。在物价高企、养家糊口压力巨大的当下，单纯地讲感情留人已经不现实。因此，药店必须正视人力成本上升的现实。人才战略的另一个重点是培养后备力量，打造人才梯队。有了高水平的替补，主力军也就少了自抬身价的资本。当下，90后逐渐成为职场的主力，药店的人才战略可围绕他们来展开，尊重他们的自由个性，满足他们对宽松环境的追求，尽量少让他们加班。

刘玉平 如何将企业文化和愿景与员工的成长愿景、收入结合起来？不能空对空，不能让员工认为企业文化和愿景与己无关。创造老板与员工的双赢局面才是上策。可用股权激励、期权鼓励的方法留住人才。同时，组织员工学习、参加团体活动，使员工从内心认可企业。

刘鉴锋 “薪”包含了工资、奖励，以及过节礼品等物质；“酬”是对员工的信任、感谢和支持，是留住人的根本。缺少信任就很难留住人。

五、同一政策下，发展模式凸显实力

主持人 *在药店成长过程中，外部的政策环境和内部的发展模式各自扮演着怎样的角色？相对而言，哪一个更重要？*

逢增志 政策环境磨炼药店，发展模式成就药店。很难判断两者谁更重要。它们对药店的影响并不在同一个层面上，分别属于客观与主观、外在与内在的范畴。对于决定药店生存的政策环境，我们只能去努力适应，并通过各种渠道尽可能地使政策环境有利于药店的发展；而对于决定药店未来发展与效益状况的发展模式，药店人完全可以通过消化吸收、借鉴、创新等措施，找到并优化适合自己的发展模式。换言之，政策环境对药店一视同仁，而发展模式作为药店最重要的核心竞争力之一，体现了药店的价值与实力，也是药店差异化竞争与特色发展的基础。

刘鉴锋 的确，政策会给药店带来非常大的影响，如基药制度、坐堂医、广告促销政策等。但有调查显示，在影响药店发展的因素中，药店位置占41%，店长占37%，其他因素占22%。只要找准与国家政策和环境相匹配的、合适自身企业发展的模式，药店就能健康成长。

叶永标 在严峻的市场形势面前，药店何去何从，是每一位药店经营者都必须冷静思考的问题。政策环境犹如人的大脑、主心骨，是帆；发展模式必须符合政策环境，是药店经营的核心，是船。相对而言，发展模式对药店的成长更为重要。当发展模式符合市场需求，大部分消费者对药店持肯定态度时，药店的经营才算对路，销售利润才会随之而来。反之，无论政策如何利好，药店都会被市场淘汰。

第四部分：“求解”

“四力”体系提升门店竞争力

应该承认零售药店的成长离不开团队主观能动性的发挥。从结果看，门店的成长就是业绩的提升和管理的加强；而从本质上看，其实是员工执行力、顾客聚集力、商品销售力、行销提升力四个方面的提高，即员工（Staff）、顾客（Customer）、商品（Commodity）、行销（Marketing）四大关键要素组成的CCSM体系不断完善的过程。

一、为员工提供培训

员工要素包括员工激励、员工培训、团队建设。每家药店都希望拥有优秀员工，但事情往往没有那么简单。对此，江苏芝林大药房连锁有限公司总经理龚云表示："我一直认为，优秀员工是奖励出来的，是培养出来的，同时也是好的环境创造的。奖励可以让员工明白什么该做、什么不该做；培训可以让员工掌握方法，知道怎么正确地做；好的团队和环境可以让员工充分施展才华，把事做对、做好。其中，团队建设是前提，激励是关键，培训是基础。"

"目前，药店的人力资源管理出现了一个怪现象：新员工入职后，不知道自己应该做什么，也不知道将成为什么样的人。换言之，他们不知道自己的成长路径，只能做事靠自觉、成长靠自悟，有时会导致自生自灭。在一些药店，员工入职首月的流失率高达30%~40%。"北京伊夫马丁国际文化传媒有限公司董事王惠琳跟《21世纪药店》报记者分享了河北沧州某家药店提出的"让入职的第一天，相当培训一整年"的理念。该药店对待新员工，就像迎接新媳妇一样，把入职仪式办得极为隆重、热烈（详见"相关链接"）。主人翁的意识的培养，使得该药店的新员工流失率非常低。

在员工培训方面，山东燕喜堂医药连锁有限公司于2010年6月成立了商学院，因其高质量的内容、灵活的形式受到了业内多位专家的肯定。

成立初期，商学院隶属于人力资源部，以被动式的培训方式为主，内容由厂家或培训机构确定，员工更多的是在接受填鸭式教育，培训效果有限。为了真实、有效地提升员工素质，燕喜堂董事长于志刚提出"让培训成为一项福利"理念，并专门拨出培训费用。2011年11月，商学院从人力资源部独立出来，全面负责培训工作。

鉴于燕喜堂的250余家门店、2 000多名员工分布在烟台、威海等城市，为避免区域分散给培训工作带来的不便，燕喜堂在各区域设置了培训室，实现了从"员工来总部集训"到"讲师下区域培训"的转变。此外，2012年3月，商学院编写的《药店员工医药知识培训教材》内部培训资料正式投入使用，因贴近药店的实际操作而深受员工欢迎。

二、为顾客设计权益

顾客为什么来店？这必须要考虑到顾客来的前提（顾客权益）、如何来（新顾客开发）以及如何经常来（老顾客维护）。目前，国内很多药店经营者在提高聚客力时，不外乎采用促销引导和强化服务两个方式，但常常事与愿违。这就是因为经营者没有仔细研究、设计凝聚顾客的这三个层面。导致促销结束后，客流回落；服务强化后，成本提高。

“药店应以顾客满意度为核心，各门店从店经理、药师到员工，都得通过专业服务赢得顾客信任。” 海王星辰江苏分部培训经理范月明认为，把顾客当成自家人，才会让顾客升级为忠实粉丝，会员队伍才会不断扩大。据范月明介绍，海王星辰会定期举行会员健康讲座，免费向会员发放热销应季商品信息。其中，VIP会员还享受专有《健康季候风》杂志。各项服务不断细化、完善。

三、为商品做好管理

品类管理、价格体系和库存体系是商品的三大要素。“在服务尚未成为商品的市场环境下，产品销售仍是目前药店业务的核心。那么，如何制定商品销售策略（品类管理）、商品竞价策略（价格体系）、商品控制策略（库存体系），将直接影响到商品销售的质量和水平。”龚云认为，如今很多药店把品类管理变成了单纯的管理工作，而没有在经营上得到充分的使用。“品类怎么划分不重要，因为那是形式。重要的是你在品类管理过程中发现了什么，调整了什么，得到了什么。”

引入管理、新产品，往往是药店增加新利润点的措施之一。2012年4月，一直践行多元化经营的海王星辰再出新招，推出“星辰U品”。据悉，“星辰U品”以采购药品的标准，省掉中间环节，直接从国内外一流厂家订制质量可靠、性价比高的食品、日化品，比如原生态酿造酱油、植物精华洗洁精、竹纤维毛巾等。“对于这些新产品，海王星辰采用‘员工先体验，认可再推荐’以及会员免费试用的方式，有效地提高了交易率和销量。”范月明如是说。

四、为行销整合资源

在具备以上三大要素后，如何将这些要素整合并发挥作用，就体现在行销活动上。尽管销售活动在门店，但哪些是门店可以控制的（基础行销）、哪些是需要公司总部来进行的（统一行销）、如何建立各种状况下的行销预案（特殊行销），要做好区分并提出相应的措施。以基础行销为例，不仅仅只是关注员工的推销，还应该关注员工开发和创新销售的辅助手段和工具，提升员工推销成功的概率。

无论外部的政策如何变化，只要门店的各项工作围绕上述四大因素展开，并不断加以完善，相信药店一定会健康、规范地成长。

他们这样激活原动力

模式、品种和人才，是药店经营者最重视的三大成长原动力。下面，我们一起来分享三个样本药店——打造专业中医馆的四川德仁堂、留人有秘诀的浙江长红大药房、高举贴牌之旗的特格尔会员药店的具体做法。

一、四川德仁堂的看家本领

“模式”样本：一法九病八大派，七药八膏六外治

2012年5月，四川德仁堂中医馆旗舰店鼓楼店开业。至此，德仁堂已开办了12家连锁中医馆，另有41家正在办理相关证照，中医药品牌进一步得到强化。

德仁堂瞄准30~55岁中高端消费人群，以成都市区为主，全力打造百年中医馆。中医馆分设骨科、肾内科、糖尿病科、胃肠科、妇科等10多个专科，各科按“专病+专家+专治”模式运作，确保每个中医馆特色鲜明，比如中华园店的“妇科内病外治泡浴疗法”、同盛店的“骨科指针疗法”等。

据了解，“一法九病八大派，七药八膏六外治”是中医馆保证盈利、维持运转和可持续发展的核心模式。具体而言，“一法”，即由专家总结出一套包容性强、分别专门针对某病症、效果显著的独特疗法，并加以复制；“九病”即专病专科，突出九种能明显发挥中医优势的专科，并辅以小综合科室支撑；“八大派”就是团结各大中医流派，挖掘各自的特色、特长。而“七药八膏六外治”是中医馆的盈利手段，光靠中药饮片难盈利，所以要结合膏方和各种内外治疗手段。

中医馆和药店是两个差异性很大的行业，不能照搬药店的管理和经营模式。为此，德仁堂中医馆一直在不断探索合适的经营模式——

全新、系统地设计形象。对中医馆进行整体视觉包装时，医馆装修布置突出中医药文化氛围。同时，按照“五统一”标准，对控股的个体诊所、社区医院及其他品牌中医馆等同业机构做了外观形象的统一。

建立中医药专家“智库”。 对所有的名医进行重新包装，重点突出“大专科，小综合”，通过名老中医的个人特色医术介绍，重点打造专家团队，并开展健康咨询、医疗保健、药膳养生等服务。

策划中医营销活动。通过挖掘四川名医的历史，结合现代文化潮流进行策划，突出大专科特色和中医专家团队，以占领消费者心智。同时，不定期走进社区开展医疗保健知识讲座和大型健康活动。

此外，在人才资源方面，德仁堂开展了校企合作、院企合作及名老中医与

公司的合作。名老中医+道地药材精制饮片+特色疗法+标准系统和流程+职业人才，成为德仁堂中医馆快速发展的秘密。

（盘美爱　夏佳文）

二、浙江长红留人有秘诀

“人才”样本：全面培训、鼓励考证、营造氛围

当业界为员工的高流失率发愁时，浙江长红大药房连锁有限公司（下称“长红”）的员工流失率却一直控制在5%以内。究竟秘籍何在?

“让员工拥有一技之长，才是送给他们的最大福利。”长红大药房董事长殳跃飞表示。

殳跃飞及其夫人、长红大药房总经理孙凌波毕业于浙江中医学院，一直以来，他们都坚持亲自给员工培训。2010年，长红建立了专门的培训中心，聘请当地卫校老师作为负责人，并邀请毕业于复旦大学、安徽中医药大学等高校的员工担任讲师。培训中分层分批、贴近需求的课程，受到了员工的肯定和热捧。

2012年2月至4月，长红拨出40多万元，连续举办了3期封闭式培训，所有员工分成两批参训。在月度培训的基础上，长红每周还根据员工的具体情况，进行查漏补缺的“周培训”；另外，每天还有早会演讲、说明书背诵等“日培训”。

目前，只有43家门店的长红大药房却拥有120名药师、40多名营养师。对此，有同行“羡慕嫉妒恨”，也有同行觉得“傻”，因为多一名药师，就得多一份人力成本支出。但是，长红依然鼓励员工考取药师、执业药师和营养师资格，当员工成功取得证书时，长红便马上给他们加工资。

此外，长红还鼓励员工参加学历教育。2010年，长红大药房的35名员工报读了杭州某药学院函授班。但由于从平湖前往杭州听课不方便，公司便在平湖租用了专门的培训教室，邀请老师前来授课，并允许员工根据授课时间调整上班时间。目前，所有报读的员工都已顺利拿到文凭。

对此，孙凌波表示，鼓励考证、进修，不仅能为顾客提供专业、全面的药学服务，还能让员工感到在长红工作是有发展前景的。

用有竞争力的待遇把员工留下来后，长红还以“情”留心。比如，组织旅游、开展文娱活动、为员工举办生日会、为员工提供孝道感恩培训等，让员工感受到家一样的温暖。

（吴　燕）

三、特格尔会员药店贴牌有约定

“品种”样本：品牌产品与贴牌产品互补

如今，药品零售行业的利润逐渐摊薄，代理品种缺货、质量没有保障、冲货等问题不断出现，越来越多有实力的连锁药店开始考虑贴牌策略。谈到贴牌，就不能不提及有着“贴牌大王”称号的刘丰盛和他的特格尔中国药店采购联盟（下称“特格尔”）。

在“独家品牌，独家分销”贴牌理念、“两大两小”（即选择大厂商的小品种和小厂家的大品种）厂家选择原则的指导下，特格尔的贴牌品种已达500多个，独家代理品种300多个，品种涉及9个大类、98个中类、518个小类，涵盖了顾客健康需求的各个领域。

由于自有品牌产品只在会员药店销售，因此不必经过任何竞争即可获得最佳的货架位置和面积，醒目地将产品呈现在消费者面前。同时，会员药店能及时、准确地了解消费者的需求，据此直接设计和改进自有品牌商品结构，降低产品的开发成本。而以消费者的需求为出发点的自有品牌产品，反过来又增强了消费者对产品的偏好和忠诚度。此外，会员药店还为联盟提供药品贴牌规划、新品试销反馈和大库存OEM商品促销消化库存等支持，从而创造了共赢局面。

然而，不可忽视的问题是，消费者对品牌药品的指定购买，可能会导致贴牌产品的销量下滑。对此，刘丰盛指出，在贴牌产品上市之后，药店不宜强求店员作首推，品牌药品虽然利润薄，但能提高顾客的满意度和药店的形象。据悉，在贴牌产品销售过程中，“不能挤压品牌产品”是特格尔会员的“约定”。同时，特格尔鼓励关联销售和互补策略。比如有感冒患者指定购买某品牌药品时，店员可以根据顾客的相关病症作出相关推荐，比如为有咳嗽症状者推荐止咳贴牌药品，进而带动贴牌产品的销售。

（李　灿）

第六部分：“观点”

创新：借差异化强化竞争力

医改和“十二五”规划对连锁药店来说是长期利好的，但也要正视目前国内连锁药店发展所遇到的相当大的阻力和压力。

我们不得不承认，一方面，目前的药店仍无法从医院分流销售额，处方流到药店实际上仍困难，中医坐堂至今未得到卫生部门的真正认可，药店自办医疗机构阻力也较大。另一方面，房租和人力成本上升过快令经营成本不断攀升，多元化发展受政策影响很大、未来趋势不明朗。还有医保报销问题，比如杭州的零售药店，医保患者在药店的报销比例低于在社区卫生服务中心7%，使得药店平均客流量下降，市场空间变小，竞争日趋激烈。

目前药店行业是典型的“战国时期”，各自规模太小，行业发声一时难以有效影响决策。面对诸如兼并医保定点药店后无法改名、对药店连锁实施资本运作影响明显之类的问题，我们应该积极争取相关政策，呼吁主管部门协调社保、药监等部门保持政策的一致性。但在行业发展的问题上，我们还是需要有各自的核心竞争力。

就九洲大药房的发展来说，我们一直把创新作为企业发展的核心竞争力，并致力于差异化竞争战略。未来几年，我们会进一步突出九洲的医疗特色，在医疗市场上有更多投入，通过更专业化的服务提高门店的盈利能力。从我们目前开展“医+药”的门店来看，平均客单价已达到单纯药店的 3 倍，顾客的忠诚度也明显提高。顺着这个思路，我们也尝试开办健康会所，吸引高端消费者，把销售推进到亚健康和健康人群中。

另外，面对市场平均客流量下降的情况，九洲大药房在开发新客源方面做了一些尝试，通过开通储值卡、保险卡、预付卡等卡业务，收到了不错的效果，吸引了不少新客户和高端客户。如开通保险卡业务后，让一些有商业医保需求的企业在降低企业成本、提高员工健康保障方面找到一条与保险公司合作、与药店合作的通道，同时也给药店引入了一批拥有高收入的企业客户。

（齐　丽）

三条途径缓解经营压力

个人觉得，目前国内连锁药店发展压力大过阻力。压力主要表现在以下三个方面：

一是政策压力，主要是新医改给零售药店带来的压力。新医改的全民医保，社区服务中心的零差价，使部分原本在药店消费的顾客转向了医院与社区卫生中心。零售药店在没有政策性补贴，也没有医保资格的情况下，自然会受到一定的影响。此阻力的形成原因主要是改革政策的导向所致，同时还掺杂了一些部门利益之争，因此不可能在短时期内有改观。

二是市场压力，主要是竞争环境的压力。中国人口构成中农村人口占大多数，而42万多家零售药店大部分却分布在一、二线城市。在大、中型城市，平均2 000人就有一家药房，可谓僧多粥少，竞争压力自然很大。此阻力形成的原因主要是零售药店的过度发展，全国除少数城市以外，大部分地方从一开始就没有进行很好的行业发展规划，致使大量的加盟店、个体店占了中国药店70%的份额。小店多、规模性大连锁少，是造成过渡时期市场混乱的根本原因。

三是成本压力。经营成本不断攀升，如房租成本这几年一直在以20%以上的幅度增长。相反，利润空间大幅缩水，药店生存已出现前所未有的困难。其中的原因，除了药品的政策性限价外，主要是受到经济发展大环境的影响。

建议解决思路：面对政策方面的压力，努力争取医保定点药店是上策。市场压力方面，主要寄希望于政策的扶持和疏导，通过鼓励大的直营性连锁药店发展，给予支持性政策，促进市场洗牌。成本压力方面，企业可以有多种途径选择。首先是产品，大连锁在产品上主要方式为OEM，打造自有品牌；其次是服务，专业化、便捷性或一站式服务，各显神通。关键是要结合自身的资源优势和经营实际加以组合。如产品多元化，通过多元化调整品类，增加盈利面。再如增加相对高毛利商品，弥补利润不足。另外，如果其他方面收效甚微，减员增效也不失为一种方案。

（傅德新）

回归专业服务本质

近几年来，业内比较一致的看法是：新医改的实施对药店的发展特别是药品的利润带来了较大的影响。但从某个角度来说，新医改不过是药店从暴利时期走向微利时代的必然趋势的催化剂。

事实上，在现实中，给药店造成更大影响的是经济大环境，如房租、人工等成本的上涨。暂且不论其他因素，就药品零售行业来说，药店数量从十几年前的几万家发展到今天的四十多万家，伴随而来的必然是对店铺、人才等资源的争夺，其本身的竞争就是令成本不断上升的主要推手之一。

在后平价时代，药店曾集体经历了一段迷茫期，至今发展方向也未完全明晰。多元化的前景还很朦胧，至少在未来一两年内还难以看到曙光。联盟实际上是强者的游戏，许多药店只是跟着别人热闹一把。

在现阶段，该打的价格战还得打，但这只是一种相持的必要手段，而非取胜的利器。那么，药店可以从哪些方面来较大程度地提升自己？我认为，内部挖掘是首要任务。

相对于多元化而言，专业化的紧迫性显得更重要。如今成为地方诸侯的连锁企业，都是靠跑马圈地和打价格战得来的天下，在价格利器的威力渐弱后，面对逐渐变得理智的消费者，专业化的重要性便凸显出来了。然而，目前许多药店追求的“专业化”并非专业知识的提升，而只是突出为推荐高毛利产品服务的销售技巧或相关的产品知识。这种似是而非的“专业性”，正受到越来越多中老年消费者的反感和排斥。可以断言，未来药品零售市场的领先者，必定是专业化的优秀者。

人才将成为药店决胜未来的关键，如何留住骨干员工是药店决策者亟须解决的问题。由于人才的缺乏和发展的需要，“挖墙脚”的行为越来越多，人才的流动性越来越大，药店付出的成本也越来越高，但人才的忠诚度却呈反比下降。如何保障销售？打造一套有效的内部培养机制已被证明是可行之道。

未来的市场应该属于具有发展战略眼光的企业。目前药店集体的扩张乏力，说明竞争已由战术升级到了战略层面。未来竞争的主要方式肯定不再是挥舞价格大棒面对面的厮杀，而是在战略上科学地运筹帷幄，不战而胜负已分。

（陈爱军）

门店实战篇

M E N D I A N S H I Z H A N P I A N

促销，还是不促销？

药店不做促销会是什么样子？

零售药店销售为王。如何增加客流量、拓展客单数、提高客单价、吸引回头客？为此，这几年来业界想出了一个共同的办法：促销。但从开始的第一天起，促销对于门店来说就是一把双刃剑，在带来客流和销量的同时，也在不断地侵蚀企业的品牌和信誉。为此，从2012年开始，石家庄的新兴药房提出并实践了“向不促销要效益”的理念，收到了较好的效果。门店促销该做还是不该做？不做促销效益能不能有保证？门店不做促销那该做什么呢？

主持人

肖志飞，《21世纪药店》报记者

访谈嘉宾

万祥军，中国医药教育协会谋定药店商学院主任

殳跃飞，浙江长红大药房连锁有限公司董事长、副主任中医师

张立俊，山东立健医药城连锁有限公司总裁

段立疆，益丰大药房培训部长

郑传誉，广东罗浮山国药股份有限公司市场部长、KA总监

刘冠中，海南康芝药业股份有限公司OTC策划部部长

一、竞争工具

主持人 不必讳言，目前促销已成为很多零售药店提升销售量的首选。在您的观察中，促销的作用主要有哪些？能起到什么样的效果？

万祥军 促销本身无可厚非，但在药店引进促销却是一个错误。除了会过多地消耗掉药店的人力、物力和财力以外，稍微不慎还有可能危及老百姓的身体健康，而效果常常只是增加了一点客流量，甚至还将产生一系列后续的不良反应。因为药品和普通商品不同，其需求是相对固定的。药店的促销行为容易误导消费者大量购入一些不需要或不对症的药品，甚至导致过期药品危害身体的事件发生。

从国家的法规层面来看，药店促销是受限制的。从2007年5月1日起施行的《药品流通监督管理办法》第二十条就明文规定：“药品生产、经营企业不得以搭售、买药品赠药品、买商品赠药品等方式向公众赠送处方药或者甲类非处方药。”而在现实促销活动中，对处方药“买三赠一”、“买此搭彼”的现象并不

鲜见，给群众的用药安全带来了隐患。

殳跃飞 在药品零售市场的“红海”中，促销手段到目前为止还是竞争的利器，归纳起来，主要作用有：提升企业的品牌知名度；为门店聚客、集客；扩大销售；应对同行竞争等。特别是最后一点，如果在一个商圈内同行竞争激烈，其他门店都在做促销，那就有必要通过有针对性的促销活动来与之相抗衡，以降低竞争对手的促销活动对本企业造成的影响。

刘冠中 促销是营销大师科特勒“4P”理论中的重要一“P”（Promotion），很多药店对其非常重视。一般来说，药店促销看重的是三个方面的作用：一是提升药店商圈目标顾客的忠诚度，尤其对会员来说促销的作用会更大。因为每一个会员可能同时是多个连锁药店的会员，促销做得好，就能提高会员的忠诚度。二是提升药店的业绩。不同的促销方式因力度和方式的不同，对顾客的吸引力也会不同，因此而导致业绩提升的幅度也不同。三是挤占同行的市场空间。目前国内药店平均服务的顾客才3 000多人，有些地区甚至只有2 000多人，竞争激烈，而同一商圈内的药品需求相对基本稳定。如果促销用得好，最大程度地满足商圈内顾客的用药需求，就等于挤占了同行的市场空间。

张立俊 在经营实践中，我觉得药店促销的作用主要有七个方面：在一定期间内扩大营业额，提升毛利额；稳定现有顾客并增加新顾客，从而扩大知名度；提升客单价，增加购买率；尽快推广某种品类或商品；针对特定目的推出的促销活动（如亏损门店扭亏、竞争对手新开门店狙击性促销活动、新店开业、节庆、季节性促销等）；通过对价格或优惠政策的局部放大，达到给顾客很优惠的印象（价低、品种齐等）；满足某类顾客群（如会员、女士、糖尿病人等）的特殊需求和服务。

段立疆 促销是营销四要素中的一大要素。促销是为了促进销售，但具体作用会因阶段性目标的不同而不同。比如要吸引新顾客、增加客流量，用“剪角（DM单）就是钱”、发放抵用券等方式，效果会比较好；要巩固老顾客，用会员日促销、会员专享等方式，有利于提升会员忠诚度；要增加顾客的单次购买量、提升客单价，则用买赠、疗程优惠、联合优惠、抽奖等方式，能较好地吸引一部分顾客购买。开业促销主要起到广为宣传、广而告之的效果；反竞争促销则要与竞争对手PK，抢夺客流，抢夺市场，通过特价、惊爆价等，以毛利率换客流；还有一种促销是为了品牌提升，如免费健康知识传播、回收过期药品、流感期间免费送药等。

郑传誉 从我们合作伙伴的情况看，促销的作用主要是应付竞争对手和助销主推品种。促销效果不能说没有，但与过去相比，称得上是“江河日下”了。很多工业的朋友应该也感觉到了，对某些非品牌品种而言，不少终端对上游工业的要求其实是越来越高了，供应商提供的促销费用、礼品也越来越多，但销售增长并不同步，有些甚至出现负增长。个人觉得，这些现象确实应该引起业界的重视和反思。

二、“两难”选择

主持人 不少药店人士感叹：要销量就搞促销。但现在的促销真是越来越难做了，效果也大不如前。你认为目前的药店促销为什么效果会越来越差？现在做促销难在什么地方？

万祥军 要销量就搞促销，这其实是一个误区。随着终端竞争的日趋激烈，消费者对各种类型的促销活动已司空见惯，并逐渐形成“审美疲劳”，“折扣+赠礼+人海战术”的传统促销模式也越来越受冷遇。在许多促销活动中，有不少门店喜欢做“价格杀手”，坚信降价和高额赠品是终端制胜的唯一。但现实情况是：消费者并不领情，大力度的优惠措施变成了药店对自己内心的安抚。

现代社会是一个高度信息化的社会，消费者每天都要面对大量的促销广告宣传，精神上早已麻木了。很多时候，消费者判断商家促销力度大小的依据只是活动的氛围布置和人气的强弱。一旦现场气氛火爆，再加上商家的煽风点火，很容易形成冲动性消费。因此，在终端促销竞争愈加激烈的今天，促销氛围的重要性早已经超过了促销优惠的实质内容。但是，仍有不少营销管理者还是痴迷于“降价”这个杀手锏，靠全面的低价、特价争取顾客。这样很容易导致促销费用的过度透支，使得日常经营所需要的品牌宣传、售后服务等项目因费用的不足而取消。

刘冠中 消费者经历了各种各样的药店促销洗礼，而医改又进一步逼仄药店圈的市场空间，门店的客流量和品类结构都在随之发生变化。比如针对慢性病用药的促销，很多门店的促销效果现在大不如前了，再怎么促销也竞争不过社区卫生中心的医保报销政策。

在医改大环境下，没有差异的简单促销已经没有市场。要想成功促销，药店在策划时一定要具备“三意”——新意（方式新颖独特）、心意（真心服务、时刻为患者着想）、兴意（激发兴奋点、让顾客有足够的动力参与）。这是促销管理中的难点。

殳跃飞 药品毕竟不是普通商品，顾客不可能因为便宜而超量购买，而且现在各药店的促销活动五花八门、层出不穷，顾客已经“审美疲劳”，很难再冲动购买，所以促销活动越来越难做。

对于药店自身而言，促销与否其实也是一个痛苦的两难选择：不做促销怕没人气，更怕被竞争对手抢占了先机；做促销往往看似热闹，实则效微。有时候，促销活动期间销量大幅上升，但活动结束后销量又大幅下降，整体销售基本上保持着动态的平衡。但促销与不促销所需要的资源却不一样，有些门店因促销力度过大，导致费用经常超标，经营成本居高不下。所以，药店经营的理想状态还是不做促销为好。也有一些药店在做促销时希望鱼和熊掌兼得，设置种种门槛，期望通过高毛利产品来实现利润。但结果往往也不尽如人意，容易给顾客留下不好的印象。

段立疆　随着市场竞争加剧，促销同质化、促销过频以及信息混乱等因素使促销的效果每况愈下。以前一般是一个季度做一次促销，现在是每月甚至每周都有促销，促销成为一种常态化。以前做一次促销，一个月前就开始精心策划，从总经理到商品部到企划部到营运部到门店再到员工，各环节通力配合、周密布置。现在想做促销，只提前一周，甚至三天才开始准备。

促销难，第一难是难在促销策划的创新。很多促销活动面目雷同、千篇一律，连策划者自己都麻木了，对消费者更是没有了吸引力。第二难是难在促销执行。俗话说“三分策划七分执行”，执行时的物料准备、DM单发放、电话沟通、短信邀约、员工培训、卖场氛围布置、员工活动推荐等，一环扣一环，环环都是细致活，都需要落实到位。但我们常常可以看到，同样的一套促销方案，因理解和执行程度的不同，各门店的促销效果也大相径庭。

张立俊　目前药店促销中存在的问题主要是同质化太严重，顾客已觉得疲惫。如大部分促销都是以买赠、特价为主，而基础工作并不到位（商品、陈列、服务等），只是为了促销而促销。结果当然难以留住顾客，也满足不了顾客需求。另外，宣传难到位、员工积极性难调动等也是普遍问题。出现这些问题的原因主要有：促销策划者不能站在顾客的角度去思考问题，不能完全挖掘和引导顾客的潜在需求；对市场调研不够，看着人家做促销就盲目跟风；促销的目标不清晰（人群、主要商圈等）。所有这些，都是导致促销效果不理想的重要原因。

郑传誉　除了策划创新难、执行难之外，促销的难点其实是“不促销更难”。现在几乎所有的药店经营者都清楚做促销后的负面效应，也都明白门店间的促销竞争实际上是一种资源的无端消耗，很多人都期望能有一个合理的市场格局，大家都能相安无事、和睦相处。但这只是一个美好的愿望，市场经济的本质是竞争，促销竞争可以说是一个永恒的主题。促销难，不促销更难。所以关键还是在于如何做促销，如何在促进销售的同时还能提升门店的品牌形象，如何让促销成为门店软实力之一。

三、见仁见智

主持人　*你认为像石家庄新兴药房那样“向不促销要效益”的做法可行吗？如果你主张药店应该继续做促销，那应该如何寻求突破？如果主张不做促销，那应该如何解决销量上量难的问题？*

刘冠中　从促销的角度来讲，营运一般有两种时段：促销时段和非促销时段。“向不促销要效益”是没错，但我认为应该再加上一句：也要向促销要效益。促销时段和非促销时段是并存的。为什么在不促销的时候消费者依然会购买品牌产品？这就得益于促销和非促销时段的品牌积累以及内部管理。

个人认为，以制药企业尤其是品牌企业为主导的促销，药店应该积极配合，借助上游工业之力，可以节约自身的资源。当然最好能形成合力。这样，销量上不来的可能性就会减小。以药店为主的促销应同时主动联合更多品牌厂家共同参与，这样既可以节约资源，也可以体现出药店的品牌力。当然，这种促销应以应季品类为主，以尽可能挤占市场份额为衡量标准。

同时，药店不促销并不表示不做任何营销推广活动。在非促销阶段，一方面应依靠专业、敬业、高效的服务来提升药店对顾客的粘合力，以确保门店基本的客流量。另一方面，还要依靠内部品类管理和零售空间管理，迎合商圈顾客的消费需求。如在疾病高发时段，通过陈列的调整往往就能提高销量。如果商圈同行的门店陈列都相差无几，那在这个时段多做些体现药店品牌力的宣传可能会获得较好的效果。

殳跃飞　“向不促销要效益”是否可行？我觉得要看门店所在商圈及商品的具体情况。如果是人所皆知的强势品牌，那么不促销也未尝不可。但如果是新进入一个地区的品牌或新开张的门店，那还是需要通过促销活动才能较快地打开市场。至于具体做法，从来就“只有更好没有最好”。我的观点是：如果要做促销，“诚心”最重要，不能忽悠顾客。其次，促销活动也不宜过密、过滥。必须做促销的时候就要周密规划，力度要大、范围要广，做到一击即中。平时，还是要回归到对药店核心竞争力的提升上来，要注意为顾客提供专业、超值的药学服务，挖掘顾客需求，从做“商品”文章转到做“人”的文章。

万祥军　我的观点是：药店不应搞促销，必须引入营销企划机制。

新兴药房停止促销活动后，开展了“引爆会员日”的顾客管理活动，销售额和毛利等经营指标不仅没有下滑，反而一次次打破了历史纪录。正如新兴药房董事长郭生荣所说的：关注对手不如关注自身。

营销企划是根据企业的营销目标，以满足消费者需求为核心，设计和规划企业的产品、服务、价格、渠道、促销及创意等，从而实现个人和组织的交换过程。营销企划是为了改变企业现状，完成营销目标，借助科学方法与创新思维，立足于企业现有营销状况，对企业未来的发展作出战略性的决策和指导，具有前瞻性、全局性、创新性和系统性。而促销只是其中一个起辅助作用的环节。营销企划讲求的是资源的合理整合和利用，适合任何一个药店和产品。它要求企业根据市场环境变化和自身资源状况作出相适应的规划，从而提升产品销售，获取利润。事实上，不只是石家庄新兴药房，还有很多营销企划做得好的药店，它们基本上都不用在促销上花多少功夫，这值得业界同行借鉴。

段立疆　石家庄新兴药房的会员管理水平在行业内有口皆碑，被树为标杆，确实值得我们学习。但个人认为，在促销分类中，针对会员的管理以及为忠诚会员提供更多的优惠或附加价值等，实际上也是促销手法的一种。只是新兴药房尽量淡化促销的形式，即使同样做会员促销，也与其他药店有着非常明显的差异。

从新兴药房的做法中我们可以深刻地感悟到一点，那就是在做促销时，伤其十指不如断其一指，与其面面俱到，不如深挖一井。新兴药房将会员促销做到了极致，抢占了顾客心智，在得到了市场的广泛认同后，就不再需要其他促销手段了。换言之，目标市场需要细分，而相对应的促销手段也需要细分。各连锁企业只有找到最适合自己的促销方式，作出特色、深度研究、长久坚持，才能获得理想的结果。

郑传誉　在当前这种市场形势下，要求药店不做促销不现实。我比较认同"泛促销"的观点。上面段立疆女士说得很到位，我也认为石家庄新兴药房的"不促销"其实是一种更高明的促销。事实上，不少有一定规模、具备较强竞争实力的连锁药店也在这样做，他们同新兴药房一样，已跳出了简单的买赠、降价等促销手段，转向为顾客提供有丰富的文化内涵和品牌附加值的更高层面的促销，我将其称为"促销升级"。而"促销升级"正是真正从根本上解决持续销售难题的"妙方"。

张立俊　根据我们立健医药城的情况及所处环境，我主张药店应该继续做促销。事实上，营造好的购物环境、低价吸客、书写POP、商品陈列、专业服务、会员生日祝福、送礼品、超低价、会员健康讲堂、亲情服务等，既是门店经营的日常内容，也是促销的一些常用方式。我们做运营有很多手段和方法，促销只是其一。没有绝对的好与坏，在合适的阶段、合适的环境，选择合适的手段和方法，就会使效益最大化。

从促销的角度来看，药店经营的目标有两种：一是不做促销时如何让效益最大化，二是做促销时效益怎样最大化。只重视其中任何一点都是不可取的。而不做促销让效益最大，是指平时要做好基础工作，如保证商品齐全（新药、特药、广告品种、本市所有连锁药店销售前500位的商品、新农合商品等）、提供专业服务等。如果每个员工都具备较强的专业知识和岗位技能；如果不仅员工能叫出经常性顾客的姓，顾客也能叫出店员的名；如果推荐、咨询、陈列、购物环境等能满足顾客的健康需求……这些方面有一两条能做到极致的话，即使不做促销，效益也会很不错的。

不妨一试“去促销化”

“六一”儿童节的促销历来是药店的重头戏。

每到这个时期，药店企划人员都要殚精竭虑搞出新意，希望自己公司的促销活动能在如林的竞争者中胜出。希望归希望，现实归现实，虽然企划人员花的心思越来越多，但促销的作用却越来越小，犹如“鸡肋”。

首先，密集的促销频度，导致消费者“审美”疲劳。以前是重大的节日才搞促销，现在则是逢节必搞，不分大小，不分中外；过去两个月搞一次，现在每个月都会搞一次，甚至于两次、三次。其次，会员日的相隔日期缩短，以前一个月两个会员日，现在是一个月三个会员日甚至一个星期就有一个。

促销活动变化的是名称、方式、内容和商品，不变的是打折，比拼的是彼此让利的幅度。你买100元的药品送一瓶调和油，我买85元就送。你追我赶，增加的是促销成本和人工成本，减少的是客流量，降低的是顾客的忠诚度。顾客成了大众情人，朝秦暮楚，哪家药店搞促销就上哪家。

在这样密集的促销环境里，促销变成一场场模仿秀或攀比秀。由于活动较多，企划人员很难静下心来仔细地、创造性地制作促销方案。有的甚至直接把对方的DM单拿过来参考，只在对方促销方案的基础上稍作改动。同质化的竞争导致了促销成本的不断上升，效果却不断减弱。即便如此，不搞还不行，你的力度大我只有更大，大家都唯恐落伍，骑虎难下。

获利的是顾客，受连累的却是门店的员工，他们被一场又一场的促销大战搞得疲惫不堪，员工流失率居高不下与此也有较大的关系。而高流失率又引发了招聘成本的上升。更令人担心的是，在销售任务的高压下，员工可能会变得急功近利，为了促销而努力推销，把顾客的利益放在第二位，造成本末倒置的局面。

另外，消费者在不断的促销大战中变得越来越聪明了，店员推销的成功率也就随之下降。与此同时，下降的还有药店的品牌与口碑。或许有的药店想凭借实力拖垮竞争对手。但其实即便是胜了，也是“惨胜”。

2013年以来，石家庄的新兴药房主动退出了“会员日战争”，这是一个良好的开端。从该连锁店退出“会员日战争”那段时间以来的销售状况看，这种“去促销化”的趋势也并非不可行，值得业界同行关注。

（陈爱军）

走出“五步推销法”怪圈

据报道，有消费者走进药店想买一盒退烧药，却在不明不白中被店员推销了上百元的感冒药；有消费者拿着药品名单按需购买，还是被巧舌如簧的店员忽悠着买了许多价格昂贵的营养保健品。有行内人士报料称这些都是公司培训“五步推销法”（即推关怀、推产品、推价格、推数量、推附加值）的结果。“五步推销法”之类的终端技巧可是当下很多药店提升客单价的法宝，如今被识破了，这推销法还管用吗？我们该如何走出“五步推销法”的怪圈？

主持人

肖志飞，《21世纪药店》报记者

访谈嘉宾

胡艳艳，北京德兴隆医药管理咨询有限公司总经理

马毅鸿，环球医药控股集团连锁药店事业部总经理

一、销售技巧是店员基本工作技能

主持人 *您如何看待报道中的“五步推销法”？是否大部分零售药店都在推广此法？其对药店经营的利弊究竟如何？*

马毅鸿 应该承认这样一个现实：40多万家零售药店在一个并不完全市场化的市场里竞争，其严酷和惨烈程度可想而知。既然竞争惨烈，为了生存和发展，想方设法提高销售额、提升利润率必然成为药店经营者无法回避的选择。事实上，“五步推销法”只是药店经营中这“法”那“法”中的一种，“疯狂1+1”、“高毛利品种关联技巧”、“成功推销秘籍”等类似的店员培训课程还有很多。据我所知，药店店员推销技巧的推广不是一个有没有的问题，而是一个水平高低、顾客能否接受的问题。能巧妙运用推销技巧，在遵循药学服务基础、顾客愿意接受的前提下，适当为顾客推荐合适的商品，可视为店员岗位技能中的应有之义，在药店经营中肯定是需要的。但如果这种推销技巧运用得不恰当，甚至带有欺骗、强推嫌疑的话，对顾客忠诚度的损害也将是明显的，对药店品牌的影响也将会是很大的。

胡艳艳 每个药店都有它的销售半径，在繁华的商业区和消费能力强的社区中，往往相隔几十米就有一家药店，药店的竞争无疑已进入白热化阶段。由于近年来门店经营成本（人员工资、房租、水电等）不断上涨的压力，大多数药店

还在为生存而战。因此，报道中所说的“五步推销法”等在大部分零售药店中盛行。个人觉得，运用“五步推销法”来提升药店员工的经营技能，并进而提高客单价是无可厚非的。但如果将其作为考核店员绩效的工具，特别是作为店员获取收入的主要途径的话，那就有点不太合适了。因为这很容易促使店员为追求短期利益而不顾顾客的实际需求乱推荐药品，也极易使药店经营陷入舍本逐末的误区。

推关怀、推产品、推价格、推数量、推附加值的关键点，在于对度的把握。在当前药店多而优秀的店员少，企业培训一时也跟不上的形势下，通过这种系统化、程序化的岗位技能强化模式，普及性地提升店员的工作技能，对提升药店整体经营水平和盈利能力确实会有很大的帮助。但提升药店经营水平和盈利能力是一个系统工程，需要着眼于长远，不能急功近利。要注重建立药店在当地良好的品牌形象，在门店营销和连锁运营上下功夫。比如：如何让药店的购物环境更舒适，如何展示产品、把握顾客的需求心理让顾客多停留，如何通过专业服务留住顾客，如何做好品类营销与组合销售以及会员增值服务等。

二、门店推销应遵循三大原则

主持人 现在很多药店都比较看重对店员推销技巧的培训，您如何理解店员推销与顾客需求的关系？从药品特殊性的角度出发，店员在推销药品时应该遵循哪些基本原则？

马毅鸿 一切销售的出发点都是为了满足顾客需求。因此，药店店员的推销工作也应以满足顾客需求为核心。但从目前的终端现状来看，相当一部分店员在准确发现顾客需求、合理满足顾客需求方面还是有些力不从心。从这个角度来看，教会店员如何识别顾客、如何准确把握顾客需求、如何合理地推销产品，就不仅仅是为了提高客单价这个目的了，还有健康知识教育、合理用药宣传、商品信息传递等目的，这些信息对很多顾客来说并非多余。

从营销学的角度来看，一个店员是否优秀，并不取决于他的口才好不好，而是取决于他能否在恰当的时机推荐一个恰当的产品给适合的顾客。我认为推销技巧是每个店员的必备技能。比如通过言语交流、现场察言观色发掘客户需求；比如通过善意的提问，明确顾客需求，引起顾客注意，最后通过有吸引力的比较和有针对性的推荐，让顾客买到最合适的商品。只要不是强推或误导，这些推销技巧都无可指责。

胡艳艳 药品是特殊商品，关系到顾客生命与健康，对店员的培训应该以必备的药学常识、医学基础知识为主，推销技巧也可以培训，但一定要强调推销技巧只能在符合医学、药学原理和顾客实际需求基础上才能实施。一般来说，店员在推荐产品时应遵循三个基本原则：

一不可急功近利。每个药店的销售都来自于销售半径内的社区居民，维护稳定的顾客群尤为重要。因此，不要由于短期的销售压力而过度地向顾客推荐高毛利品种，不可将高毛利品种替代品牌产品。对于指名购买品牌认知度较高的药品的顾客，一定要慎重推荐和恰当转换。转换推荐替代产品时一定要强调替换产品的独特优势以及介绍其两个以上的优点。

二要依靠专业树品牌。专业，就是用药学、医学知识指导顾客，获得顾客认可。要注意树立药店在区域内的品牌影响力。如须凭医生处方才可销售抗生素、注意提醒顾客服用抗生素的周期和疗程、叮嘱患者不可以擅自同时服用多种抗生素等。这些内容看似平常，但坚持下来就是专业的体现，就会有品牌效应产生。

三要用服务提升价值。要知道开发一个新顾客是留住一个老顾客成本的七倍。而经常出现的情况是：店员一个小小的温馨提示就可以赢得老顾客多年的忠诚。因此售后服务是药店持续盈利的根本。在完成药品交易后，不妨引导顾客回到专柜，让药师进行专业指导服用方法和饮食禁忌等。

三、致力于提高阶段性客单总额

主持人 *在提升客单价方面，除了“五步推销法”，还可以在哪些方面进行努力？试举例谈谈你的建议。*

马毅鸿 药店希望有较高的客单价，而消费者则希望吃最少的药、以最经济的方式解决自己的健康问题，这中间本来就存在矛盾。如何解决这个矛盾，关键在于药店的经营理念和思路。

为了防止强推、误导现象的发生，也为了减少顾客对药店专业性的怀疑，药店首先应改变店员考核上单纯以毛利率来评价业绩的倾向。评价商品的重要度时应综合考虑交叉比例（交叉比例=毛利率×周转率）和毛利额这两个指标，要通过对考核指标的调整和考核侧重点的引导，减轻店员短期的指标压力，令其树立起为顾客着想、经营长期顾客的思想。其次是要从差异化竞争的角度入手，适时调整目标顾客的范围，通过新增服务内容、商品品类等以改变顾客属性，培养顾客消费习惯、消费能力，进而扩大商圈厚度。再次，要从门店营销的角度合理调整经营策略，改变药店不合理的经营格局，如连锁门店的布局规划、商品结构、商品陈列、商品价格、促销活动、顾客服务等，通过提升门店的核心竞争能力来达到吸引顾客、吸引消费、阶段性地提高客单总额的目的，而不是只盯着某一次交易。

胡艳艳 提升客单价不要仅着眼于某一次柜台的推销行为，要力求保持持续性的销售业绩。这就需要建立一种长效机制，将庞大的老顾客作为一个集群，进行数据库式的管理。这当然不是一个“五步推销法”所能解决的问题，也不是以推销为目的的所谓技巧所能达到的目标。零售药店应创新性地实施顾客管理和门店营销策略，从整合营销的高度来促进门店销售的可持续性。比如某连锁药店实施的组建“病友会”的方式等。

随着社会人口老龄化的加剧，药店的顾客多为中老年人。根据中老年人一般容易患慢性病、需要长期服药的特点，不妨选择某一类疾病患者作为重点目标顾客，通过社区服务、与专业机构合作以及门店销售记录等途径，详细了解目标患者的情况，建立起一个目标明确、资料完整、情况准确的病友会（如心血管病友会、糖尿病病友会等）群体组织。从病友群体中选择一至两个意见领袖作为召集人，定期组织开展健康讲座、心理健康咨询、文体表演等活动，以优惠日活动、药品特供绿色窗口、买赠活动、会员服务等形式，锁定顾客药品的使用周期，提供疗程销售和年度药品服用效果跟踪服务。这样，因为有相对稳定的集群和持续的销售，其效果一定会比追求单次高客单价的“推销法”好得多。

会员制：如何让“鸡肋”变“香饽饽”

会员制营销是连锁药店领域一个“古老”、“永恒”的话题。

到目前为止，没有踏上“会员制”这一门店营销快船的连锁药店应该不多了。这从遍布药店橱窗、POP、促销DM单上的“会员日，××折优惠”、“会员专享”等诱惑性广告语中即可找到印证。然而，几年下来，一些连锁药店的会员制营销大都成了“鸡肋”。药店会员制还能走多远？会员制营销中到底出现了哪些问题？在不断变化的市场环境中如何创新会员制营销？

主持人

肖志飞，《21世纪药店》报记者

访谈嘉宾

郭生荣，石家庄新兴药房连锁有限公司董事长

李秉彧，东北制药集团销售有限公司OTC事业部副总经理

唐　润，江苏芝林大药房连锁有限公司瑞金路店店长

一、会员制是顾客管理模式之一

主持人　我们有幸请到了石家庄新兴药房郭生荣董事长作为药店会员制话题的访谈嘉宾。新兴药房的会员制在业界享有很高的声誉。我们先请郭董事长谈谈新兴药房会员制的基本情况和思路。请大家联系这个个案谈谈连锁药店的会员制

营销是在怎样的市场环境下产生的？其实质是什么？

郭生荣 从行业发展历程来看，中国的医药连锁企业经过最初跑马圈地式的扩张后，便陷入了打折、买赠等以促销为主要内容的激烈竞争之中。随着竞争的深入，一些具有战略眼光的连锁企业通过反思，从商超的营销理念中受到启发，认为与其盯着竞争对手打价格战，不如把心思放在顾客身上，通过有价值的差异化服务来留住顾客、拓展忠诚顾客群体，从而提升药店的集客能力。于是，会员制营销应运而生。

我们认为，会员制营销的实质是药店经营理念从经营商品向经营顾客转变。顾客到底需要什么？你能为顾客做些什么？你为顾客做了些什么？这就是以顾客为中心。你对于顾客来说有价值，顾客自然会进来；你的服务做到了不可替代，顾客一定会不离不弃。新兴药房162家门店现拥有125万名会员，会员日的会员消费占100%，非会员日的会员消费占80%以上。这充分证明了通过会员制营销经营顾客的可行性。

李秉彧 会员制是药店为适应激烈的市场竞争而采用的一种营销手段，以此来巩固和扩展各自的目标顾客群体，提升自己的盈利能力，降低营销成本。连锁药店初期的会员制营销大量借鉴了商超会员制的模式，目的是为了提升自己门店的人气，进而锁定一部分消费者使之成为忠诚客户，同时使门店在所辐射区域内的知名度和偏爱度得以提升。

从深层次上讲，会员制营销模式是一种采用系统的管理，利用企业的产品、服务、品牌、管理模式和奖励机制来维系会员忠诚的营销方式，是一种深层次的关系营销模式。石家庄新兴药房的会员制之所以收到这么好的效果，既离不开品牌的影响力，更离不开其所提供服务的高附加值，当然也离不开到位的顾客管理和运作机制。以上这些，构成了新兴药房一个完整的关系营销体系。这是值得其他连锁药店学习的。

唐　润 与石家庄新兴药房相比，我们江苏芝林大药房的会员制还做得很不够，其对销售的贡献率还有很大的提升空间。从我个人的实践来看，会员制的实质是顾客管理的一种模式，是通过个性化的营销服务，更好地满足会员的独特需求，通过跟踪、积累会员顾客的消费资料，进一步了解其健康状况和潜在需求，从而加强会员与药店间长期的友好关系，达到双赢。

二、最大误区：把促销当营销

主持人 目前零售药店在会员制营销中存在哪些误区？最突出的问题是什么？

郭生荣 把会员制营销当成商品促销，这是一个最大的误区。我们认为，促销是短期行为，是不可能产生忠诚度的销售手段。而会员制营销最需要的就是忠诚度。因此，以促销为目的的会员制，急功近利，只盯着顾客口袋，不研究顾客眼光，已成为会员制营销中最突出的问题。

营销是一个集商品、价格、顾客、门店、信息等管理内容于一体的系统工程，必须高度强调价值服务，追求的是口碑、品牌和持续销售。从2012年上半年起，新兴药房针对同行中愈演愈烈的恶性促销竞争趋势，提出不再做促销，而致力于为会员提供更专业、更专注、更细致的服务。近一年来，我们的门店基本上不再进行过去那些买赠、打折的促销活动了。但通过强化会员制管理，我们不仅客单数整体上没有减少，相反销售总额同比增长了30%，会员队伍也有了进一步的扩大。

李秉彧 连锁药店在实行会员制营销的初期，针对会员的打折活动和回馈奖励的确获得了一定的经济效益。但随着竞争的日趋激烈，特别是基本药物制度的渐次推进和基层医疗机构药品的零差率销售，消费者对连锁药店那种浅层次的会员制营销变得越来越麻木。“我消费了那么多次，怎么还没积到我想换的服务或礼品？”“药店的很多服务并不是我需要的，打折后的价格与其他药店相比也便宜不了多少。”那么，这样的会员制对顾客来说还有什么意义呢？

与此同时，“零门槛”也使得会员卡的含金量日益下滑。会员管理的松散导致大量“死卡”和一人多卡（多个连锁的会员卡）等现象，这是目前药店会员制营销中存在的最突出的问题。在很多药店，会员卡已不再具有营销价值和维系忠诚顾客的作用。

唐　润 为了搞好会员制营销，我们曾作过一些调研，发现当前的会员制营销主要存在三个方面的问题：一是吸引力不够，很多门店只是停留在折扣、积分等促销项目上，附加价值不大，无法打动消费者的心，因而容易失去顾客的信赖。二是会员活动千篇一律，生日礼物、积分换取、借雨伞……你有我有大家有，没有自己的创新。如果在其他门店很容易就可以得到同样的机会，顾客凭什么一定得来你的门店呢？三是服务不突出，比如积分兑奖的礼品太过单一，甚至“借花献佛”，把上游厂家提供的赠品拿来做奖品，很少考虑顾客的喜好，会员制成了一个随意借用的噱头。

三、不妨一试“按病种细分会员”

主持人 *面对社区医疗机构在政策方面的优势，你认为零售药店应如何创新会员营销？*

李秉彧 既然是一种营销模式而非促销手段，连锁经营者首先要明确会员制不是“止痛药”，不要期望通过这种营销手段使业绩在短时间内得到大幅度提升。药店营销还须假以时日，辛勤耕耘，才会有所收获，而且必将是可持续的收获。因此，会员制营销必须先夯实基础工作，最好是能按病种建立会员档案，有的放矢地从已病和未病的角度对会员进行分类，然后针对病种提供优质服务，如建立病友俱乐部、定期召开疾病调养互助会、提供基础服务（如免费检测并进行图表跟踪）……此外还要定期组织会员进行不带任何商业目的的活动，使会员明显有别于普通消费者，并贯穿于会员制营销的始终。有了这些铺垫，连锁药店才可以开展相应的促销活动。

唐　润　药店会员制营销首先应该是一种健康的商业模式，在会员管理上要处理好发展和稳定的关系，要通过提供好药和健康知识，满足顾客的健康需求，确保顾客的用药安全。其次是在具体操作时要特别注重细节。如会员登记时除了记录基本资料外，最好还将其常用药、过往病史以及过敏史等记录下来，以便日后能为其提供更精准、更个性化的服务；再次在信息服务方面，一定要配上短信发送功能，门店优惠活动信息、会员消费或是储值后的积分、会员生日祝福等，通过短信传递既快捷又高效。另外，为确保会员的满意度，一定要有专业的售后服务跟踪计划。

郭生荣　营销创新确实不是一件容易的事，个人建议，连锁药店的会员制问题首先应从经营理念上找差距。会员制营销是需要实打实落地的一种模式，一些药店的会员服务喊得多做得少，缺乏持续性，甚至一些简单的、可以做到的服务都做得不到位，这说明其经营理念仍然停留在商品的层面，关键还是在思想上不够重视。其次是要明确药店的专业化定位。服务不必面面俱到，但一定要在某一方面做精、做深、做专业，团队素质要专业，品类管理要科学，健康服务要规范，会员活动要持续。要坚决杜绝停留在表面、忽悠顾客的做法。

上面李总所提的“按病种建立会员档案，有的放矢地对会员进行分类”的建议非常好，我们新兴药房从2011年起就开始了按病种细分会员、安排专员提供个性化健康服务的会员制营销创新。比如我们的“糖尿病生活馆”，从用药、检测、饮食等方面为会员提供了科学、细致的健康建议和规划，使得该类会员的数量和忠诚度指标一直稳步上升，也正因为如此，相关药品、保健品的销售增长也遥遥领先于其他尚未细分的病类。这种销售的提升是一个水到渠成的过程，如果我们的“糖尿病生活馆”每次给顾客做检测都以推销商品为目的，我想绝对不会收到现在这种效果。

“客类管理”如何管

为什么药品在医生那里只要开了处方就能推销出去，而在药店店员这里却不行？为什么一场50人的健康讲座就能突破10万元的销量，而药店有卖场、有正规经营资质却不行？

从关联销售到用药组合，从“我要什么药”到“我应该如何用药”，从商品管理到品类管理再到客类管理，这不仅应是理论上的突破，更应成为药店经营理念和管理思路嬗变的契机。其实，这些都可归结于一个经营理念能否与时俱进的问题。其中，经营顾客是重中之重。那么，以经营顾客为目标的“客类管理”应该怎么管理呢？

主持人

肖志飞，《21世纪药店》报记者

访谈嘉宾

万祥军，中国医药教育协会谋定药店商学院主任

徐郁平，江苏昆山百佳惠大药房总经理

龙　岩，甘肃省兰州市德生堂医药连锁有限公司董事长

一、客类管理是教育式的营销模式

主持人　客类管理这一经营理念是在什么样的环境和条件下产生的？对药店经营会产生哪些影响？从商品管理到品类管理，再到客类管理，您觉得可以这样概括我国药品零售市场经营的发展轨迹吗？

万祥军　传统药店的销售模式是从商品出发进行商品管理的，而品类管理则是把商品管理按照顾客的不同侧重点形成品类规范。但是，按目前的情况来看，很多药店的品类管理做得并不到位，没有达到预期的商品细化管理的目标。按照整合服务营销体系的理念，我们应该从消费者需求的角度出发，按照消费者的需求来规划、组织药店的品类，这是客类管理概念的出发点。但随着药品零售市场形势越来越复杂，行业竞争越来越激烈，品类同质化程度越来越明显，药店营销中单纯依赖价格的方式已经很难奏效，大量的广告宣传和终端促销乃至强大的人员推销力度亦收效甚微。在此形势下，建立在顾客服务基础之上的客类管理理念应运而生。一些管理体系比较规范、经营模式相对成熟、专业服务基本到位的连锁药店，已率先尝到了客类管理所带来的甜头，正在不断创新客类管理模式。

纵观我国药品零售市场的发展轨迹，我们不得不承认，有不少药店还没有意识到客类管理的重要性。有的可能是对客类管理的理解和把握不到位，使得药店营销一直以简单、低层次的被动销售形式呈现，价格战被当作最常用也是最基本的营销手段。事实上，客类管理是药店患者教育式营销模式中的一种，它是把新的健康理念、新的生活方式等观念，通过健康讲座（座谈、聚会、观摩、新技术展示、演示会、产品发布会等）来教育、引导消费者，从而使药店营销走上一个

新的、更高的层次。实践表明，只要患者真正接受了一种合理、正确的健康保健观念，就一定会出现一股该类健康保健产品的消费热潮，最终实现药店消费的快速增长。

徐郁平 药店管理体系的形成，实际上就是一个认识市场、适应市场、把控市场的过程。商品管理解决卖什么的问题，品类管理解决如何卖的问题，客类管理则解决卖给谁的问题。客类管理这一理念应该一直贯穿于经营过程中，最终一定会对药店的经营产生积极的影响。其内涵就是要对药店的目标客户群进行分类管理。商圈调查、健康档案、发展会员、会员管理等，都属于客类管理的范畴。

龙 岩 随着药品零售市场日益成熟，药店之间竞争日益激烈，药店经营管理者已开始对行业进行深度的思考。由品类管理到客类管理，是药店从以商品为中心到以顾客为中心的经营思想和营销理念的转变，是更高一级的药店经营管理阶段，也是医药零售行业不断成熟的标志。

二、客类和品类应并行管理

主持人 *您认为客类管理的主要内容有哪些？关键环节在哪里？*

万祥军 客类管理的前提是品类管理。其主要内容是以顾客为中心，以市场为导向，充分挖掘消费需求，以科学管理取代经验管理，使品牌资源配置与客户满意度之间达成平衡，从而更有效地满足顾客的需求。研究表明，品类管理效益的真正发挥，很大程度上取决于药店客类管理的水平和执行情况。只有做好客类管理，才能使药店的品类规划有的放矢。其中最关键的一点是客类和品类应并行管理，在品类信息与客类信息之间建立起一种依存关系，形成信息互动、共享。例如，某药店的客户分类：首先按销量把客户分成1、2、3、4类，按销售单价把商品划分成A、B、C、D类；然后梳理客户类别和商品类别之间的关系与动态联系，归纳、估计门店未来的销售趋势及变化情况；最后在此基础上，制定门店的商品计划和顾客服务规划。这样，品类和客类就形成了统一协调的关系，既有利于形成供求平衡，也有利于品牌培育。

徐郁平 药店客类管理的主要内容一般应包括四个方面：门店所服务的顾客群的分类；各类别顾客的基本需求；满足顾客需求的方式和方法；重复满足需求的途径。我认为在实施客类管理过程中，最关键的环节是以顾客的需求为导向，让顾客到门店消费成为一种快乐。

龙 岩 从品类管理到客类管理，这是药店经营理念和管理科学的质的提升；是从单纯的药品或商品销售，到顾客健康解决方案的提供；是从单纯的关注销售额和毛利率提升，到关注患者的症状、病因、病理、康复等问题而为顾客提供一系列健康解决方案。这不是简单的几场培训可以完成的。最关键的一点是经营理念的升级，是全员顾客观念的转变，甚至是整个公司文化的重新塑造。

三、着眼细节，突出专业服务

主持人 客类管理对所有的连锁药店都适用吗？在当前的市场环境中，在零售领域有客类管理实行得比较成功或者做得比较好的案例吗？中小连锁药店如果要实现从品类管理向客类管理的过渡，应该从哪些方面做准备？

龙 岩 未来的零售药店只有站在顾客的角度，真真切切地为顾客的健康着想，为顾客提供全方位的健康解决方案，并且全员拥有良好的专业素养，提供专业的服务才能够在市场上生存，在竞争中立于不败之地。现在很多药店倡导以爱心、同情心、责任心为主要内容的顾客服务，试图把每一次销售活动细化为每一次诊疗活动，让顾客在购药时放心、舒心、开心，享受到亲人般的呵护。这种以强调服务质量带来顾客满意度的思路，实际上就是客类管理所追求的效果。

要真正实现从品类管理到客类管理的过渡，首先要树立以顾客利益为重的价值观，强调员工的责任心和职业素养。同时要配套相关的组织框架和支持部门，形成以专业服务为核心指标的门店竞争力。在此基础上，药店还应坚持不以单纯的高毛利提成作为员工的主要绩效考核指标，提倡对员工进行全方位的培训和督导，进而帮助其提升职业素养和专业技能，提倡在用药时强调问病荐药和搭配用药，有效地解决健康问题等。

徐郁平 客类管理适用于任何药店，但对连锁企业的门店尤显重要。因为同一连锁公司中不同的门店会有不同的商圈、不同的客户群，有社区店、有闹市店、有医保店、有非医保店……门店实施客类管理，首先要进行充分的调研，全面了解、掌握门店目标顾客的情况；其次是要做好顾客需求的细分，明确不同类别顾客的主要需求；再次是进行商圈范围的确定，根据商圈环境和竞争态势，确定合理、可靠的管理方式与方法。

万祥军 客类管理是所有服务行业的发展方向，因而对所有药店都是适用的。客类管理的核心是一切从消费者出发。中小连锁药店如果要实现从品类管理向客类管理的过渡，首先必须坚持品类、客类并行管理的策略，以提高客户服务的针对性。如通过品类销售情况的分析，逐月跟踪品类需求状况，掌握顾客的需求规律，完善顾客销售信息管理。同时要针对不同的货源，采用不同的宣传策略，根据不同类别客户的需求，提供差异化的服务。其次，要建立品类和客类并联分析机制，根据患者用药的实际情况及上游品牌传播的投放情况，对同类客户进行同品类管理。比如将高端客户划入高端品类管理，将低端客户归入低端品类管理，充分挖掘客户潜在的销售能力。再次，要建立并完善品类、客类管理体系，通过信息系统支持品类与客类管理服务模式的应用，实现分类信息的资源整合，推进品类与客类管理服务模式的并联管理，提高服务效率。最后，要细分管理，提升服务水平，要通过品类管理，有针对性地为客户制定经营指导建议，紧紧围绕药店销售“提结构，上水平”的发展目标，切实为患者提供更专业的服务。

“二八法则”与顾客管理能否兼容

王永庆说：“什么是市场？市场就是顾客。不掌握顾客就没有市场。”在零售药店，越来越多的经营者意识到经营门店其实就是经营顾客。因此，有人在顾客管理中参照商品管理原理，提出了“二八法则”，即一家门店80%的利润是由20%的顾客创造的，因而主张门店把经营资源向20%的重点顾客倾斜。你觉得“二八法则”适用于药店的顾客管理吗？应如何处理重点顾客与普通顾客的关系？

主持人

肖志飞，《21世纪药店》报记者

访谈嘉宾

罗时璋，广东罗浮山国药股份有限公司营销总监

文立高，湖南千金大药房连锁有限公司总经理

刘洪亮，湖南芝林药业集团有限公司总经理

一、有规律就会有“法则”

主持人 *在我国的零售药店里，目前是否存在“二八法则”所说的现象？具体表现是怎样的？有什么特点？*

罗时璋 “二八法则”作为市场经济中的一种固有规律，可以说是无处不在的。在药品零售领域，“二八法则”现象同样存在。比如在药品销售的品种结构分布上，80%的销量集中在老百姓常用的一些品种上，如感冒药、消炎药、小儿用药、妇科系列品种等；在门店的利润构成上，占销售量20%的高毛利品种及独家经销品种一般贡献了80%的利润；在顾客结构的分布上，老年人、妇女的占比以及购药次数基本上保持在80%左右。

药品是特殊商品，从某种意义上来说，药店行业也是一个特殊的行业，因而使得相关的市场法则呈现着不同的特点。一般来说，“二八法则”在药店经营以及商品配置方面表现得较为明显。而在顾客管理及利润构成方面，不可避免地会受到道义、政策、法规、流行病学变化、突发性公共卫生事件等的影响，会经常主观性地改变这一法则的分配比例。因此，总的来说，零售药店的经营管理中存

在“二八法则”，但易受主观因素的影响。

刘洪亮 我认为“二八法则”并不是所有药店通用的。在一般门店，尤其是社区门店根本就不适用。一家门店的主要利润是由大部分顾客创造的，门店的顾客构成实际上是哑铃型的，客单价大的就那么几个，客单价小的也不多，大多都是接近平均客单价分布。这看看每个门店的销售分析就清楚了。

文立高 市场经济有一定的规律性，市场竞争当然就有可用的法则。事实证明，在企业经营和管理中用好“二八法则”，既有利于企业资源的合理利用，也有利于公司经营业绩的提升。药品零售行业亦不例外，一些善于运用“二八法则”的药店也早已尝到了甜头。

零售药店的“二八法则”主要体现在商品和顾客两个方面。在商品管理上，要集中做好20%的重点商品的管理和销售，因为在很多时候，20%的商品往往创造出80%的毛利，其他商品主要是为满足多层次顾客的需要，并非药店的利润品种。在供应商管理方面也要注意抓好20%的重点合作伙伴，实行商品和供应商聚焦，不能眉毛胡子一把抓。在顾客管理上，我们坚信，真正为公司创造利润的，也一定是那20%的重点顾客。

二、药学服务拒绝“二八法则”

主持人 银行、部分品牌专卖店等早已在按“二八法则”管理顾客。有人认为，“二八法则”只适用于垄断性质的普通行业，药店有其特殊性，不可跟风。你认为药店对顾客可不可以按“二八法则”进行管理？为什么？

罗时璋 如果说药店的顾客管理可以不分重点人群和普通人群，这是不客观的。任何一家药店，在开业之初都会有一个定位。有定位就自然有目标人群的范围。例如，一家普通的、随处可见的便利型药店，其顾客的80%应该是周边500米左右的常住居民，另外的20%则是不确定的流动人员和住在周边，但在家里待的时间非常少的忙碌型白领。既然有明确的目标人群和服务主体，在顾客管理中就不可避免地会用到“二八法则”。

但正如刚才所说的，因为药品是特殊商品，药品销售要受到《药品经营质量管理规范》等法律、法规的约束，以及多方面环境因素的影响，药店在顾客管理上很难像银行、大众消费品一样完全实施“二八法则”。银行可以给VIP客户优先办理业务或者提供更便利的服务，但药店对每一个购药者都必须一视同仁地提供合理的药学服务，享受优先待遇的只能是危急病患者；品牌专卖店可以为重点顾客量身定做而无须考虑普通顾客的此类需求，但药店对每个患者的需求都必须从人道主义的角度给予充分的满足。一句话：“二八法则”在药店的顾客管理中只能在价格、促销活动方面予以体现，而在服务质量方面则不被允许。

文立高 零售药店虽然有其特殊性，但在市场规律面前，“特殊”也是暂时的和浅层次的。在具体运作中，“二八法则”的力量谁也无法抗拒。但正因为药店有特殊的一面，它在运用“二八法则”时就不能太机械，不能像银行、品牌专卖店那样无所顾忌、唯利是图。药店可以在重点目标人群的确定以及商品结构等方面按照公司战略实施“二八法则”，但对具体进店接受服务的顾客则不能。也就是说，“二八法则”在战略层面适用，而在策略层面则应慎重。

刘洪亮 我个人一直坚持的观点是：药店对顾客的管理不可以套用“二八法则”。这是由药店的性质和药品的特殊属性所决定的。目前药店的销售大都是被动销售，主观提升销量的空间不是很大，根本不能跟银行、快速消费品等行业的经营相比较。一个人，不管是有权的还是有钱的，一般只是在感到身体不舒服或出现某种不适时才会产生出对药品的需要，健康的时候或者愉快的时候，很少会对药品有需求。从这个角度讲，任何想依靠某一法则来提升药店销量的做法都是揠苗助长。

三、坚持有所为有所不为

主持人 如果你认为可以按“二八法则”管理药店顾客，那么具体要如何操作呢？应注意哪些问题？如果你认为不可以照搬，那么药店可否借鉴“二八法则”的某些理念？

罗时璋 顾客管理不能完全按“二八法则”并不表示这一法则在顾客管理中就没有意义。如前所述，除了服务，其他很多方面还是可以考虑“二八法则”的。比如目标顾客的筛选、会员制顾客的活动安排、针对重点顾客的促销策略等。运用“二八法则”既可以科学、合理地配置门店资源，同比投入实现利润产出的最大化，又可以更好地发挥门店优势，从基本定位出发，为重点目标人群提供更专业、更合理的服务。

在零售药店业态竞争异常激烈的情况下，在顾客管理中合理、适当地引入“二八法则”的理念，会有利于门店差异化竞争策略的实施。从定位差异到目标顾客的差异再到门店战略的差异，这历来就是药店经营和发展的思路之一。但在具体操作中一定要注意药店的特殊性，要坚持有所为、有所不为。

刘洪亮 随着药店多元化的发展以及医疗体制改革的深入，药店经营中的顾客管理将会有相应的变化，“二八法则”也将在某些层面有所体现。如根据顾客病症进行分类管理，对于慢性病患者如高血压、糖尿病顾客进行重点管理等，也可以算是对“二八法则”的应用吧。

文立高 “二八法则”在操作上没有标准答案，应因时、因地制宜。我们都知道，在顾客管理上，任何一家药店都不可能满足所有人的需求，也不可能满足人的所有需求，我们只能满足部分人的部分需求。因此，所有药店就都存在一个目标顾客划分的问题。既然每个药店的客户群有所不同，那么在经营过程中就应重点关注重点目标顾客的感受，注意发现这部分顾客的需求，并尽可能地去满足他们的需求。

其实，“二八法则”表达的本意是做任何事情都应该有主次、轻重、先后，这就是经营的定位问题，要有所为、有所不为。如果平均用力，想什么事情都做得很好，结果往往会适得其反。每个药店都有不同的、属于自己的生存法则，但有一点是一致的，那就是：药店卖的是特殊商品，属于服务行业，因此药店要把80%的时间和资源用在抓专业水平的提升、抓服务质量的提高上，所谓的促销技巧、高毛利主推等，只能占用20%的时间和资源。

高毛利主推：可行还是不行？

药品价格的多轮政策性调整，品牌品种利润微薄甚至倒挂，门店经营成本不断攀升，医改深化对零售药店客流的影响，业内竞争继续加剧……以上这些，无一例外地对零售药店的生存空间形成了打压态势。为了生存和发展，药店经营者们可谓绞尽脑汁。其中，高毛利品种主推在这几年应用普遍，且有泛滥之势。高毛利主推现在处于一个什么样的状况？对零售药店的发展产生了什么样的影响？门店应该如何合理地做主推？

主持人

肖志飞，《21世纪药店》报记者

访谈嘉宾

尹东宇，河北衡水百草堂医药连锁有限公司总经理

张宗胜，药品零售行业经营管理资深人士

朱大宝，四川禾邦致远药业副总经理

一、现象：硬性拦截，伤及品牌

主持人 高毛利主推原本是行业内部一个秘而不宣的经营技巧。但随着使用的广泛和部分药店的不规范运作，这个“秘密”正在慢慢被公开。很多消费者对此持排斥态度，并有连累正常、合理的用药建议的趋势。目前行业内的高毛利主推主要存在哪些问题？对药店经营和发展有哪些影响？

张宗胜 药店实行高毛利主推时大都存在以下问题：企业薪酬体系的考核导向不合理；强推强卖，顾客不接受时店员态度情绪化；店员自身底气不足，不

少店员自身都不使用自己的产品；采购商品时追求高毛利率，定价中存在不合理性。药店做高毛利主推本来就有一定的风险，而上述问题的存在，更是直接放大了其负面效果，如导致消费者信任度降低、顾客流失、药店品牌形象受损等。

在药店经营中，销售目标的达成=客流量×客单价，而客单价=客品次×品单价。当客流量下降时，就必须提升客单价才能达成销售目标。但由于一些店员在专业水平方面的欠缺，使得其客品次难以有效提升。因此，高毛利、高单价商品就成了这些店员销售时的首选。这极易导致顾客对该药店的商品价格产生疑虑，药店的信誉度会因此而不断降低。这是不当的高毛利主推对药店的最大影响。

尹东宇 在高毛利主推方面，目前很多药店的行为明显过于激进，普遍存在着对品牌商品的硬性拦截和高毛利商品的过度导购等问题。一些药店将品牌商品陈列在货架底层等较差位置，甚至藏在顾客不易发现的地方，导致顾客在自选药品时，由于无法找到自己熟悉的品牌商品而怀疑这家药店的档次和商品质量。当顾客指名购买某个品牌商品时，有些店员会直接拿出成分、功效与品牌商品类似的高毛利商品硬性拦截，这种行为经常会遭到顾客的拒绝。有些顾客甚至会因此而产生抵触情绪。即使有些顾客勉强接受了店员的建议，也依然会有被推销的感觉。

硬性拦截和过度导购一定会影响药店的品牌形象，从而导致顾客对药店的信任度降低，还会影响顾客的购物体验，导致顾客满意度下降，最终造成顾客流失，得不偿失。

朱大宝 作为零售终端的上游合作伙伴，我们对药店的高毛利主推策略是理解的。企业的生存和发展需要利润支撑，零售药店亦不例外。“上帝在关上一扇门的时候，也一定会同时打开另一扇窗”。当大部分品牌商品的利润之门被关上，高毛利主推也许正是市场这个“上帝”为药店打开的另一扇窗。如果没有这“一扇窗”，很多药店可能早就关门大吉了，我国的OTC市场就不会有今天的繁荣景象。药店实施高毛利主推中存在的问题，个人觉得主要还是技巧和心态的问题。我非常认同上述两位零售专家的观点。

二、原则：以顾客为中心，尊重顾客选择

主持人 既然高毛利主推最主要的影响是会对消费者信任、药店品牌造成损害。那么你认为药店应不应该继续坚持做高毛利主推？如果继续坚持做，如何才能将副作用降到最低？应该坚持哪些基本原则？

尹东宇 当前药店之间的竞争日益激烈，简单粗暴的价格战虽然一直被口诛笔伐，却愈演愈烈。再加上医疗机构的异业竞争，局面愈发混乱。为了保住客流量，各家药店都想要维护良好的价格形象，销量较大的品牌商品被不断降价，几

乎无利润可言，而人工和房租等成本却在不断上升……因此，药店主推高毛利商品既是品牌商品销售无利可图困境中的必然之举，也是药店在经营成本高企压力下的无奈选择。

做高毛利商品主推，必须有“双赢”的心态，前提是“两个必须”——必须尊重顾客的选择，必须维护顾客的利益。实施中可参考以下方法：在商品陈列时，不妨为高毛利主推商品配置特别标示卡：“与××商品成分规格及功效完全相同，每盒为您节省××元”；在顾客指名购买商品时，店员不可以拦截；在顾客未指名购买时，店员可以直接推荐高毛利商品，但必须给予正确的用药指导和健康嘱托；在顾客自选过程中，如果顾客被高毛利商品的陈列和标示卡所吸引而产生兴趣，店员可以向顾客介绍购买此商品可以在获得相同疗效的同时为顾客节省费用。

朱大宝　我个人认为，目前要求药店取消高毛利主推是不现实的，也是不公平的。事实上，高毛利主推是所有商业零售都不可回避的一个销售策略。南什北货、服装鞋帽、家电日化等在用，超市、专卖店、网店等也在用，药店为何不能用呢？但是，由于药品是特殊商品，药店在使用这一策略时一定要注意以下两点：一是主推技巧不能局限于话术，不能只靠花言巧语，而应该有包括简单的药物经济学分析、合理的用药指导、准确的消费心理需求把握等在内的系统化销售技能；二是店员做主推时的心态一定要站在顾客的角度，同时要有科学的高度，而且必须在合理、可行、顾客自愿的前提下实施。要坚决反对为了销售提成或者利润而进行不合理的推荐和强硬主推。这其中，“合理用药”和“顾客自愿”是重点，能否准确把握消费者心理需求是关键。顾客自愿但不合理，不能卖；合理但顾客不愿意，不要卖。

张宗胜　在当前的市场环境下，药店应该坚持做高毛利主推。但必须坚持以下基本原则：加强店员在组方销售、常见病症、预防养生等专业知识方面的教育培训，不断提高店员的专业素养及服务规范化程度；一切着眼于服务顾客、稳定顾客、提升客流、提升品牌，门店经营模式从以产品为中心向以顾客为中心转变。

三、趋势：可以改良不可能取消

主持人　但有人认为，高毛利主推是突破药店利润瓶颈的临时性策略，长远来说，这个策略必须改良甚至取消。你如何看待这个观点？

朱大宝　这一观点有正确的一面，但不完整。任何市场策略都不可能永远适用、长期有效，也不可能对所有企业都有用。市场环境的变化，竞争对手的改变，企业战略的调整，都将促使药店及时、合理地调整、改良营销策略。因此，我们认为所有市场策略都有其临时性的一面。再者，高毛利主推也并非全是门店突破利润瓶颈的手段。比如品牌专卖店，按理来说，其销售的都是品牌商品，不会存在高毛利主推行为。但事实是，很多品牌专卖店的广告品种（或称为标志性品种）不赚钱，但其可以带来客流量，可以支撑品牌形象。真正为门店带来利润的，可能是相关的配套品种或辅助品种。从这个角度看，高毛利主推绝非临时性策略，它无处不在，只是表现形式不同而已。

尹东宇 无论是沃尔玛、家乐福这样的大型商超，还是屈臣氏、万宁这样的个人护理用品商店，都会通过与品牌商品竞价来吸引客流，通过自有品牌或自营品种的销售来提升利润，这些都是广泛使用的经营策略。药店自然也不例外。

但是，药店与其他零售业态有所不同。超市、便利店或个人用品店里的商品已被顾客广泛熟知。因此，从商品衍生出来的服务对顾客购物决策和购物过程体验的影响并不大。而药店却需要提供更多的药学服务才能为顾客提供全面的健康解决方案。因此，我们应该提倡药店与品牌厂商的深入合作。这样，不仅可以获得厂商更多的政策支持，还可以借助于厂商的专业力量来提升药店员工的专业素养，通过服务树立良好的品牌形象，让消费者不仅关注商品价格，更关注药店提供的服务的价值。

张宗胜 从零售业态的基本属性和市场经济的基本特点上看，门店的高毛利主推策略可以改良，但不可能取消。因为任何企业的发展都必须建立在盈利的基础之上，竞争是永远存在的，产品的差异化和特色化、行业的特定性是竞争的壁垒。要突破壁垒，就一定需要策略。对利润有贡献的策略，只要不构成侵权，不损害消费者利益，就没有理由叫商家放弃使用。

在具体操作层面上，在高毛利商品结构上，建议连锁药店重点选择品牌企业的二三线商品。在商品采购环节，将以毛利率为标准选择采购商品的方式，转化为以销售毛利额为导向的采购模式。同时，要根据商品品规合理定位商品的市场价格带。另外，可加强与上游供应商的全面合作，争取除价格之外的其他市场支持和资源的政策性倾斜，进而提升门店的品牌竞争力。

低价药专柜的价值

日前，在最繁华的步行街，在青岛医保城医药连锁的旗舰店——经营面积达2 000平方米的台东店，我看到了一排数个低价药专柜。专柜上标有“1元2元3元低价药”字样，陈列着感冒清胶囊、小活络丸、牛黄解毒片、抗宫炎片等十多个品类的数十个品规的常用药品，不断有顾客在柜前驻足选择。我通过观察发现，低价药专柜的顾客中既有中老年人，也有年轻白领；几位驻足的顾客都在专柜中选择了药品，少的一种，多的三四种。

从销售额和利润额上看，卖一柜子的低价药可能还不及一盒中高档保健品；从现场陈列上看，这低价药专柜也不像是作噱头的样子，因为这里不止一个柜子（印象中好像有三个），柜子里的药品充足，数量也不少。在青岛最繁华的步行街，门面租金之高可以想见。医保城为什么要在这“寸柜寸金”之地设立低价药专柜？这几个大柜子如果用来陈列高毛利主推品种，或者陈列合作企业的重点品种，不是能为药店创造更多的利润吗？

从台东店熙熙攘攘的客流中，从医保城每天20多万元的营业额里，我发现了低价药专柜的价值。

首先是吸引客流的价值。低价药专柜无疑满足了部分消费者对低廉普药的需求，树立起了药店“大众健康服务商”的专业形象。药店即卖药的门店，其专业化和大众化特点不言而喻。不要小看了低价药专柜，虽然其销售份额少，但覆盖的人群却很广泛。低价药不等于低效药，这个道理，除了极少数追求高消费、具有“贵药情结”的消费者外，相信绝大多数患者是认同的，而且，在经济形势并不乐观的当下，价廉物美的低价普药专柜等于给了众多低收入家庭一个惊喜，还有那些一直钟情于曾经流行的老药、普药的中老年患者，在到处买不到老药的时候，突然发现这里有一个低价普药的“宝库”，他们自然愿意常来转转。

其次是提升门店品牌形象的价值。低价药专柜从两个层面体现出了药店经营者义利并举的经营理念：一是在普遍追求高客单价、高毛利额的药品零售市场，低价药专柜使顾客看到并真正感受到了这家药店经营者悲天悯人、普惠百姓的济世情怀，这无疑为门店的品牌形象加分不少；二是将低价普药集中于几个柜子，极大地方便了顾客选购，不仅使一些老顾客能随时、轻易、快速地买到便宜药，也免去了那些脸皮薄、不好意思咨询便宜药的白领顾客的尴尬。试想，还有比这种以消费者为中心的经营理念更能强化门店品牌美誉度的方式和路径吗？

都说零售药店正遭遇着发展瓶颈，那么，让我们多想些诸如低价药专柜这样的好点子吧！

（肖志飞）

也谈“买好药要蹲下”

近段时间，一条关于药店经营“潜规则”的微博在网上闹得沸沸扬扬。某大众媒体“去药店买药请蹲下、再蹲下”的“友情提醒”，把这一所谓的“潜规则”传闻推波助澜到了极致。

给利润高的品种一个好陈列位真的就不应该吗？先推生产批号靠前的药品真的就错了吗？零售药店应该把利润低甚至负毛利的品种陈列在好的位置、把高毛利品种放到最底层或者干脆藏起来卖才不算是“潜规则”吗？应该先卖最新批号的产品、等新批号的产品没有了再卖旧批号的产品才算合理吗？

显然，这些问题值得商榷。

2012年11月5日，《21世纪药店》报B8版推出了主题为“高毛利主推：可行还是不行？”的三人论坛，三位业内资深人士分别从行业发展、零售特点、主推原则等方面，就零售药房如何做主推（包括陈列主推，比如“把便宜药放在最底层”）的问题发表了各自的见解和建议，在行业内引起了较大的反响。面对部分大众媒体对这一业态惯例的不了解、不理解，不恰当地无限“上纲上线”、误导消费者，觉得药店应该将经营策略调整到与这些媒体的价值观一致等现象，有些药店经营者陷入了迷茫，有的则感到无所适从。我认为，药店应以正确的心态面对社会（包括大众媒体）的质疑和指责，对于那些不理性、不合理的意见，不妨以魏征“兼听则明，偏信则暗”的态度去对待。

首先，我们可以理直气壮地告诉指责者：把能带来最高收益的产品摆放在最好位置是所有零售业的普遍做法，并非药店独有的策略。百货公司一楼卖的基本上是女鞋、化妆品、金银首饰，而超市会把千家万户都必需的食品放在二楼。

其次，说“好药全在底层” 明显是片面的、不了解药品零售管理法规的说法，其后果是误导了消费者。药品陈列必须遵守GSP等相关法规，分类摆放是基本原则，因此怎么会“好药全在底层”呢？况且，药店生存和发展需要利润支撑，只要合法，没有理由要求药店放弃对合理利润的追求。

再次，先推生产批号靠前的药品既是药店的经营策略，也能够减少资源浪费、保护消费者的利益。因为只要是没过期的药品，药店就可以销售。如果按照某些人的想法先卖最新批号的药，那么一定会有更多的人被迫购买更加接近效期的药品，这样恐怕只会招致更多的抱怨和骂声。

当然，我们也要承认一些药店在做主推时确实存在一些问题。在日常经营中，我们一定要坚持以顾客健康为核心，以尊重消费者选择为前提。坚决反对不合理、不合规、不科学的主推（包括陈列）行为，维护药店行业的声誉和形象。

（肖志飞）

"健康存折"是个好创意

药店促销创意要出新？难！真的很难吗？也不见得。

长春市二道区某药房在开业前夕推出了一个主题为"开业酬宾，免费办会员卡赠'健康存折'"的促销活动，引起了周边居民较大的兴趣。当地媒体是这样描述的："健康存折"是什么东西？只听说过银行存折，怎么又出来个"健康存折"呢？小本本制作得很精美，和银行存折差不多，每页上都写着购物券金额和折扣券金额……开业以后，根据上面的使用说明，每一页上显示的金额就可以当现金使用……

据了解，"健康存折"上写着"一次性送您222元"的字样，一共有15页，前3页分别写着"开业第一天购物券3元"字样，后面几页都是会员日折扣券。该药房每月7日、17日、27日为会员日，会员日当天，持有"健康存折"的消费者购物满50元可以享受6元的优惠，购物满100元可以享受12元的优惠。不仅如此，开业第一天和第三天，还会有3元的购物券可以抵现金使用。以上所有优惠加在一起正好222元。

我认为，"健康存折"的创意至少有四点值得圈点：

一是名字好。正如当地媒体所说的："'健康存折'是个什么东西？"从来没有听说过的名字自然有新鲜感。而且在消费者的心目中，"存折"是个好东西，与健康挂钩之后，给人的联想更能引人注目。

二是形式新。从海报到DM单，从剪辑报媒广告到"健康存折"，新意明白可见，有新意就有效果。

三是内容实。"小本本制作得很精美，和银行存折差不多"，此一实；"所有优惠加一起是222元"，此二实。想想有些药店惨不忍睹的DM单，看半天也看不明白的广告设计，以及类似于"六味地黄丸一角一瓶卖完为止"的忽悠就能明白他们的促销为什么没有效果。我们应该明白，只有销售实实在在的东西，顾客才会对你产生兴趣。

四是设计合理。222元的优惠，除了开业三天，还同时兼顾到了以后的会员日。按每次一个顾客购买50元计，一本"健康存折"最少也能提供36次优惠、持续一年的时间。顾客得到了实惠，药店留住了顾客，可谓两全其美。

（肖志飞）

关联销售从陈列开始

毫无疑问，提升门店销售业绩不仅需要好的商品结构和卖场位置，而且更需要方法和技巧。在零售药店，通过合理的联合用药进行关联销售，是一种用得比较多，发挥空间比较大的销售方法。如何让关联销售不露痕迹地变为自然销售？如何让店员的合理推荐过渡成为顾客的自愿购买？零售药店应怎样构建一个科学、实用的门店关联销售系统？

主持人

肖志飞，《21世纪药店》报记者

访谈嘉宾

龚　云，江苏芝林大药房连锁有限公司总经理

黄志坚，四川东升大药房连锁有限公司营运总监

一、专业化：关联销售的基础

主持人　*你认为当前零售药店的关联销售受哪些因素的影响比较大？*

龚　云　从零售的角度来看，药店属于零售业态专业店的范畴。所以，药店不能只是药品供应的“专门店”，而应该是以专业商品、专业技术、专业服务等诸要素构建的专业店。门店关联销售体系的建立，前提是员工对药学专业知识和零售推荐技巧的掌握，同时配合关联陈列、药学普及教育及团队协作能力培养、激励考核方式等，在充分调动员工积极性的前提下，尽量使关联销售成为可能。就江苏芝林大药房的实践来看，品类定义是否完善、标准化组合方案是否合理、门店关联区建设是否科学、员工销售工具是否实用等，都是影响关联销售效果的重要因素。

黄志坚　根据我们东升大药房的情况来看，目前影响关联销售的主要因素有以下三个方面：一是门店员工关联销售意识不强，不主动去关联销售，只是顾客指名要什么就拿什么。二是有些员工对关联销售的理解有误，以为关联销售就是推荐自营品种，一笔销售下来多个品种全部是自营品种，失去了关联销售的合理性。三是门店的商品结构不能很好地促进关联销售的实施，有些门店的品类管理尚处于初级阶段，产品线过长，价格带不清晰，再加上门店分布跨度较广，各地区用药习惯不一，导致部分门店在销售过程中推销重点不突出、目标不一致，无法根据具体病症制定统一的关联销售目录。四是制度方面。关联销售是一种习

惯，习惯的形成需要一个过程。让门店员工养成关联销售的习惯，需要政策与制度的正确引导。

二、标准化：企业品牌与顾客利益双赢

主持人 *在目前的药店经营环境下，所有门店都推行关联销售是否可行？药店在应用这一销售策略时普遍存在的问题是什么？*

龚　云 关联销售是药店基础行销的重要组成部分之一，既是药店专业化服务的体现，更是专业化经营技术实施的体现。从药店的角度来看，关联销售不是单一的药品销售，而是要侧重于顾客价值开发和商品价格开发，并以此来提升药房的经营效果；从顾客的角度来看，关联用药是提供疾病的药疗方案或健康维护的解决方案，以提升疾病的治疗效果和减少药物带来的毒副作用为前提，目的是更专业地改善患者或顾客的健康状况，培养顾客联合用药的习惯。所以，如果药店注重关联销售的推进及管理，不但能取得较好的经营效果，也将有利于企业专业化品牌的塑造。

黄志坚 我个人认为，在目前的经营环境下，药店关联销售是必须的。存在的问题主要表现为短期行为和单纯追求销售业绩的关联推荐现象。在具体实施时，我们认为，对外，要体现服务的专业化；对内，则应体现利润的合理化。单纯追求利润最大化的关联销售，是一种杀鸡取卵的行为，导致的结果肯定是效果越来越差，对药店品牌的打击将会是毁灭性的。从整合营销的角度来看，关联销售的目的，应该是为创造持续、稳定、合理的利润服务的。所以，关联销售的系统化，最重要的是标准化。定义标准化、考核标准化，才能正确引导门店进行关联销售。

为此，我们在公司内部为关联销售进行了定义：单笔销售有两个品种以上；该笔销售的品种在商品分类中分属两个以上不同的类别；该笔销售中包含一个自营品种，但不能全是自营品种。从实施效果来看，门店关联销售的占比与成熟企业比较相差较远，但通过抓关联销售，对“客单价”与“自营品种销售占比”的提升还是有明显促进作用的。另外，先前我们一直强调门店员工要关联销售，也做过关联销售培训，但效果不明显。后来，我们将关联销售纳入指标管理，并制定奖罚政策，关联销售占比就明显提升。现在，不少门店向总部提出了关联销售培训的要求。

三、体系化：业绩持续的原动力

主持人 *你如何理解关联销售的系统化？你认为应如何构建门店关联销售体系？*

黄志坚 东升大药房已意识到了关联销售体系构建的重要性。目前，我们正

尝试着从以下四个方面构建关联销售体系：一是根据企业实际情况正确定义“关联销售”，并让每一个员工都能正确理解这一定义；二是制定关联销售考核细则，保证关联销售不被客单价、高毛利等绑架；三是进行统一的关联销售培训，提升员工的实际操作能力；四是协调各方面的力量（如经营品种结构优化等），促进关联销售实效化。

龚　云　江苏芝林大药房在构建关联销售体系时，重点在以下几个方面进行了探索：

一是品类定义，就是清楚地定义药店的基本功能和商品的品类划分。我们在药店定义中明确标示：通过为顾客提供113种疾病的药物治疗、28种健康的保健维护、10种个人及家庭卫生护理的解决方案，持续开展“社区健康教育”活动，实施“健康保障计划”。同时以商品为基础，按照分类管理原则和顾客购药习惯，将商品按药学功能分类。如“OTC—感冒用药—风寒感冒”等。其中“OTC”是一级科目，主要按照药品分类管理要求进行区分；“感冒用药”是二级科目，主要按照顾客的购买习惯进行区分；“风寒感冒”是三级科目，主要是根据药房关联销售的需要进行区分。按这样的品类定义，就能够更好地指引顾客正确购药，同时也能够提示员工树立正确的关联销售意识。

二是标准化组合方案，就是在品类定义的基础上，不断研究及确定最佳疗效与合理价格的商品组合方案。不仅要使组合药疗的效果得到体现，更重要的是要维护组合药疗在经济上的合理性，给予执行关联销售的员工更直接的指导，避免员工“为销售而关联”的情况出现。在实践中，我们根据“五大关联技术”制订了113种常见疾病的关联用药方案，并作为员工考核的重要内容和执行的主要标准，努力将药房从以往“只卖药品”的阶段上升到“为顾客提供健康维护解决方案，打造专业化服务”的阶段。

三是门店关联区建设，实质上就是通过门店的分区和陈列，创造关联销售的有利环境。店长应该意识到，药店分区布局与陈列，不仅仅是为了美观，更重要的是为了有效地实施品类管理，强化关联销售，提升门店业绩。我们在药店内建立了以慢性病、感冒类、妇科类、消化系统疾病等为核心的“四大关联区域”。如妇科类疾病用药，除开内服药和外用药的关联陈列外，还建立起了“妇科—儿科—维生素矿物质—滋补”的关联体系。因为在实际生活中，妈妈级顾客往往是家庭成员健康的关注者和实践者，通过这样的区域划分及商品陈列，不但能缩短员工关联的半径，营造门店专业化形象，更能在日常经营中起到引导员工推荐和患者选择的目的，更好地为关联销售进行服务。

四是员工销售工具，即在目前其他药店中普遍实行的“员工培训—员工销售”的关联销售方式之外，建立更多辅助员工提高关联成功率的工具和方法。其中最直接的工具就是公司在行销政策方面应有意识地围绕关联销售来进行设计。

培训很重要，但培训效果的获得则取决于很多因素，如果光依靠培训的话，将导致培训后关联销售效果的不确定性。因此，在实施门店培训时，我们会提供给员工更多的“销售工具”。如在促销活动的设计过程中，让促销政策有针对性地围绕组合商品，更好地促进员工关联销售的成功率，这同时也有利于培养顾客联合用药的习惯。在我们的“门店十大促销活动”方案中，其中有一个就是专门围绕提升关联销售效果来进行设计的。我个人认为，促销活动不能仅是为了门店短期的效益而开展，更重要的是要通过一定时期的投入，培养或改善顾客的消费习惯。

团销，要不要试一试

生活在当下的都市人，对团购应该不陌生。买房子，团购；买汽车，团购；去酒楼吃饭，团购。甚至连买本书、买双鞋、买点零食，办公室里一帮人也会来个团购。随着团购队伍的不断扩大，团购的领域和方式也得到了不断的拓展，并涌现出了一大批团购网站，有的团购网站交易甚至称得上火爆。作为零售药店，早传出有主动与学校、厂矿联系“团销”防暑药品、滋补礼品等的新闻。团购风潮可不可以赶一赶？由团购派生出来的团销，零售药店要不要试一试？

主持人

肖志飞，《21世纪药店》报记者

访谈嘉宾

张继明，上海桑迪营销咨询机构首席执行官

王建锋，CAMORE（康顾多）医药连锁全国营运总监

肖钟涛，广东金康药房连锁有限公司市场部经理

一、开发新顾客的有效方式

主持人 一般来说，团购是为了得到更多优惠，把本来分散的、多次购买的需求集合到一起，以单次量的增加来提升顾客在砍价时的话语权。你认为零售药店可以利用团购来做团销吗？如果实施团销，除了薄利多销外，还应该达到什么样的目的呢？

王建锋 CAMORE（康顾多）是零售药房团销的提倡者、推动者以及实践者。在我们的营运与营销体系中，团购（销）被称为“团体顾客开发与维护”，将团购（销）作业列为门店“基本营销作业”的一部分。我们认为，团销的目的

不在于通过集体购买打折让利而增加销售业绩，重要的在于通过团购活动来开发新顾客。门店顾客可分为新顾客和老顾客，老顾客即会员顾客，其销售情况和趋势通过IT系统容易分析出来。但对新顾客的开发相对来说比较困难，尤其是对于一些经营时间较长的成熟门店，开发一个新顾客的难度可能比维护一个老顾客多很多倍。而团销能促使老顾客带动新顾客一起消费，使团购成为一种非常有效的开发新顾客的方式。

张继明 我认为零售药店做团销是可以的。但药店团销不能仅仅盯着销量看，我们还可以从中获益更多。如药店参加团购，组织团购者必会为药店做大量免费的广告展示和品牌信息宣传。这种对商家的口碑宣传，能让更多消费者了解药店，对药店知名度的提升、品牌的树立有很好的促进作用。另外，药店参与团购，还可以帮助新品迅速抢占市场，为销售拓展新的途径，使药店的竞争力大幅度提高。

另外，药店团销不仅不会对药店现有的销售渠道产生任何负面影响，还能有效地打破传统的销售瓶颈。因为团购后能得到更精准的客户统计数据，深度挖掘出潜在客户，整合资源，进行再次销售。

肖钟涛 做团销，除了考虑薄利多销外，还应该达到不断挖掘零售药店目标消费者的目的，要尽量为零售药店带来规模销售效应。零售药店是实体店铺，有固定的地址，有实际经营的商品，尤其是新医改后大部分零售药店加大了非药商品的经营，因而是比较适合做团销的。目前，零售药店基本上出现了集药品、非药品、超市商品等多品类、多方位经营的格局。适当展开团销服务，既可以提升销售业绩，也可以强化零售药店的品牌知名度。从另一个角度来看，合理利用药店品牌和信任度，也有利于团销成功。

二、合适品种+专业服务

主持人 在一定范围、一定季节，药品需求量是相对稳定的。同时，为了保证人民群众安全、合理用药，药品促销也受到了一定的制约。那么你觉得，零售药店中的哪些品类比较适合做团销？门店做团销时首先要注意哪些问题？

张继明 我个人觉得保健品或者化妆品比较适合做团销。这些产品属于家庭常备的用品，属于可以“囤货”的产品。当然这需要注意三个问题：一是产品质量是重中之重。药品、日化用品都涉及保质期的问题，做团销，一定要保证所销售商品的质量。若消费者购买之后，发现商品出现问题，那就等于搬起石头砸自己的脚。二是价格要有所区别。团销起源于网上，也符合现在大多数人的消费习惯，可通过网上团购和单位大宗团购实现。团销价格要与零售价格、网上销售价格有所区别，要能足够吸引消费者参与。三是售后统计与服务体系要完善。团销时由于面对的可能只是几个为首者，大部分消费者都隐身于幕后，增大了资料收集的难度。而准确的消费者资料有利于日后的跟踪服务和稳定目标消费群，因此，要注意收集、掌握所有参与团购的消费者的资料。

肖钟涛 零售药店经营的非处方药与母婴产品、食品、日用品等非药品比较适合做团销。门店在做团销时要注意以下几个问题：一要端正全体店员的团销观念，重视团销给零售药店带来的规模销售效应；二要选择合理的品种；三要提供较具吸引力的促销优惠；四要提高团销专业服务水平，注重售后服务跟踪。

王建锋 团销可以看作是一种市场营销模式。市场营销的核心是满足消费者的需求。参与团购者有这样的共性：闲暇时间少，年龄在40岁以下，具有一定的购买力。因此，团销所选择的品类必须以满足上述消费者的需求为核心（同时要考虑政策因素，必须符合国家的规定）。如保健食品类、家庭医护类产品、精制中药饮片、美容护肤品、维生素矿物质类等，相对来说比较合适作为团销品类。

三、杜绝随意和无计划性

主持人 *零售药店如果考虑做团销，可以采取什么样的策略？*

王建锋 团销模式对零售药店来说充满诱惑，但在做团销之前要认真考虑以下几个问题：选择团销的方式（团销有两种基本形式：一是药店主动走出去开发与维护“团体顾客”，如银行、学校、企事业单位等；二是和团购网站合作）；确定团销的目的（是吸引新的顾客，还是增加老顾客重复购买）；评估店内是否存在可能使团购顾客不满意的情况（因为团购顾客消费相对比较理性，对人员服务等有较高的要求）；判断是否有将团购顾客转化为忠实顾客的作业标准；策划团销如何持续开展；明确团销的效果如何评估。

实施团销时还要注意：营销主旨和企业的品牌定位要一致。切忌急功近利，要特别注意避免随意性和无计划性。不要停留在想法、观念、理论上，必须立即采取行动，因为只有实施了才有讨论的意义。

张继明 减肥药最适合团销。在做减肥药的团销时，首先应考虑活动的主题，有能够引起广泛兴趣的话题才能在团销时打响头炮。例如，三八妇女节、母亲节等都可以举办主题活动。将这些节日与产品结合起来，能够引起消费者更大的兴趣。其次是要做好宣传工作推广。团销的目的就是让更多人购买，形成一定的销量，那么首先得让大量的目标顾客了解你的活动信息和优惠条件，这就需要广泛和到位的传播，会员传播、网络传播、海报、媒体广告等都是可考虑的传播工具。再次是售后工作要做细致。当一场团销完成时，一定要好好研究、分析顾客资料，并做好跟踪服务工作，根据消费者的反馈意见调整品类结构，以便进行第二次团销。药店甚至可以与团购为首者协商，将消费者资料的完整程度作为价格优惠的一个条件，以保证顾客信息的质量。

目前，不断涌现的一些鱼龙混杂的团购网站扰乱了团购市场，致使消费者对团购的信任度下降。但零售药店的团销比网上销售更具有权威性，如果策划得好，说不定能兴起门店销售的团销风潮。

肖钟涛 零售药店做团销不妨先从同一产品策略入手，利用零售药店目前经营的品种，能够为零售药店带来规模销售效应。对于同一产品策略的商品价格，要执行统一的“一口价”策略，所有返利或折扣政策及力度要保持一致。方式可以不同，但标准要相同。在促销策略上，不宜以返利现金或直接折价的形式来体现，此种变相降价的方式，一经打开“缺口”，将给团销门店带来无穷的后患。不妨采取捆绑不同类知名产品的方式来进行促销，这样既能保证产品价格不乱，同时也能满足团购客户“占便宜”的心理。其次，也可以采取赠送促销品的方式。用促销品去“进攻”团购客户，有时这是一种较为直接和有效的方法。

如针对单位做防暑用品藿香正气水、王老吉凉茶的团销可以考虑如下步骤：第一，制定防暑商品的促销策略，满五件以上可以打九折，满十件以上可以打八五折，满二十件以上可以打八折；第二，制作防暑团销商品宣传手册，安排团销专员主动到学校、厂矿等企业单位进行联系；第三，对成功交易的团购客户再额外赠送实用礼品，并做好售后跟踪服务工作。

让我们来经营顾客吧

药店经营的到底是什么？

在新的一年里，你的门店打算如何经营？

有人说，开店卖货，药店不就是经营商品吗？也有人说，药店是企业，企业利润来自对资源的合理整合，因此，药店应重点经营资源。还有人说，药品是特殊商品，事关人们的生命安全，所以药店应该经营健康……

没错，商品、资源、健康等这些都是药店应该经营的。然而，我认为上述种种都是表象。透过现象看本质，归根到底，顾客，才是药店经营的核心。

日本管理大师畠山芳雄说：“经营就是为顾客提供物美价廉的产品，赢得顾客满意。”这其中，“物美价廉”是基础，“顾客满意”是目的。你的商品再好、价格再廉、品种再全，如果顾客不知道，或者顾客并不认为你的商品比其他门店的商品好，这样的经营会有多大意义呢？你的资源再丰富、服务再有特色、门路再广，如果顾客觉得与己无关，甚至更愿意去平凡如自己身份、气氛如朋友交流的门店，那样你的资源能产生利润吗？再说经营健康，诚然，人人都需要健康，药店的社会使命也确实是提供健康服务，但如果离开了“顾客”这个主体，或者你的健康服务内容并非你的目标顾客之所需，那么“赢得顾客满意”就成了一句空话。因此，不管你的药店如何定位，也无论你有多么高超的经营技巧，如果你不懂顾客，得不到顾客的认可，你的经营终究是失败的。

事实上，我们甚至没有必要去想得那么深奥、那么复杂。我们只要想想：顾客在你这里得到了满意的服务，有了需求首先想到的是你，跟周围人介绍时也首选你，你还需要苦苦寻思什么促销技巧、客流、客单价吗？你还用为没有独家商品而犯愁吗？

因此，我郑重建议广大的药店经营者们，请用心经营你们的顾客。

（肖志飞）

多元化探索篇

DUOYUANHUATANSUOPIAN

审视多元化

在今年（2012年，编者注），《21世纪药店》报第一期的“门店大讲堂”里，主讲人抛出了对未来药品零售市场四大发展趋势的预判。文章见报后，版面编辑收到了大量的信息反馈，不少在经营一线的读者来电探讨相关话题，一些勤于思考的业内人士还投来稿件发表自己的观点和看法。这其中，门店多元化的话题尤其引人关注，收到的反馈信息最多。那么，在行业研究者眼里，药店多元化经营目前处于一个什么样的环境？其中存在一些什么样的问题？如何谋求经营上的突破？

主持人

肖志飞，《21世纪药店》报记者

访谈嘉宾

陈浩然，中国药店在线商学院副院长

吕宏发，广东健林生物科技有限公司经理

刘桂春，广州龙道咨询机构首席顾问

一、冷静对待药店多元化

随着政策环境的变化，零售药店的市场环境正严峻地考量着每一个门店经营者的智慧和能力。多元化经营的话题不算新鲜，经营实践中的成功案例也非常少，但它却一直受到业界的关注和热议。而且，越来越多的连锁药店开始投身于多元化实践之中。为什么会这样？个人认为主要原因有两个：一是经营困境引致的思维迷惘，至今还没有一条脉络清晰的转型路径；二是业界一些观察家及研究者无意识中的误导。

零售药店经营政策的放开，以及药店连锁业态的出现，在我国都还只有十来年的光景。而且这十多年，至少有一半以上的时间被业界研究者定义为“药店发展的黄金时期”，因此药店真正面临所谓的“中国式竞争”（竞争中不仅有市场本身的因素，还有政策的因素）也就是这三年——新医改正式推进的这段时间。因为以前的发展太“顺”了：跑马圈地时期，只要开店就能赚钱；平价竞争时期，再怎么降价也还有一定的利润；精细规范时期，店再多、竞争再激烈，也还各有自己的一亩三分地。只有到了广覆盖式的医疗网络得到完善、政策向基层医疗机构倾斜、客流量开始大量减少时，连锁药店才真正尝到了“中国式竞争”的滋味。于是，经营困境引发了对新的盈利模式的探索，新盈利模式的不断碰壁，又使得探索者的思维陷入迷惘。这时，任何一个先行且看似不错的模式，或是一个创意或者建议，都有可能成为业界追捧的热点。多元化经营，就是在这种迷惘情境中脱颖而出的。

“多元化”的概念一经问世，便受到了连锁药店的热捧。业界不少观察家、研究机构及市场咨询人员对此表现出了极大的热情，相关论述、研究、指南、建议等可谓连篇累牍。然而直到今天，药店多元化经营仍然没有一套科学的、切实可行的理论来指导，所有连锁都在摸着石头过河，而更多的连锁店在盲目跟风——在听了一些所谓的“专家”建议后，在根本不了解药店多元化实质的情况下，大米蔬菜、猫粮狗粮一窝蜂上，“多元化”成了杂货铺的代名词。这是目前国内连锁药店在多元化经营方面少有成功者的重要原因之一。

由此看来，“勇于探索”并非药店多元化征途上的短板。廓清思路、冷静分析、因“店”制宜、科学规划，可能是药店多元化前必须扎实备好的“功课”。

（吕宏发）

二、模式调整前走好四步棋

开展多元化经营，既是连锁药店经营策略的改变，也是连锁企业盈利模式的调整。因此，在规划多元化之前，有必要从以下几个方面做好充分的准备：

一是认识自己。细致梳理自身药店的经营现状，找出自己的竞争优势和经营短板，正视劣势和不足，全面、客观分析门店可挖掘的潜力和资源，为在进行多元化的方式、品类、步骤等决策时提出有针对性的、贴身实用的目标要求。

二是了解周边。深入调研门店周边的市场环境，包括政府的经济建设规划、当地经济发展水平及趋势、政策及周边环境的影响、居民消费结构的改变、民情风俗的微妙变化、外来人员的文化素质及流动情况、其他相关行业的变化等，要对药店圈经济的各项指标有一个准确、全面的了解，有条件的连锁还可以请专业的权威调查机构提供准确的数据分析报告，为门店多元化方向提供论证依据。

三是注意动向。科学领会相关的行业政策及发展规划，保证自身的多元化方向与政府的想法高度一致。同时要尽可能详细地了解周围其他药店的经营状况和多元化做法，在比较中坚持差异化竞争策略，确立有较强优势的核心竞争力项目。

四是科学管理。针对门店自身的实际情况和发展需要，科学、合理地规划好经营品类，在正确的零售品类管理理论的指导下，确立独特的、能彰显自身优势的、有较好市场空间的品类结构。药店品类管理最忌不懂装懂、浅尝辄止、孤立（或阶段性）操作，要把多元化经营与门店品类管理有机地结合起来。

（陈浩然）

三、“多元”可以有几元？

近年来，药店多元化征程中出现了一个误区：一提多元化，就是卖非药品。把一个本来很鲜活的概念局限于“品类”这个小小的范围，使得不少连锁的多元化之路越走越窄。

在我看来，药店多元化的范围很广泛，至少有以下四个方面可以考虑：

一是销售品类多元。就是在销售品种中适当增加相关联的非药品类，一方面方便顾客，另一方面可提高利润增长点，还可以起到稳定客流量的作用。

二是盈利模式多元。药店的利润来源不只局限于商品销售这一环节，广告宣传、医疗服务、专业（简单）加工、个性化服务、团购拓展、电子商务等都可以成为盈利点。

三是门店策略多元。如独特的会员制营销、人性化的增值促销、专业的药学服务、与社区等单位开展品牌推广等。

四是经营理念多元。国内零售药店的经营理念已然经历过治病除疾、自诊自疗、快捷便民、防病治病（保健、治未病）等阶段。针对自身的目标顾客群体和门店周边环境，及时、合理地调整经营理念，不仅可稳定并拓展顾客群，还有利于提升药店的品牌形象。

（刘桂春）

把脉多元化

药店经营环境继续恶化，门店盈利难度加剧，什么才是药店经营的“救命稻草”？

新医改的稳步推进继续压缩着零售药店的客流和客单，医保定点政策让药店面临“二选一”的难题，42万多家门店的贴身“肉搏”令“关店还是开店”难以定夺。而前不久长沙药监的突击行动更明显透露出了政府监管将越来越严的信号，基药目录即将进一步扩容的新闻亦山雨欲来。面对如此困境，“药店多元化”再一次引起了业内人士的关注。那么，多元化能否真正成为药店经营的“救命稻草”？

主持人

肖志飞，《21世纪药店》报记者

访谈嘉宾

陈　峰，河南开封百氏康医药连锁有限公司总经理

田建勇，环球医药控股集团连锁药店事业部总监

付　龙，山东智坤医药企业管理咨询有限公司主管

一、比“卖药”的难度大

主持人　压缩经营成本、培训销售技巧、强化门店管理、引进品类管理、价格战促销、专业化吸客、多元化聚客……零售药店为突破当前的经营困境，缓解门店的利润压力，可谓绞尽脑汁、想尽办法。这其中，“多元化”作为一种经营模式，为不少连锁药店所推崇。目前，国内药店的多元化经营是一个什么样的状况呢？

陈　峰　在残酷的现实面前，更多的连锁药店不是考虑是否要开展多元化的问题，而是在绞尽脑汁地想如何搞好多元化。多元化的发展过程实际上就是一个消费者不断参与和认可的过程。但企业多元化的发展程度与当地的宏观医保政策开放程度成正比关系。从经营的角度来看，市场的充分竞争和消费者不断增长的健康需求，决定了专业化服务、多元化经营应当是未来药店的发展方向。目前，药店的经营品类除了传统意义上的处方药、非处方药、中药饮片、医疗器械之外，逐步增加了保健品、功能食品、药妆、母婴用品、健身器械甚至眼镜、日用品等。一般药店药品与非药品的销售占比在8：2左右，部分经营得好的药店可能达到6：4左右。

田建勇　先举一个例子：某企业在多元化大潮中先后开设过药妆店、养生馆，但经过一段时间的经营，由于市场定位以及在产品引进、持续营销推广等方面存在的问题，无法获得消费者的广泛认同，未能产生预期的销售与利润贡献，最后不得不都调整为专业药店。其中一家药妆店，开业数月一直亏损，销售额每况愈下，后来改为专业药房，在隔壁新开一家竞争门店的情况下，销售还保持了30%以上的增长速度。

应该承认，药店的多元化经营一直呈现出叫好不叫座的场面。在我的观察中，国内至少80%以上的药店腾出了部分空间来经营多元化商品。不少人认为，在传统药店引进医疗器械和保健品，再增加些化妆品、日化用品、食品之类的商品，把超市的大众化商品搬入药店，就是多元化经营。其实这是一个认知的误区。

付　龙　药店多元化已经被人们讨论了很长时间，很多门店尝试过或者正在尝试进行各种各样的多元化经营。有的门店获得了成功，但更多的还处于摸索阶段。就我们山东的情况来看，药店多元化成功的还在少数。

谈到多元化，药妆是不可回避的话题。在经济文化相对开放的地区，市场消

费者对新鲜事物接纳和包容的程度相对较高，药妆销售整体呈缓慢上升的趋势。在个别商圈或者特定消费人群集中的社区店，药妆产品的销售份额直追美容、补益类产品。但在大多数经济文化欠发达地区，消费者仍然更倾向于到药店买药、到超市买化妆品及洗化用品。

二、专业能力"不给力"

主持人 *在药店的多元化浪潮中，你认为多元化经营给我们的药店带来了什么好处？解决了哪些问题？还存在哪些问题？*

陈　峰 多元化经营拓展了药店的经营视野，增加了经营品类，满足了消费者一站式购物的需求，增加了客流、客单、客品，分摊了场租、人力成本等费用。现在越来越多的药店都在积极开展多元化经营就充分说明了这一经营模式的生命力。

毋庸讳言，药店多元化经营中也存在着一些误区，突出表现在把多元化简单地理解为品类多元化和商品超市化上面。其实，多元化的概念应当包括经营品类多元、经营方式多元、服务模式多元等。改革开放以来，药店的经营品类从最初的只卖药品和中药饮片，逐步增加了医疗器械、营养滋补品、消字号用品、母婴用品等。药店的经营方式也从最初的门店柜台式，逐步增加了开架式、体验式、平价药超、商超店中店、中医馆、网上药店等。药店的服务模式则逐步增加了自选式、买赠打折、积分兑奖、免费试用、送货上门、会员俱乐部等。这些，充分说明了药店多元化在不断发展和完善。

田建勇 很明显，多元化经营不但能让顾客享受到更多便利，还有利于聚集人气，扩大消费群体，提升药店坪效，提高毛利率，是一个提高经济效益的好办法。但药店多元化经营面临的问题也显而易见。除了上面提到的经营策略，还有政策影响、消费者培育、团队建设等一系列问题。现在很多地方都出台了限制医保药店经营非药品的政策，这是最直接的影响。药店在非药品经营方面缺乏与商超区隔和竞争的能力，对消费者购物心理的影响力也很有限，如薇姿、理肤泉等号称只在药店销售的药妆产品现在都纷纷离开药店进驻屈臣氏了。另外，在多元化项目的经营和管理以及构建与多元化发展相适应的专业经营团队方面，零售药店也存在一定的差距。

付　龙 多元化给药店带来的最大收益是拓宽了经营者和管理者的视野。引入多元化品类，管理和经营思路必须作相应的拓展或者更新，经营策略和管理方法也必须有相应的改变或者提升。从销售队伍建设到终端陈列、店堂形象、品类管理、促销管理、品牌构建等方面，多元化给药店经营者带来了新课题，提出了新要求。但是，对多数药店来讲，多元化在门店利润贡献上，明显处于"不给力"的状态，这是多元化模式在药店中最致命的弱点。

三、慎避盲目多元化

主持人 多元化能被众多药店经营者所接受并投入真金白银去实践，那么其中一定有它的魅力所在。但我们看到的现实是：不少药店并未因此受益，多元化商品滞销现象比比皆是。那么，你认为药店搞多元化需要做好哪些方面的准备？

陈　峰 我的看法是：药店多元化不仅是一种趋势，也是一个过程，既包括药店经营策略的调整，也包括消费者消费习惯的培养。因此，药店多元化首先要在专业化的基础上开展，在选聘、培养专业购销人才的同时，还要充分做好市场分析、品类论证、数据对比和消费者研究，避免盲目多元化。其次，多元化的起步最好围绕健康服务展开，并做好规划，不断总结经验，逐步推进。

田建勇 有数据显示，日本的连锁药店里药品只占31.2%，其他品种比例高达68.8%，其药店多元化经营是普遍现象。而在国内，经营多元化成功的案例并不多见。鉴于前面谈到的问题，个人建议：多元化经营应该在保证主业健康、良性发展的基础上，通过市场调研，锁定企业的目标顾客群，在保证提供专业服务的前提下，选择与健康相关联的项目和品种，先试探后实施。多元化经营并非天上掉下来的馅饼，盲目跟风发展只会让企业陷入进退两难的处境。

付　龙 药店多元化，首先要做好市场调研，包括消费者调研以及相关品类竞争者的调研。传统专业药店的竞争品类是药品及中药饮片，而多元化经营的竞争品类就很广泛了，竞争主体扩大到了洗化用品店、化妆品店、商超及小百货店等。竞争对手范围的扩大，将使药店在经营定位和营销策略的制定上顾忌更多。稍微不注意，药店的经营就成为“戴着镣铐跳舞”。其次，相关人才的引进和储备、相关品类品牌的选择和推广、对打算引进的多元化品种和药店现有品种的组合管理等，都是药店多元化经营中必须做好的准备工作。

我个人认为，对于相当一部分药店来讲，药品销售和专业药学服务仍然是经营的主旋律。药店多元化应该根据企业和门店所在商圈的具体情况来定，盲目跟风或者赶潮流，极易使门店经营陷入被动状态。

多元化的前提是顾客认可

大众媒体对药店圈新闻的关注，往往可以作为药店调整经营决策时的参考。

《齐鲁晚报》记者走访威海市区的药店发现，许多药店大张旗鼓推销干果及礼盒等年货，一些药店门口的电子屏幕上打出了推销年货的广告。而此前数天，《羊城晚报》亦报道，位于广州繁华闹市区署前路的某全国性知名连锁药店，在入口处特设年货“专区”，大卖包括油、米在内的特价年货。有记者对药店卖年货表示困惑，于是致电药监部门咨询，得到的答复是：只要办理了相应经营范围许可，药店可以经营食品。

对于药店卖年货，业外和业内思考的角度不同，观点分歧自然较大。大众媒体站在消费者的角度，从习惯性思维出发，会觉得药店突然变得像百货店，有点“不务正业”的味道。而站在药店经营者的角度分析，药店经营食品只是多元化经营的形式之一，近几年零售药店受到各方面的“挤兑”，再加上行业内竞争加剧，利润空间急剧缩水，不创新盈利模式的话药店会有“性命之忧”。

上述两种观点看似对立，实则揭示了药店发展中的一个实质性问题：药店多元化如何让消费者认可。我认为，开展多元化经营是药店战略定位的一次调整甚至改变。从营销学的角度来看，定位是企业（产品）在顾客脑海里所占有的一个合理位置。如果消费者认为某家药店调整后的定位是“不合理”的，那么他一定会对这家药店产生排斥心理。众所周知，排斥心理往往是顾客流失的前奏。

春节前后，药店促销中的“多元化”趋势更加明显，如何才能得到消费者的认可？这值得经营者认真思考。

（肖志飞）

专业：决胜未来零售市场

零售药店到底应该姓“专”还是姓“多”的问题，业界争论已久，观点也是见仁见智。显然，从政府的层面出发，希望药店姓“专”；而从经营者的角度来说，则很想让药店姓“多”。那么对药店发展有着决定性发言权的消费者又是如何看待的呢？消费者真的认可药店多元化吗？专业药房应如何拓展未来的市场空间？

主持人

肖志飞，《21世纪药店》报记者

访谈嘉宾

陈浩然，中国药店在线商学院副院长

郭　雄，广西丰业医药投资有限公司总经理

冯跃华，广州市三生企业管理咨询有限公司副总经理

一、药店的社会定位是“专业”

主持人 随着近几年零售药店经营瓶颈的出现，多元化浪潮可谓一波未平一波又起。在这个浪潮中，你认为专业药房目前是一个什么样的状况？有人认为专业药房并不一定要排斥多元化，你如何看待这一观点？

郭 雄 随着国家医改政策的不断推进，零售药店的销售和利润状况受到了较大的冲击，药店多元化经营之路也显得越来越迫切。为了生存和未来的发展，很大部分药店在进行多元化经营的尝试，希望寻找到一条不单纯靠药品盈利的发展路子。但矛盾也随之产生：传统的药店经营者不擅长多元化经营，顾客也不适应药店多元化经营。更关键的是，到目前为止，国内零售药店圈内还没有出现过一个多元化经营很成功且可复制的模式，大家都还在摸索当中。目前，国内药店实质上还是在做药品的专业性经营，盈利的绝大部分还是来源于药品。也有不少药店在保健品方面经营得不错，主要原因是前几年保健品市场门槛低，很多药店把保健品当药品卖，从而打下了一定的消费基础。我个人认为，专业药房也没有必要排斥多元化。

冯跃华 由于工作的原因，近几年我接触了很多药店连锁公司，实地看过很多类型的药店，总体感觉是：现在零售药店所提供的服务与顾客的需求相差甚远，具体表现为专业服务方面的差距。我个人觉得，很多专业药店（经营药品、家用医疗器械和保健品的药店）在品类管理、价格策略、行销方式和其最应体现的专业的药学服务方面，与商圈内的顾客特点、购买行为、购买能力等没有匹配。比如：同一连锁旗下的门店，不管商圈环境如何，基本上全是一套统一的商品配置；行销方式也很少考虑不同商圈的特点，采取的是统一模式；在药学服务方面，大部分药店都实行“大一统”的方式，很少有按病种来进行会员分类管理的做法。

专业化不应排斥多元化，但前提是专业化方向要符合药店专业化的要求。在充分满足顾客需求的前提下，不妨在专业服务的基础上充分利用、发挥门店的资源优势，增加一些非药品类。

陈浩然 目前国内的药房绝大部分都宣称是专业药房，真正的多元化药店并未出现。即使正在试探多元化经营的药店，其市场定位也还是在专业化药学服务上，多元化经营也大都在延续专业健康服务的路子，说到底，多元化只是一种增加收入来源的途径。政府层面也一直大力提倡药店的专业化经营，特别是对未来药店在配备执业药师方面的硬性规定，更加鲜明地表达了政府对专业药房的要求和期待。

二、“促销”严重危及专业形象

主持人 从市场核心竞争力的角度分析，在你的判断中，专业药房应该具备哪些必要的条件？目前国内的专业药房主要存在哪些问题？

冯跃华 从经营的角度来看，我个人觉得，专业药房应该做到“四化”：

一是门店管理专业化。经营者的观念没有彻底转变，一味与政策较劲而没有去与市场较劲，或一味考虑自己的利益而不顾消费者的感受，很容易导致门店管理与现代零售业规范管理的差距越来越大。最明显的就是员工绩效考核，绝大部分连锁药店只是对所谓的重点商品进行销售提成计算，很少考核员工的服务质量和顾客的反馈意见。

二是品类管理专业化。很多药店对什么是品类管理、应该如何做好品类管理不是很清楚，不知道品类管理其实就是基于消费者研究、在满足顾客需求的前提下进行“卖什么、怎么卖、哪里来”的商品管理。品类管理是药房专业化经营的重要工具，用得好，可以彰显门店的专业形象，还可以有效提升经营绩效，值得业界重视。

三是行销方式专业化。行销不是促销，两者在运作方式、预期、评估指标等方面都是不同的。在药店行销方式上，要充分考虑商圈特点，对店铺进行分类，不同类型的店铺应实行差异化的行销策略。

四是药学服务专业化。这是体现药店本质特征的重要一点。所谓药学服务，目的是确保患者用药安全、有效，可视其为顾客健康管理的一部分，但又不同于传统意义上的健康管理，因为这需要有很强的专业医学、药学知识。因此，现在有些药店正在开展专业化的病种分类管理和服务，以使药学服务更深入、更具体。其实，不管是专业药房还是多元化药店，今后竞争的主要手段，主要体现在管理和药学服务这两个方面。

郭　雄 高质量的专业服务和充足、合适的商品，是专业药房的必备条件。随着药店间竞争的激烈和经营成本的不断提高。很多药店都在提升商品的利润率上狠下功夫。一些店员也为了销售提成而拼命推荐高毛利主推商品，这和医生为了回扣开处方其实没有什么区别。这时药店的经营导向变成了以盈利为主导，药店老板、店员和高毛利商品供应商各自获取自身利益，却恰恰忽视了患者的利益。我认为这是目前专业药房经营中最致命的做法。

陈浩然 就我们中国药店在线商学院调研的情况看，国内专业药房主要存在的问题有：专业人才、特别是执业药师严重缺乏，专业化服务难以做到位；受政策及经营环境的影响，单纯依靠专业的药品经营，利润难以满足药店发展的需要；专业服务标准缺失（不完整）；真正的专业服务的价值没有得到合理的体现。从消费者的角度看，药店大量的、公开宣传的促销活动，极大地影响了药店在专业领域的形象。

参考国际上有关专业药房的标准，结合我国医药市场的实际情况，我们认为，专业药房必须具备三个基本条件：一是配备好专业的医学、药学岗位人才，一线店员具有能满足日常经营需要的医药知识和政策法规常识；二是作为方便患者的专业服务机构，在品类准备和健康服务方面，既要与医疗机构保持一定的差异性，又要能满足一般疾病患者的用药需求；三是专业服务的价值能在门店的利润构成中有合理的体现。

三、便利有口碑，独特树品牌

主持人 按你的观察和分析（实践），什么样的消费者、在什么情况下会选择专业药房，或者是多元化药房？在未来的零售市场，专业药房应该如何更有效地经营顾客以拓展发展空间？

郭　雄 传统药品的消费者以及老年消费者一般更愿意选择专业药房；年轻人，特别是年轻的高收入人群，则比较容易接受多元化药房。但前提是：专业药房一定要有专业口碑，不能顾客要什么店员就卖什么；多元化药房一定要有特色，而不是那种简单地把不同商品凑合在一起的所谓的多元化。在未来的药品零售市场，专业药房还可以做得更专业一些，可以细分出专科药房、特色药房等，专门为某一类病人提供齐全的商品（包括保健食品、家用医疗器械等）和高水平的药学服务。总之，只有以顾客需求为导向，才会有更好的发展空间。

冯跃华 过去说“大病去医院，小病去药店”，如果今后医改到位后，什么样的人会来药店呢？这是药店经营者现在就应该考虑的问题。我个人认为，今后会是“大病去医院，小病去社区，健康管理来药店”。因此，药店应转型为顾客健康管理的一个服务中心。

既然要做顾客健康管理的服务中心，那么药店就应该在满足顾客需求的前提下，建立起与健康相关的一个完整的服务体系。这个体系肯定要专业，但在品类配置上也不必排斥多元。当这个健康管理体系建立起来后，药店的目标顾客应该会有很大的调整。今后来药店进行健康管理的消费者，一定不会很在意价格，而会更在意药店的服务和商品的安全。

陈浩然 我不认同“药店将成为顾客健康管理的服务中心”的预判，因为真正的健康管理不仅需要非常专业的有关疾病预防、养生调理、用药配伍禁忌等方面的知识和技能，甚至还需要利用前沿的医学、药学研究以及生物科技成果。作为零售药店，一般情况下很难达到这样一个高度。

我们一直认为，零售药店之所以能存在，主要依赖于便利性和独特性这两大特点。你的药店在经营位置、服务时间、经营内容、服务水平等方面给哪部分顾客带来了最大的便利，那么这部分人就是你的目标消费者；你提供的服务和品类如果医院或者卫生服务中心无法代替，那么你肯定就有生存和发展的空间。从这个角度出发，我们可以断言：专业药房要想更有效地拓展发展空间，就必须在便利性方面树立口碑，在独特性方面打造品牌。因为，在正常情况下，药房的品牌形象和顾客口碑，永远是目标消费者是否选择你的决定性依据。

专业：药店第一形象

我住处楼下的药店换上了某大型连锁药店的招牌。某日，我带着因感冒咳嗽导致扁桃体发炎的女儿到那间药店去买药。没有想到的是，店员还是以前的店员，但当我要求购买曾多次在这家店里购买过的希克劳时，居然被委婉地拒绝了。在我强调自己的职业背景和以前的购药、用药经历后，一位胸牌标示为“执业药师”的店员走了过来，他首先对药店过去违规销售处方药的做法表示了歉意，接着对我女儿的病症进行了仔细诊断，最后建议我购买一种叫小儿金×颗粒的中成药。我一看价格，金×颗粒不到20元而以前购买的希克劳则要40多元，再看看盒装量和建议用药量，两者差不多。在仔细看了药品说明书后，我接受了这位药师的建议。三天后，我女儿的病基本好了。

在这次购药过程中，我感受到了药店专业服务的力量和价值。

先不说这位药师留给我的“专业”印象，以及由此对顾客忠诚度的贡献，单就他处理老顾客要求无处方购买抗生素的方法就值得其他药店从业者学习。试想，如果他只是强硬地坚持无处方不销售，而不会对症推荐替代药品；如果他推荐的替代药品价格高过顾客指名购买的药品，甚至再来一通关联用药推荐。结果会怎样呢？别人怎么选择不好说，我则肯定会调头就走，下次再来买药时也肯定会有提防的心理。

由此我联想到近段时间大众媒体“买好药请蹲下”的批评、对用铝锅熬制膏方的指责，以及药店卖油盐酱醋大米给顾客的困惑。我觉得，药店的专业形象问题到了必须高度重视的时候了——离开了专业优势，药店凭什么留住顾客？

零售药店这几年的处境确实比较严峻。来自行业内部的竞争，来自市场环境的压力，来自政策层面的严管，使得药店经营遭遇了十多年来最严重的一次发展瓶颈。门店越开越多，利润越来越薄，客流越来越少。于是，一些不规范、甚至违法的经营手段越来越频繁地出现，不少药店的自律意识也开始淡薄，行业的整体专业形象受到了很大冲击。我认为，与其他因素的影响相比，专业形象受损是影响药店经营的最大因素。消费者在走进药店之前，就怀着明显的不信任，甚至高度防备之心的话，对药店经营和发展的打击将是致命的。

作为药店，如果顾客不再认为你是一家具有专业服务水准的药店，如果你对目标顾客的抵触情绪不能准确把握并想办法予以化解，那么，你离“关门大吉”之日也不远了。这绝不是危言耸听！

（肖志飞）

还是要回归“专业”

药品又降价了。2012年9月18日，国家发改委发出通知，决定从10月8日起调整部分抗肿瘤、免疫和血液系统类等药品的最高零售限价，共涉及95个品种、200多个代表剂型规格，平均降价幅度为17%。

2012年3月，发改委已降过一次价，共调整了162个药品品种的药价，平均降价幅度为21%。看到新一轮的降价消息后，业内的看法比较一致，那就是药品的利润空间将会越来越小，药店将会越来越难生存。与此形成鲜明对比的是，铺租、人工两项占了大头的成本今年还会继续保持大幅度上升，药店寻找利润空间的愿望将更加迫切。

在这样的大环境下，药店似乎只剩下一种选择——加快转型多元化的步伐。

前段时间，又有一家连锁药店的高管组团前往日本考察药妆店，而海峡两岸药店的多元化交流活动也逐年增多。但有两个问题应该考虑清楚：其一，多元化是否是药店经营唯一的出路？其二，药品真的成了“鸡肋”吗？

药店的多元化策略至今尚无可供复制的成功案例，目前非药品对药店的销售占比和利润贡献仍然非常有限。根据现阶段的总体情况来看，未来几年可能还是投入大于产出，药店能不能“hold”得住呢？如果不能，就要未雨绸缪，另做打算。

如果从行业发展的角度来看，微利才是药店发展到成熟阶段的表现。成熟行业的价格竞争只能作为营销的手段，专业才是决定成败的利器。换句话说，药店最终赢得顾客靠的不是价格（事实上在价格上已很难获得较大的优势），而是专业技能。药店应以专业的服务赢得顾客的信任和忠诚度，进而提升药品的销量，实现薄利多销。

有一位店长对我讲述了他的一次亲身经历：毕业后他到一家大型连锁药店做店员，他接待第一位顾客时花了大半个小时讲述病症特点和用药知识，顾客满意离去，却没买一盒药品，结果他被店长狠狠地批评了一顿。但是第二天，那位顾客却把他的一位同事带到了他所在的门店，指定要他推荐药品。

扪心自问，每次推荐药品时我们真的是从顾客的用药需求出发，起到了“健康参谋”的作用吗？还是以貌似“专业”的推荐来销售自营品种？

回归专业才是药店的生存发展之道。不信？那就试试吧。

（陈爱军）

药妆经营为何惨淡

中国连锁药店的药妆之旅已超过了10个年头。然而到目前为止，还没有交出过一份令人满意的“答卷”。最早试水药妆的西安市场一直水波不兴，而离西安不远的宝鸡医药大厦则已尝到了失败的滋味；当年雄心勃勃的杭州武林药店和梧州百姓大药房，几年下来仍在感叹“药妆之路还很漫长”；益丰的尚薇、国大的C+、已撤离的台湾药妆店康是美等，盈利能力均不乐观；稍微高调一点的贵州舒普玛，去年开始进军成都市场，但面对记者采访时也仍然“语焉不详”……

药妆经营惨淡的原因何在？有说消费习惯原因的，有说市场体系原因的，也有说经营策略和技巧原因的。诚然，这些原因确实存在。但我认为，药妆经营惨淡最本质的原因，是推广主体的错位。

任何一个新产品（包括新品类）要想被消费者接受，都有一个推广的过程，都应该首先在推广中开展广泛的产品利益点宣传、消费习惯培养、服务体系完善等活动。史玉柱当年推广脑白金，前期市场投入数以亿元计；海王金樽的推广曾经耗费数千万元，但至今仍未形成气候；康美药业的国参及中药饮片系列之所以销量不错，与其强大的高空传播和前期巨额推广费用不无关系。从这些个案出发，考察中国零售市场的健康产品不难发现，所有新产品的推广主体都是上游工业，药店充其量只是一个平台。只有上游工业把新品的消费者教育做好了、服务体系完善了、市场推广做到位了，药店作为平台才有可能发挥促进销售的作用。

再来看近年的药妆经营，推广主体已然明显错位。很多药妆的上游工业把市场推广重任“委托”给了药店，但药店其实并不具备推广新品的资源和条件，而且很多药店在推广的时候不是推广药妆产品而是在推广品牌。这就等于是叫长跑运动员去参加举重比赛，焉有不败之理？

新品推广投入巨大，风险也大，非药店功能所能胜任。药店只是销售平台，还是让药妆推广回归上游吧。

（肖志飞）

药妆经营关键在员工

一花败，一花开。Segami才铩羽而去，由日本GROWELL集团和联华超市、上海每日通贩合资组建的药妆合资企业“联华每日铃（上海）商业有限公司”开办的药妆店“樱工房”日前又在上海亮相。

该店有7 000多个品规，涵盖了男女性护理、母婴护理、化妆工具、健康食品、美容仪器等五大类，其中70%为日本进口商品，是目前沪上药妆商品种类最为齐全的一家。

从国内药店纷纷试水到日企的耐不住寂寞急急登陆中国市场，我们从中看到了一条不断丰富产品的发展主线。事实上，这也是业内一致认同的国内药店发展药妆的“短板”所在。近几年来，包括北京同仁堂、上海医药在内的大大小小的生产企业开始向“药妆”进军。在填补了这一空白后却发现，“药妆”还是没有“雄起”。

回过头来看Segami。Segami是日本最著名的药妆店之一，在日本有1 100多家门店，比松本清还要多。2010年8月，Segami与上海百龄药业达成合作协议，在上海高档商圈悦城设立了第一家日式药妆店。也就等于说是把日本的药妆店移植到了中国。但是双方分道扬镳的结果证明，品类的丰富与否并不是最重要的影响因素，消费市场的成熟程度才是问题的关键所在。

培育消费市场，这个工作主要靠门店的员工来完成，寄望于外聘专业人员是不现实的。由于药店药妆产品的销量相对较少，无法提供与商超相同的薪资待遇，也就无法吸引商超的专业人员。而对于药妆产品的销售知识和经验，药店人员可以说是一片空白。销售人员都不懂，又如何说服顾客呢?

为了实现多元化“突围”，一些大型连锁不惜花费重金，从屈臣氏或商超聘请高级管理人才。然而，这些人才擅长的是商品的采购、货架的陈列、促销的策划等，无法传输给店员们最基本的销售技巧与经验。“经验”这个断层导致了培育消费者无法落实到位。换言之，经营药妆，首先要做好对店员培训的基础工作，想依靠“空降兵”来改变困局恐怕收效不会很大。而据我了解，“樱工房”最引人关注的是其“软件”上的新意——店长将专门赴日本研修培训化妆技术和待客服务技能，并在回国之后将自身所学教授给每一位员工。

（陈爱军）

保健品，凭什么东山再起

在药店多元化大潮中，经营药妆品类已成为不少连锁药店事实上的“滑铁卢”。因此，一些零售药店近来又把目光瞄向了曾经的利润品类——保健品。在国内零售市场，保健品还会重新成为零售药店的重点利润品类吗？我们可以怎样去创新保健品的终端营销？日前，“2012中国（广州）国际医药保健产业博览会暨20届全国药品保健品交易会”在广州锦汉会展中心召开，“广东药店联盟现场采购洽谈会暨中国药店多元化论坛”同期举行。在此期间，本报特邀请了业界专家、连锁药店、保健品企业等代表就上述话题展开了深度的探讨，让我们来共同关注。

主持人

肖志飞，《21世纪药店》报记者

访谈嘉宾

王　华，广东清远百姓大药房连锁公司董事长

刘桂春，广州龙道咨询机构首席顾问

郑传誉，广东罗浮山国药股份有限公司市场部长、KA总监

一、品牌问题是最大的问题

主持人　*保健品市场历经了多年的信誉危机，目前在药店终端的销售情况如何？药店经营者如何看待保健品？消费者如何看待保健品？*

王　华　虽然保健品市场难做，但目前还是药店经营中不可缺少的一个部分。特别是在当前药品利润大幅度缩水的情况下，药店为了解决生存的问题，把保健品作为门店多元化经营的重要品类。事实上，随着消费者保健意识的不断提高，保健品的销售还是大有市场的。就我们清远百姓大药房的情况来看，其在门店的销售占比也是比较高的。比较畅销的主要有补益类、美容养颜类、功能调节类品种。消费群体以中、老年人居多。

要做好保健品的经营，我们觉得可以借鉴发达地区的一些成功案例，找出前些年的失败因素，向更规范经营、更优质的方向发展。

刘桂春　概括起来说，国内的保健品企业主要存在三大问题：短视行为——有品种无品牌；懒惰行为——重招商轻服务；“自杀”行为——高毛利低动销。

从行业的层面来看，无序现象非常严重，主要表现为“三无”：产品高度同质化——无我；价格近乎地板化——无利；营销过度夸大化——无效。反映在药

店终端，则表现为顾客不信任、店员推不动、销量上不去等问题。

郑传誉 药店终端保健品市场的最大问题还是一个品牌和品质的问题。将心比心，假如你自己是消费者，对于一个从来没有听说过、也没有严格产品质量标准的保健品，你敢买来吃吗？对于“吃不死人，也吃不好人”的所谓功能食品，你会花比一般食品高出数倍的价钱去消费吗？迄今为止，在药店终端，叫得响的品牌保健品太少，无名小厂的产品太多。虽然已经有了汤臣倍健、交大昂立、健康元、健特生物等十多家以保健品为主业的上市公司，但真正被消费者认可的保健品品牌并不多。这就是药店保健品不动销的关键原因。

二、医改将带来更深刻的影响

主持人 *在目前的药店经营环境下，保健品营销面临哪些挑战？有哪些机会？*

王　华 随着社会经济的发展，人民生活水平的提高，消费者对营养滋补、调理养生的保健需求也在不断增加，市场空间正在逐步放大。另外，随着医改的逐步深入，基本药物制度的全面实行，零售药店的经营环境出现了新的变数，对保健品行业来说也是一大利好。但保健品市场上生产企业众多，无品牌优势的产品较多，质量也参差不齐，价格比较混乱，影响了行业的整体发展水平。特别是个别产品因为质量问题引发产品安全问题，一些产品夸大宣传、误导消费者，对行业信誉产生了很大的负面影响。这既是对整个行业在规范经营方面的挑战，也是对品牌产品营销策略的挑战，同时也是对药店经营模式的挑战。随着政府对保健品“一帽一号”（保健品审批文号的标志像一顶蓝色的帽子，因此，业界把保健品的批文视为“蓝帽子”。编者注）监管政策的实施，保健品行业即将进入洗牌高峰阶段，打造保健品“金品牌”的时代即将来临。所以，在目前的环境下，把握机会、沉着应对挑战，将是业界的最佳选择。对于药店来说，通过专业化引导消费，大力宣传“三分病七分养”的理念，合理搭配联合用药，亦将有望使门店的保健品品类越做越好。

刘桂春 政府进一步重视对全体公民医疗保健的可及性、国家健康产业政策的导向性、新医改进程中对零售药店经营方式的影响等，都为国内的保健品行业提供了绝好的发展契机。一个真正有志于在健康产业领域做强做大的企业，一定不要错过这一大好时机。我们要清醒地认识到，在中国的保健品市场，最不缺的就是生产能力，而最缺少的是信任度和品牌价值。不能、或者不敢正视这一市场现实，认不清形势的企业将进入“冰川期”。建议保健品企业注重评估医改给健康产业各细分市场带来的深刻影响，找准自己的市场定位，重新规划、构建企业的核心竞争力，一步一个脚印，踏踏实实地做市场。

郑传誉 我个人认为，保健品市场最大的挑战来自行业内部，主要表现在非品牌产品对品牌产品的挑战上。广东省保健行业协会副会长兼秘书长张咏曾介绍，截至2012年底，国内约有1 600家保健食品企业，行业发展目前仍以中小企业为主，整体与外资企业相比仍然缺乏竞争力。而据我的了解，一个普通的保健品生产企业，三五十个甚至上百个的产品批文已然很正常了。这么多企业，这么多产品，且大都是同质化产品，大家一齐上，市场承受能力有限，势必形成低水平重复，从而导致恶性竞争。

稍微敏感一点的业内人士其实早已觉察到了机会来临的脚步声。这从“第12届广州国际营养品、保健食品及有机产品展览会”上700余家保健品云集的盛大场面上即可见一斑。现在摆在保健品企业面前最大的问题是品牌打造。我个人一直认为：没有品牌优势的保健品终究难逃自生自灭的命运。

三、专业化推广是必然选择

主持人 *要想重振保健品市场，你认为业界应从哪些方面着手努力？*

刘桂春 面对巨大的商机，保健品企业应适时抓住药店多元化转型的机会，进行营销模式的全面转型。其中，商业模式、终端网络、企业品牌是三大关键要素。在开展消费者教育时，除了养生和保健这两大理念之外，还可适当在辅助治疗这一诉求上发力。毕竟当前保健品的主要消费人群是中、老年人，亚健康是这些人群的主要特点，他们或多或少都有某些方面的疾病，这是促使他们消费保健品的重要原因。因此，深入研究目标顾客的健康状况，集结顾客群体的健康需求，结合药物治疗和辅助治疗的特点，为其提供整体的健康解决方案，不失为保健品营销的一大捷径。

另外，对一些高端保健产品而言，在坚持“效果第一”原则的同时，努力打造品牌的文化层次和价值内涵，为中高端人群提供个性化的健康服务，也是一个不错的思路。

郑传誉 在具体操作上，我个人主张要根据产品的特点和企业的战略规划确定操作方式，包括对销售终端的选择。对于大部分零售药店来说，应以品牌推广和普及性产品为主。品牌产品可以解决指名购买的问题，普及性产品借助药店终端的便利性则可以解决铺货面的问题。而对于高端产品和针对性较强的辅助治疗产品，建议考虑与门店定位是否匹配的问题，还有就是店员的专业素质问题。另外，医药电商开始进入大众的视野，有特色的保健产品可以考虑提前布局。

王　华 从产品层面上看，保健品企业想要在市场上争得一席之地，首先必须重质量，打造特色品牌。像天目山铁皮石斛这样的保健品中的“黄金产品”、东阿阿胶系列保健产品等，产品本身的含金量再加上适度的市场推广，销售上去就比较容易。如果产品本身没有亮点，也不妨学学史玉柱的脑白金进入保健品市场的做法，先是打造送礼概念，然后又往生物医药上面靠，提高消费者的认可度。

在药店层面，慎选主推品种和专业化推广是两大重点。药店在采购保健品时不要贪多、贪全，对门店周边目标顾客需要且认可的保健品种、有品牌优势和品质保证的品种、适合药店所在地区且企业有专业推广团队的品种，可以考虑列入采购的重点品类。其次，要承认"会卖药的店员不一定会卖保健品"这一事实，要加强对店员素质（包括健康养生知识）的培训，力求以专业的水平和科学的方式为消费者提供有价值的健康服务，在推荐保健品时要实事求是地告知顾客功能与正确使用方法，通过宣传推广来增强消费者的健康意识和信心。切忌盲目宣传疗效，更不要让消费者把保健品当药品购买。这样，才有可能确保保健品市场健康、持续发展。

医药电商实战手册

从2005年12月我国第一家B2C医药电子商务企业——京卫大药房网上药店（现更名"药房网"）正式获得药品线上零售资格起，网上药店便开始在人们视野中时隐时现。

6年来，"网上药店"的概念一直在挑逗、甚至戏弄对其爱不释手的实体连锁药店。21世纪最新业态、时尚一族的必然选择、未来药品零售竞争的高地、无店铺低成本裂变式增长……好一幅药品零售新的利润增长点的藏宝图！为此，差不多有点名气的连锁药店都开始挤踏医药电商这条"登天梯"：海王星辰、鸿翔一心堂、益丰大药房、广东大参林、上海复美益星……或大手笔投入，或独立运作，或专业团队推广。但令人不解的是，与风生水起的大众购物网站比，网上药店说到盈利时明显地出现了底气不足的现象。

去年开心人药房网获得国际风险投资的支持，成为国内冲击IPO的第一家网上药店。当其宣布月销售已突破800万元时，其实有不少业内人士并不相信。及至史文禄离职，业界对开心人药房网高调的宣传及飞速增长的业绩的质疑一度甚嚣尘上。

为什么会这样？观察人士的分析总是想一语破的。北京德兴隆医药管理咨询有限公司首席顾问高普才认为，在当前乃至今后一个较长时期内，真正成功的网上药店可能不是来自实体药店巨头，而会来自专业、独立、优势差异性强、市场细分有特色的中小型连锁店。他甚至以开心人药房网、导药网、金象网、盛生网、药房网等为例，佐证目前相对居前的网上药店确实并非来自"豪门"。

那么，这些网上药店是如何崛起的呢？在当下，医药电商如何才能底气十足？

（肖志飞）

电商培训要“来电”

我国医药电子商务正迎来新的发展热潮。据相关数据显示，2011年，我国医药B2C的规模已达到4亿元，出现了5家销售额5 000万元以上的网上药店；预测2012年，我国医药B2C的规模将达到15亿元，将会出现4~5家年销售额过亿元的网上药店。伴随这股热潮而来的，是医药电商专业人才的紧缺，以及高管对医药电商人才培训的焦灼心态。

既然药品零售业已“触电”，那么，医药电商的培训也必须“来电”，即准确把握网上药店与实体药店的顾客群、关注点、服务技巧等的不同，突出电子商务本质，才能在医药电商人才之战中获得先机。为此，医药电商的培训势在必行。

一、重点挖掘80后、90后

由于医药电子商务兼有“网络+医药”的双重特点与跨界属性，在实际培训中，我建议采取“医药专训为主，网络知识为辅”的形式。

一般而言，受训人员的年龄不宜太大，80后、90后应成为医药电商人才队伍的主力军。这个年龄段的人普遍善于接受新鲜事物，有着丰富的网购经验。更重要的是，他们从小就接触电脑、网络，无论是知识结构还是语言风格、心理特点、行为特征等，相对其他年龄段的人才而言，更能适应电子商务的行业特点。因此，拥有在实体药店售药经验和专业知识的80后、90后店员，是医药电商人才的重要来源。

二、嫁接式培训技巧

嫁接式培训是培训医药电商人才最常见的办法，即根据受训者的现有知识、企业的培训目标等，有针对性地进行知识、技巧、经验、能力、话术等方面的填平补齐。具体说来，就是对来自实体药店的受训店员重点进行电子商务知识的培训，如网络沟通与销售技巧、电子支付、数据分析、网络公关术等；而对具备电子商务基本知识的受训者，则应重点培训药品知识、GSP知识、医药法律法规等。

相对而言，药品专业知识及荐药技巧因专业性强，培训难度比电子商务知识更大，所需时间更长，实体药店的优秀店员在这方面更具优势。因此，有意向网上药店转型的实体药店，应把加快店员队伍的转型作为重要工作之一。特别是在销售观念、服务理念的转型方面，必须结合电子商务的特殊性进行系统培训。

由于医药电商目前尚处于摸索阶段，开展嫁接式培训最好与专业培训机构合作。但也要注重发挥企业内部人才的传、帮、带作用。比如竞技比武、团队拓展、末位淘汰等传统培训方式，可以适当选用。

三、角色扮演任“刁难”

相关资料显示，自2008年以来，中国互联网用户平均年龄已经增长4岁，至2011年已达到29岁，接近成熟电商市场日本的水平。其中，电子、图书等传统电商企业以“30+客群”（即30岁以上的顾客群）为主要目标顾客，新兴的医药电商目标顾客群则在此基础上增加了“50+客群”。

目前，“50+”人数已经占了网民总数近一成，他们购买力强，注重保健，较热衷购买客单价较高的药品、保健品、医疗器械等，是医药电商重要的潜在顾客，发掘此类人群将带来利润的增长。然而不可忽视的是，相比“30+客群”而言，大部分“50+客群”生活历练丰富，对服务要求更高，因此，要想让他们成为“头回客”和“回头客”，必须为他们提供高质量的服务。

鉴于电子商务“非面对面”的销售方式及服务特点，医药电商的培训通常采用角色扮演式，通过网络的渠道进行。实战培训中，经验丰富的顾客扮演者可以对客服百般刁难，就网购过程中的讨价还价、商品包装、物流配送、退换货等提出各种问题，最后由专家进行点评，以提高受训者的综合技能和心理素质，使之尽快胜任电商客服岗位。

（逄增志）

医药电商实战手册·模式

方向，永远比速度重要

——医药电子商务企业市场定位面面观

朝阳行业中的朝阳行业是个什么样的概念？医药电子商务或许可以让你领略一二。

如今，网络购物已从时尚消费蜕变成为大众化消费行为，其发展之迅猛完全无愧于“朝阳行业”之美誉。而近年来，在被誉为具有刚性需求特点的医药行业内，网上药店亦算得上风生水起，众多连锁药店纷纷染指，政府主管部门也加快了审批的步伐，医药电商（本文专指从事互联网药品交易服务的企业，下同）格局也是日新月异。据“连锁会员营销精英联席会议暨第二届医药电子商务高峰论坛”组委会透露的消息，截至2012年4月16日，我国已发放“互联网药品交易服务资格证书"107张。其中，可以直接向消费者提供药品的（俗称"C牌"）有62家。"C牌"数量同比去年的34家几乎增加了一倍，足以见得过去的一年中医药电子商务的发展速度是何等迅猛。

按牌照性质分，107家医药电商可分为两大类，即"与其他企业进行药品交易"的B类牌和"向个人消费者提供药品"的C类牌。从市场定位和所提供服务内容的角度，医药电商可分为独立销售型（B2C）、店网结合型（O2O）、平台提供型（B2B）、综合服务型四大类。

一、独立销售型：开辟药品零售新领域

代表企业：京东好药师网，开心人药房网

京东好药师网是由九州通医药集团与京东商城共同投资设立的合资公司。公司牌照虽然由北京好药师大药房连锁有限公司申请，但实行独立运作，致力于发展中国医药零售电子商务市场。京东商城是我国知名的网络零售商，坚持以纯电子商务模式运营，缩减中间环节，提高运营效率。九州通在全国现有省级大型医药物流中心17家（二级公司）、26家地市级物流配送中心（三级公司）及206个业务办事处（配送站），覆盖了全国80%以上的行政区域，形成了国内辐射面最广的医药分销网络。此外，其还在筹建安徽、广西、黑龙江、天津、浙江、河北等多个大型医药物流中心。京东好药师网的口号是"更专业的服务，更全的品种，更优惠的价格，更快捷的配送"，目标是成为"健康问题解决专家"。

开心人药房网正式成立于2011年7月26日，是直接销售型电商阵营中的后起之秀，也是目前唯一获得了国际风险投资、以纯电商业务全力冲击上市目标的医药电商企业，发展速度引人注目。

点评：京东与九州通的合作，算是探索出了一条专业医药电商与大众购物网站合作的合法化路子，目的是解决专业网站流量瓶颈和药品物流配送难题。

突出销量的大幅度增长和商品结构的不断合理调整，是开心人药房网一年来的宣传重点。虽然其很少提到如何解决配送难题这一环节，但我们有理由相信，一个月销售突破800万元的网上药店，一定在配送问题上有其独到的高招，不然很难维持可持续发展。

二、店网结合型：初创阶段的大众化选择

代表企业：药房网，康爱多药房网，百济健康商城

药房网（原名"京卫大药房网上药店"）成立于2005年12月29日，是率先通过由国家食品药品监督管理局、北京市药品监督管理局认证验收的企业和国内首张"互联网药品交易服务资格证书"的获得者。药房网作为全球最早成立的中文健康电子商务门户网站，通过电话、网络、手机等多种订购方式，开展药品、保

健品、美容护肤、减肥瘦身、母婴用品、成人用品、医疗器械、宠物用品、日用品等领域的电子商务服务。作为中国首家合法网上药店，药房网依托京卫药业的背景，按照GSP标准，自建物流配送体系，在全国93个城市设立了4 299个实体联盟商（零售药店），实现了“网上订购、京卫大药房配送、验货付款、专家热线24小时提供用药咨询”的服务模式，在业内属于开先河的元老级医药电商。

康爱多药房网是一家以网上药店为核心业务的企业，2011年5月取得了网上营业的相关资格。公司以最优用户体验为追求目标，通过建立药嘱、用药咨询等服务，为顾客提供健康解决方案，在页面速度、药品品类数、发货速度、用药指导等方面，都给予了用户良好的体验。目前网站流量和交易额颇为可观，客户回头率及转介绍率亦有不错的表现。

百济健康商城是广州百济新特药业连锁有限公司旗下官方网上商城，以全方位的家居健康产品为基础，沿袭“百济新特”的经营理念，为顾客打造可记录的健康管理方案。商城专注于重大慢性疾病，囊括了肿瘤科、肝病科、皮肤科、眼科、神经科、精神科、风湿免疫科、心血管科、消化科等专科用药。

点评：店网结合拓展市场，是目前绝大多数C牌医药电商的选择。实体门店为网上药店提供形象支持和配送保证，网上药店为实体门店提供品牌传播和客流量拓展，似乎也正是当前店网结合型医药电商所追求的效果。

毫无疑问，药房网推出的实体店加盟经营模式和“鼠标+砖头”的运作策略，试图解决网上药店运营中的最大难题——物流配送。药房网之所以能发展到今天这个地步，很明显与其重视准点、准时而又尽量控制成本的物流配送密切相关。

三、平台提供型：尝试连锁“超市”的梦想

代表企业：八百方，天猫医药馆

广州八百方信息技术有限公司旗下的八百方医药健康网购商城（www.800pharm.com），致力于为医药健康行业提供先进的电子商务技术及网络销售运营解决方案，是国内首家第三方网上药店平台。目前，八百方的入驻药店超过280家，吸引了如广东大参林、深圳中联、南京先声再康、上海复美益星、河北新兴、北京德威治、青岛百洋等全国知名连锁药店加盟，其中24家是具有“互联网药品交易服务资格证书”的知名连锁药店。至2012年3月，八百方在线销售商品达到40 000多个，拥有100多万医药网购会员。“人有四百病，医有八百方”，其发展目标是：努力打造医药健康网购商圈，为广大医药连锁企业提供最好的医药电子商务服务。

而费尽周折、饱吸眼球的天猫医药馆终于在2012年2月27日晚上开业。作为大众购物“超市”进军医药电商领域的最先试水者，天猫医药馆只展示不交易，

是典型的大众平台提供商。据了解，进驻其中的药房需交纳15万元保证金，另外的信息服务费则按照卖出量来提成。

点评：阿里巴巴和天猫（淘宝）等大众网购商城的成功，催生了一批像八百方一样的平台提供型医药电商企业。天猫医药馆锲而不舍地介入，又无疑为其未来发展拓展出了诱人的想象空间。俗话说，“平台易搭，实力难求”。八百方背靠SFDA南方医药经济研究所的数据信息、媒体资源等优势，发展迅猛，值得期待。

四、综合服务型：追求广泛性和针对性的统一

代表企业：珍诚医药在线，华源医药经营网

浙江珍诚医药在线股份有限公司是国内首批、浙江省首家获得国家药监局颁发的B2B医药电子商务牌照的企业。电子商务为企业带来了新的商业模式和竞争优势，公司以“医药在线”电子商务平台为依托，集药品在线交易、现代物流配送、金融创新服务和医药电子商务云服务于一体，是一家高度整合药品产业链商流、信息流、资金流、物流的科技创新型流通企业。珍诚医药在线努力为医药供应链上下游用户提供内容丰富、价值更高的电子商务云服务，致力于打造中国医药产业供应链渠道增值服务的领导品牌，2011年实现营业收入16.7亿元。

安徽华源医药电子商务有限公司于2003年成立，致力于医药流通行业的“信息网络化、流通现代化、资源集约化和发展联合化”服务，采用先进的网络技术、尖端的硬件架构，为客户提供信息服务和商务服务。公司旗下的华源医药经营网是国内知名的综合性医药门户网站之一，它内容丰富，涵盖了政策、企业、市场、健康等方面，有100多个栏目，近15万篇文章。公司现有近八万名会员，网站日点击数不断攀高，已经成为国内知名的医药行业垂直产业整合的综合型网站之一。

点评：中国医药市场上中小型企业大量存在，其人才、市场研究能力、专业化水平等短板，决定了综合服务型医药电商企业巨大的业务发展空间。综合性服务最需要的是适应的广泛性和解决方案的针对性。珍诚医药在线推出的医药供应链金融服务、3D网上药博会、会员精准营销云服务平台等，值得同类企业借鉴。

（肖志飞）

医药电商实战手册·团队

医药电商团队熔炼“三部曲”

2012年，医药电子商务（下称“医药电商”）持续火热，有业内人士预言“或将实现跨越式发展”。然而，因医药电商涉及经济管理、医药、计算机技

术、贸易等众多学科，人才紧缺已成为阻碍其发展的重要因素，倾力打造一支专业的医药电商团队已迫在眉睫。

一、从观念上切入，突破人才瓶颈

目前，医药电商团队的组建主要遇到了以下的困难：

第一，经营模式滞后。受传统的药品销售模式影响，不少医药企业并没有及时进行电商领域专业人才的引进和培养，导致既熟悉电子商务、又熟悉药品这一特殊商品的专业人才非常稀缺。

第二，药店老板不重视。目前，很多药店老板、经营管理者的观念和思维仍然停留在传统的营销模式上，尚未认识到电商对销售带来的巨大提升力，仅仅把医药电商作为销售渠道的补充，没有从根本上重视电商团队的建设。这样一来，电商团队逐步被企业边缘化，不仅不能很好地发挥应有作用，而且严重影响电商团队的士气，甚至导致团队成员相继离职。

第三，管理体制不完善。很多药店经营者对医药电商的运作、营销模式认知尚浅，不懂得如何设置岗位、配置人员、确定绩效和考核、实施激励等。此时，若盲目跟风式“玩”医药电商，只会导致岗位混乱、薪资倒挂、奖罚不明等糟糕局面。没有规矩不成方圆，在这样的管理体制下，还谈何引进、培育医药电商的核心团队？

针对以上存在的困难，意欲涉足电商的药店经营者最重要的是要从观念上进行根本性突破，认识到电商营销是药企将来的主要发展方向之一，将会给药品这个特殊商品的销售带来“第三极”的快速增长。只有这样，医药电商的人才队伍才有建立和完善的可能。

二、分清核心岗位和支持性岗位

组建一支专业的医药电商团队，关键在于明晰各岗位的核心效能。

首先要根据核心效能确定核心岗位。团队的核心价值链就是其最核心的效能。而医药电商团队的核心效能，就是以电子商务营销方式让产品进入终端市场，说白了就是实现销售。那么，医药电商团队的核心关键岗位就是和终端客户直接联系的销售类岗位，这些岗位能直接带来最关键的价值。

明确了核心岗位后，要分析支持实现销售的岗位的主次顺序。从一个团队的组织架构来说，直接产生价值的岗位是关键岗位，而其他帮助价值产生的所有岗位都是支持性岗位，即“二线岗位”。

在医药电商团队，要注意搭建起一个合适的发挥平台。电子商务平台的开发人员、技术人员等都不是直接产生价值的岗位，显然是支持性岗位。消费者从网站平台下订单后，企业需要把产品运送到消费者手上，物流过程是为了支持产品到达终端，从价值链的角度来说，也是支持性岗位。在运输过程中，为了控制风险、保障运转、提高效率，又有了相应的信息流程、服务流程、资金流程等，以实现货畅其流的目的，这一系列的岗位都是保障交易的达成，而不是直接产生价值的岗位，所以还是属于支持性岗位。因此可得出结论：售前、售后环节的岗位属于支持性岗位，医药电商团队最核心的岗位是售中环节的客服。

就专业能力来说，客服人员因为要和终端消费者在线沟通，及时回答消费者的所有问题，所以一定要具备熟练的文字录入及编辑能力、普通临床医学或药学的对应症状判断能力、商务谈判能力、突发性问题的快速处理能力、危机公关能力等。

从知识结构来看，客服人员要具备临床医学或药学的全日制大学本科学历，熟悉产品的功能、不良反应及处理方法、价格、产品卖点等情况，懂得分析、推测消费者的消费心理，了解基本的计算机应用知识。

从职业素养来看，客服人员要具备极强的耐心和细心，亲和力要好，抗压性要强，还要有责任心和担当。

三、三个“一”拧成有战斗力的团队

组建电商团队后，管理的核心工作就是使团队可持续发展。

医药电商团队里，有从事计算机硬、软件技术平台的技术人员，有跟单物流的运营人员，有不断创新经营模式和市场策划的营销人员，还有直接和终端沟通的客服销售人员。团队成员的专业要求不同，思维方式各异，因此，要把他们拧成一股绳，必须从三个“一”入手：

一个让员工快乐成长的平台。一个好的企业平台能让员工快乐工作、快乐成长。企业文化是直接影响工作氛围、工作效率、员工发展的重要因素。因此，健康向上的企业文化能带给员工朝气和活力，创造和担当，当然也有成就和快乐。

一套让员工健康发展的机制。真正有效的制度，既能规避员工偶然的过错给企业带来的风险，又能有效激励员工提升绩效和专业能力。因此，无论是从制度的建设和完善上，还是从流程的梳理和优化上，都应把落脚点放在有利于员工职业发展上。只有团队的每一个个体都得到健康发展，团队和企业才能健康发展。

一个让团队有凝聚力的领队。任何一个团队都必须有一个灵魂人物指引方向、提供支持、修正错误、找出方法。所以，团队负责人非常重要。一位优秀的团队负责人须用好三个词，即关爱、支持、尊重。一位优秀的团队负责人应当做到：关爱每一个员工的成长和职业发展；在工作中为员工提供专业、组织、资源支持；对员工的个性、行为方式、兴趣爱好要从内心尊重。这样的团队领导才能引领团队健康、快速地发展。

（盘美爱）

医药电商：热闹中期待破茧

自2011年于成都召开的全国药交会上“首届医药电子商务高峰论坛”之后，国内医药电子商务市场便成了行业内最热闹的领域，在一年多的时间里，全国合法的网上药店从34家发展到了62家。与此同时，淘宝、京东等多家大众购物网站巨头纷纷染指医药电子商务，引发了更为广泛的关注和影响。国内医药电子商务的发展现状究竟如何？谁能分食到这个诱人的蛋糕？

主持人

肖志飞，《21世纪药店》报记者

访谈嘉宾

高普才，北京德兴隆医药管理咨询有限公司首席顾问

陈　华，平安1号店医药事业部总经理

刘洪卫，安徽华源医药电子商务有限公司SEO

一、四大特点决定医药电商的特殊性

主持人　*与其他领域的电子商务相比，医药电子商务有哪些特点？*

刘洪卫　医药电子商务最大的特点是门槛相对比较高。医药行业受政策严格管制，有GSP等行业规范约束，这使得医药电子商务不可能是完全的虚拟店铺，必须有实体公司做支撑。其次，中国的药品流通有其自身特点，药品市场并不是一个完全开放的市场，如集中招标采购、基药招标和配送等，都是与其他行业不同的地方，也都会对医药电子商务产生不可忽视的影响。

陈　华　医药电商是电商行业的新兴领域，还处在初步发展阶段，其主要特点表现在相关政策法规相对严格、从业机构规模较小、消费者网上购药习惯尚未形成等方面。但电商模式和传统销售模式是完全不同的，医药电子商务绝不只是搭建网站、营销商品这么简单，专门的电商人才培养、交易技术平台的支持、供应链的管理等都需要从零做起，所以自然会有难度。

高普才　我个人认为，医药电子商务主要有以下四个特点：一是营销模式不同。医药电子商务是药品营销、电子商务、专业推广三位一体，需要一个全方位的、独立的营销管理体系。二是消费心理不同。消费者在网上不止是买药，还在购买治疗方案和健康理念。所以，对于医药电商的经营者来说，如何让消费者放

心和信任才是最重要的，而不能单纯只是打折促销。三是细分市场不同。医药电子商务并不是产品多就有竞争力，而主要取决于营销的深度，要做专、做透。如百洋健康网以母婴药品为主，药尚网则着重关注时尚美容药品，开心人深耕OTC全品类。四是推广模式不同。患者看病都往三甲医院挤，并不是那里的专家有多高明，而是三甲医院的可信度高。因此，建立专业、可靠的医药电商平台是非常必要的。另外，线上平台的宣传推广一定要直接，不能拐弯抹角，否则就会损失一批目标客户。

二、“折扣战”不是可持续发展的模式

主持人 如何看待目前国内医药电子商务（B2C）的市场环境和竞争状况？

高普才 医药电子商务既是一场商业领域的根本性革命，又是一次声势浩大的创新活动，是未来医药消费市场的发展方向之一。医药电子商务营销所需的技术，无论在国内还是在国外，无论是通讯网络技术还是安全技术，都已走完了“技术实现”阶段，正进入“技术开放和普及”阶段；医药电子商务企业面临的工作是通过技术手段来降低成本，提高普及率及安全性，从而拓展网店的市场范围。

我们不妨把电子商务发展趋势诠释为“在线（online）”与“离线(offline)”的融合。我个人觉得，其主要发展方式将是创立、兼并、联盟。创立，就是依托传统药品的销售网络和药店终端，创立网上药品的营销模式；兼并，就是在线企业之间、在线与离线企业之间的相互兼并；联盟，就是跨行业与上下游的联盟，如好药师网与京东网的合作等。

陈　华 虽然目前医药电子商务市场的整体规模尚小，但我们要看到，市场的规模正在稳步增长，更多的网民对网购药品，已由早期的怀疑发展到了逐步尝试和接受，消费习惯在逐步养成。与此同时，激烈的价格战也已经开始。医药市场具有特殊性，以价格为导向的“折扣战”并不是可持续发展的模式。因此，我们呼吁行业内有序竞争体系的建立，希望品牌电商平台一起努力。

刘洪卫 国内B2C医药电子商务尚处于起步阶段。但人们对电子商务的接受程度已经越来越高，至少在中青年人群中，网上购物的习惯正在形成，这为医药电子商务的发展奠定了基础。然而电子商务的主力军是大中城市居民，而这类人群一般在家门口就可以买到药。所以，医药电商必须在品种和价格上至少一项占有优势才能吸引客户。另外，和其他商品相比，消费药品需要更专业的知识，消费者不会轻易从网上购买自己不熟悉的药品。而慢性病用药者又多为老年患者，他们没有能力或者还不习惯在网上购药，这也是制约医药电子商务发展的一个重要因素。

三、品种、价格、顾客三驾马车齐驱动

主持人 你认为连锁药店涉足医药电商应该做好哪些准备？请从策略层面为已经拿到资格牌照的连锁药店电商提些经营建议。

刘洪卫 电子商务的优势在于能在短时间内千百倍地扩大客户量，工具是传播速度最快的网络和移动通讯，优势是品种全、价格低和搜索方便，前提是物流配送到位。因此，品种全不全、价格是不是比药店低、推广能不能进入中老年群体，是连锁药店涉足电商领域必须首先考虑的三大因素。

陈　华 根据平安1号店的摸索发展过程，我觉得实体连锁药店在开办网上药店时，第一是要做好直面激烈竞争的心理准备；第二是要做好专业电商团队的人才储备。我的建议是：电商是一个快速变化的领域，拥抱变化才是良好的心态的体现；在品类、服务、配送、价格等方面找出自己的优势所在，扎实做好顾客体验，先从差异化竞争入手，顾客体验好了，业绩和品牌自然就建立起来了。

高普才 连锁药店涉足医药电商至少要做好三个准备工作：一要明确经营战略，要有独立的战略规划和发展方向；二要有组织保证，要有清晰的组织架构和人才结构；三要做好品牌管理，要像经营产品品牌一样精细打磨。我对网上药店经营的建议是三个“得”字——急不得，医药电子商务刚刚兴起，现在需要做蛋糕而不是分蛋糕；慢不得，医药电子商务不像复制几家连锁门店那样简单，需要培养环境和文化，人才储备、模式建立都要抓紧；变不得，定位要准确，不要轻易改变战略方向。

网店：怎一个“服务”了得

网上药店竞争升级，“服务”比拼向大众化网站看齐。

据报道，日前，开心人网上药店宣称服务模式升级，专业提供全国2 000个城市货到付款服务，同时提供“满99元包邮、10天无条件退货”的配送服务。

货到付款和免费配送，一直以来似乎是网购大宗商品及利润相对较高的图书时才能享受到的服务。与普通商品相比，药品的存储与物流要求十分严格，投入成本也相对更高；再加上客单价差距较大，配送网络难以全面掌控，使得药品的货到付款和免费配送一直未能真正实现。现在开心人网上药店在行业内终于开此先河，除了需要远见和理念，更需要实力和规模。

虽然网上药店较实体药店可以省去高昂的房租成本和密集的人力成本，但在储运配送、网络拓展及维护、品牌打造等三方面的费用却不可小觑。事实

上，国内的网上药店早就看到了这一点，因此一直不敢承诺货到付款和免费配送这两点。

从顾客消费心理和市场竞争角度出发，货到付款、免费配送肯定会成为趋势和必然，所有网店的经营者对此应做好充分的准备。将配送成本和成交风险从消费者“转嫁”到企业后，药品价格不可能提高，收获的也不一定是顾客满意（有大众化网站走在前面，顾客早已将其视为理所应当），但一定是利润实打实的减少。如何弥补这一损失？只有提高客单价、让销售规模化这两条路。但又因为所售之物是药品，不能违法促销；消费需求又具有刚性的特点，不可能像普通消费品一样扩大需求。最后的选择，极有可能就是抢夺同行的份额。

但我们又不得不承认，网上药店的竞争才刚刚开始，这从不断壮大且日益加速进入的“新生”网店阵营即可见一斑。截至2012年10月23日，国家食品药品监督管理局共发出“互联网药品交易服务资格证”118张，仅2012年就发出了43张（包括换发）。越来越多的实体药店开始涉足网店领域，而我国目前有药品连锁企业2 400多家。

再来看看竞争态势：2012年2月，天猫医药馆上线；5月，京东商城和最大民营医药电商门户九州通合作的京东好药师正式上线；9月，1号店和广东一号大药房合作的网上药店平安药网也正式开业。几大电商平台的网上药店市场之争不断有新的对手加入。而在此之前，药房网、金象网、开心人网上药店等几大知名医药电商已初具规模。

网上药店该向何处去？现有的盈利模式是否可以支撑网上药店的生存和发展？这些都值得业界人士深思。

（肖志飞）

网上药店：没有规模就没有优势

网上药店风波不断，终于成为了全国各地“两会”关注的热点话题。据新华网消息，山东省政协委员钱捍在日前召开的山东省“两会”上建议，加强对网上药店的监管，保护人民身体健康。

这几年，电子商务风生水起，网上药店方兴未艾。为缓解零售药店的生存困境，拓展新的市场发展空间，作为药品零售业态的一种，网上药店受到业界的热捧。但电子商务的属性，决定了网上药店在业务拓展时大力开展宣传炒作的不可避免性。特别是一批来自大众购物网站的电商职业经理人的加入，使得医药电商的炒作之风愈演愈烈。

网上药店炒作本无可厚非，公众人士关注亦属正常。不正常的是炒作和关注的内容，还有彼此诉求中存在的信息不对称现象。

据报道称，钱捍在建言的时候，表达了他对网上药店的一些观点和看法，他认为“网上药店投入比较小，效益则比较高”。他还列举了网上黑药店设置的四大网购陷阱：一是无限拔高所推销药品的疗效，欺骗消费者；二是因网购时无法验证内容物即付费，发现上当后为时已晚，投诉渠道不畅通；三是违反相关规定售卖处方药；四是出售无批准文号、无生产厂家、无地址的“三无”药品等。

钱委员列举的四大网购陷阱实在是千金难买的对网上药店经营的“诤言”：怎样才能吸引消费者网购并让消费者信任你、认可你？首先是要消除消费者的顾虑，把四大陷阱“填平”——如实宣传、售后保障、依法经营、货真价实。其次要提供规范、完善、便捷的操作流程和服务体系。说到底，电子商务的最大瓶颈还是规模化问题，没有规模就没有优势，而没有消费者的信任就没有规模。因此，钱委员的建议值得网上药店的经营者深思。

（肖志飞）

工商合作篇

GONGSHANGHEZUOPIAN

OTC市场“四品”定乾坤

品牌的力量有多大？不同类别的品牌如何在求同存异中结成阵营？医药行业品牌合作的方向和着力点何在？日前，在厦门国际会议中心举行的“‘四品’工商合作对话”峰会上，与会嘉宾对上述问题进行了激烈而富有成效的探讨，其间不乏冷静的思考、智慧的碰撞、经验的分享。

圆桌嘉宾

黄泽骎，《医药经济报》总经理、《21世纪药店》报总编辑

刘丰盛，特格尔中国药店采购联盟理事长

马守军，青岛医保城药品连锁有限公司董事长

张　宾，同济堂药业OTC销售总监

一、“四品”理念定调与“药店圈经济”走向

众所周知，OTC市场已经进入品牌主导时代。在竞争日趋白热化的药品零售终端，品牌工业、品牌连锁、品牌联盟、品牌产品相继发力，在形成各自的品牌价值和影响力的同时，也正在主导着整个行业的发展进程和前进方向。

在近年医药行业的竞争和整合过程中，我们不难发现这样一个有趣的现象：主流品牌工业身边最为活跃的肯定是主流品牌连锁和品牌联盟，真正的品牌产品也主要在这一群体中产生；中小型品牌工业虽然渴望与主流品牌连锁、品牌联盟合作，但其目前的合作终端还是以中小连锁和区域药店联盟为主；至于众多产值为千万级别的微小型工业企业（包括保健品企业），在他们的经销商大会上，见得最多的往往是连锁百强之外的微小型连锁和几乎边缘化的区域性药店联盟。

在这里，我们丝毫也没有贬低中小品牌和微小型企业的价值的意思。我们深知，大品牌是从众多小品牌中诞生的，中国的药品市场尚有相当一部分的市场份额是由小品牌甚至微小型医药企业所创造的。但我们同时也不得不承认，以品牌价值为核心、以品牌产品为载体的“品牌药店圈经济”现象已经出现，不同层次、不同范围、不同影响力度的药店圈，构成了当今药品零售业态“药店圈经济”的基本框架。

《21世纪药店》报一直致力于医药产业品牌合作平台的建设，从药店圈经济的角度去发掘品牌工业、品牌连锁、品牌联盟、品牌产品之间的联系和相互作用。为此，我们提出“四品合作”的理念，用以概括上述四个方面的关系。目的

是希望通过对市场现象的梳理和总结，让业界更加清晰地了解和把握市场的发展趋势，找准自己的位置，科学、合理地调整企业的市场策略和资源配置，提升各自的核心竞争力，以应对即将到来的行业大洗牌。

（黄泽骏）

二、谋求“贴牌大王”向“品牌大王”的转化

我国特殊的地理、经济、人口环境，决定了国内药品零售市场的独特格局，区域品牌连锁、品牌联盟、主流品牌连锁将成为我国“药店圈经济”的三大“主角”。其中品牌联盟将起到平衡区域连锁与全国性连锁、品牌连锁与非品牌连锁、强势连锁与微小连锁（包括单体药店）之间竞争关系的重要作用。围绕如何提升品牌产品的价值这个中心任务，在对内博弈、对外合作的竞合式发展中，三大“主角”有可能形成一种动态平衡的终端态势。因此，我认为“四品合作”理念的提出具有一定的合理性和可行性，品牌工业、品牌连锁、品牌联盟在联合做强做大品牌产品、拓展品牌产品市场空间等方面，都将发挥各自不可替代的作用。

我们认为，要做品牌联盟，战略定位和联盟规划非常重要。在品牌拓展过程中，要慎重处理好“品牌跨界”的问题。跟品牌连锁一样，联盟发展也会遇到来自诸如规则、领域、模式、区域等方面的问题，联盟成员和盟主难免会遇到该不该“跨界”的困惑。比如在规则方面，药店联盟是民间组织，按照规则是不能涉猎公司才能经营的业务范围，这时如果要“跨界”，势必要挑战既有规则和秩序，风险和不确定性因素会非常大。再如模式方面，在谋求资源共享的大前提下，是以产品输出为主、以管理输出为主，还是以信息、培训输出为主？每一种模式都有其优势和吸引力，但同时也有劣势和不足，如果想“跨界”，首先一定要分析好“跨界”后的利弊得失以及对原有模式的影响。业界不乏联盟因“跨界”而遭遇滑铁卢的先例。

作为广受业界关注和厚爱的特格尔中国药店采购联盟，历经了八年的风风雨雨，如今已成长为一棵具有强大生命力的“品牌联盟”之树，并获得“贴牌大王”的称号。但我们深知，贴牌、高毛利只是药店发展过程中一种拓展生存空间、强化生存能力的工具。要想夺取并保持全国药店联盟龙头老大的位置，品牌战略将是我们的不二选择。加强品牌打造、寻求品牌合作，实现从“贴牌大王”到“品牌大王”的转化，是特格尔未来几年的主要任务和努力方向。

（刘丰盛）

三、两个建议寄语品牌工业和品牌连锁

应该承认，当今药品零售市场中品牌工业的品牌产品与药店之间存在着博弈

和不合理的竞争现象，“四品合作”理念的推出，无疑对这些现象有较好的遏制和疏导作用。

我个人认为，“四品合作”的提法抓住了药品零售市场发展方向的“牛鼻子”，未来市场空间的绝大部分也一定是属于真正的品牌的。然而，目前存在于业界中的一些认识上的误区和合作中的不和谐现象，也应该引起足够的重视，并想办法加以解决，这就需要加强上、下游的沟通和交流。品牌OTC工业要发展，品牌连锁、品牌联盟也要有生存空间。如果没有品牌连锁、品牌联盟的支持，OTC工业要做强做大品牌也只是一句空话。因此，要站在整个产业链的角度而不是单纯某一节点来考虑问题，不要只追求自身利益的最大化。

对于零售连锁来说，心目中理想的品牌产品是：有较高的知名度和美誉度，能吸客、留客；质量好、服务专、层次高；有合理的利润空间；有一定的附加价值。然而，目前品牌产品在药店店员的眼里却是负毛利商品，销售上不算任务、没提成，典型的“鸡肋”。试想，在如此认知下的品牌产品在门店会有多少销量呢？对其采取拦截、限量、束之高阁等行为自然在意料之中了。

作为药品零售阵营中的一员，青岛医保城与国内众多品牌厂家有合作，总的趋势是好的，但也不可避免地存在一些问题。针对市场的实际情况，本人在此提出两点建议，希望业界同仁批评指正：

第一，对于品牌产品，要打造专业的销售渠道，要持续性地开展品牌产品维价行动，与品牌连锁、品牌联盟开展战略合作，如“名店名药名厂”战略就是一种很好的形式。针对品牌产品利润难以保障的现象，不妨为战略合作药店制定单独规格的品规，既不冲击品牌品种的市场秩序，又可兼顾药店的利润需求。

第二，对于连锁药店，应实行品牌产品优先合作的原则，在合理规划商品结构的基础上，对品牌产品重点陈列，且不主张实行终端拦截策略。如果一定要利用品牌产品来打价格战，应该遵循的原则是：自伤一万、杀敌十万，可以考虑；自伤一万、杀敌三千，则不可为。

（马守军）

四、“四品”合作首先需要解答四大问题

品牌OTC工业与零售终端的合作可以分为四个阶段：一是品牌工业强势、连锁药店刚刚起步阶段，这个时期还算不上真正的合作；二是连锁药店进入扩张时期，以平价药房为特征的价格战阶段，标志着连锁药店由弱转强的开始；三是连锁药店经过跑马圈地式的扩张后进入贴牌、高毛利时代，这个时期的品牌工业有点“受伤”的味道；四是在新医改环境下，连锁药店遇到了新的发展瓶颈，生存环境相当严峻，品牌合作开始进入业界的视野。

在品牌合作过程中，合作双方首先必须解答四个问题：品牌产品能给连锁药

店带来什么？药店和品牌工业合作能带来什么？新时期品牌产品的标准是什么？品牌合作中对方眼里的“好伙伴”是什么样子？只有真正弄清楚了以上这些问题，“四品”合作才有未来。

我个人认为，新时期品牌产品的标准至少应该具备以下特征：有持久的市场规划及清晰的产品定位；有有效广告宣传的拉动；有医院处方拉动的基础；在零售药店中能够产生关联销售；有合适的利润空间；工业企业拥有自己的销售队伍和持续的市场服务。

合作，首先必须找准合适的对象，因为并不是任何企业都是最优的合作伙伴。站在OTC工业的角度来考虑，我认为优质合作伙伴应该是这样的品牌连锁和品牌联盟：有长期稳定发展的愿景，不一味追求单独的高毛利；能将双方的合作资源转化为实际的执行力；高层重视；企业有专人负责跟进；店长有执行力，店员有推荐力；自有资源能够与核心合作伙伴及潜力合作伙伴共享。

（张　宾）

“四品”合力，先行者胜

随着零售终端竞争日益激烈，品牌的价值也日益凸显。在OTC市场，品牌工业、品牌连锁、品牌联盟、品牌媒体（简称“四品”）的合作正在走向纵深，引起了整个行业的重视和关注。作为“药店圈经济”体系中的一个主流圈、主导圈，其发展方向必然主导OTC市场的未来走向。那么，应如何看待“四品”合作的影响和发展前景呢？让我们听听分别来自医药工业、连锁药店、药店联盟、专业媒体代表的声音吧。

主持人

肖志飞，《21世纪药店》报记者

访谈嘉宾

翁斯春，金百合药店联盟理事长

徐科一，广州白云山和记黄埔中药有限公司第一副总经理

荣首文，益丰大药房医药连锁股份有限公司企划总监

王　莉，《广东21世纪药店》报副总经理

一、战略合作，提升品牌

主持人 “四品”合作理念在OTC领域由来已久，但真正成为一个被普遍认可的营销模式却是近两年的事。作为品牌企业，除了品牌之间的合作，与其他非品牌企业是否也有合作？与非品牌企业合作的原则是什么？

王 莉 宣传品牌、树立品牌、打造品牌，是我们品牌媒体的职责所在。在“四品”合作模式中，品牌媒体主要发挥了平台的作用。我们希望并提供尽可能多的方式，让更多的品牌企业在这个平台上交流信息、展示风采；同时，我们也愿意为更多未来的品牌企业提供机会，让行业、社会、消费者更多地享受品牌所带来的利益和健康服务。

荣首文 大力开展与品牌企业、品牌产品的合作，是益丰大药房品牌战略的重要内容之一。我们一方面注重强化与品牌企业的合作，另一方面也会选择与部分质优的非品牌企业合作。因为我们清醒地看到，在长期的工商合作中，品牌企业的产品往往存在因广告投入、营销推广成本等原因，导致供给终端的价格偏高，留给零售企业的利润空间过低。随着经营成本的不断增长，零售终端的费用率不断攀升，要求药店只经营品牌产品并不现实。寻找有良好资质和质量保证的非品牌企业的产品，与之直接合作，可以减少中间环节及广告费用，是所有品牌连锁的必然选择。

翁斯春 在我个人对市场的认知中，任何合法的商品、企业、公司都是品牌，没有非品牌的概念。特别是在健康领域，所谓品牌，只有大与小、广泛与细分的区别。

金百合药店联盟与不少品牌企业存在合作关系。我们的原则是：合适的才是最好的。与大品牌企业、产品合作，看重的是其影响力，合作目标是由大到强；与小品牌企业、产品合作，看重的是其未来发展空间，与其一起打天下，由小到大。与大品牌企业合作偏重于单品的深度合作；与小品牌企业合作则可相对广泛和全面，追求大家一起成长。

徐科一 我们所理解的品牌来自消费者。药品作为关乎百姓生命健康的特殊商品，品牌必须包含更可靠的质量和信誉保证。近年来，行业内的负面事件频频被曝光，百姓对用药安全更加关切，对质优的品牌药需求更加迫切。另外，前期的医改政策不管对药品零售行业还是知名的品牌药企都是不小的考验，工商抱团取暖过冬已经成为趋势。因此，广药集团作为全国知名的医药工业，将更加注重产品质量、服务，履行行业和社会责任。通过提高服务水平赢得消费者认知、认可和热爱，从而打造企业及产品的独特品牌形象。这是我们实施品牌合作的基本原则。

二、互利互补，领先行业

主持人 试举例谈谈你们企业与其他品牌企业合作时的基本思路和战略目标。

翁斯春 大品牌的商品可有效增加药店的客流量，提升药店的形象，而且市场影响的可持续性强，抗风险能力强，能促进药店经营稳定发展。从工业的角度看，品牌产品需要广覆盖，并且必须进行有效的市场维价和流通秩序保护。这是品牌联盟、品牌连锁在合作中必须特别注意的地方。我们金百合的会员结构具有需求一致、执行力强、内部团结等优势，总部在管理、监督、服务上也做得很到位，能帮助品牌工业解决很多市场问题。我想这应该既是合作的前提，也是合作的共同目标。

荣首文 益丰大药房与全国很多的品牌工业进行着友好的合作。如与哈药集团（包括哈药总厂、三精制药、哈药六厂等）多年的战略合作，我们借力于众多品牌产品较强的市场认知度和消费者的良好感知，减少了门店的销售难度和任务压力；而哈药的系列品牌在与益丰大药房的合作中，收获的不仅是可观的销量和市场占有率，其通过益丰众多的销售平台与员工的专业销售，实现了品牌知名度的落地和更具针对性的传播效果，获得了更多的忠诚顾客。因此，我们之间的合作实现了真正的双赢。

徐科一 广药集团与湖南老百姓大药房的战略合作，应该算是当前“四品”合作中的成功范本之一。作为广药集团的成员企业，白云山和黄目前已经与全国近500家品牌连锁企业建立了深入的合作关系，同全国2 000多家终端（连锁）药店建立了协议合作关系，我们的战略目标是让所有有需求的患者都能方便地购买到我司的品牌好药，让我们的优质产品造福于更多的患者。

行业内品牌媒体的出现，是整个行业走向成熟的标志，既是工商关系的“润滑剂”，也是行业发展的“补益剂”，能切实提升行业的理论高度、思想深度和视野广度，引导整个行业健康、快速地发展。因此，“四品”合作不能没有品牌媒体的参与。

王　莉 《21世纪药店》报是全国唯一有独立刊号和权威研究背景的、专门面向药店终端的专业报纸，是行业内品牌工业、品牌连锁、品牌联盟以及有志于成为品牌的所有医药企业传递信息、了解市场、表达观点、树立形象的综合性平台。百强连锁、百强工业以及当前方兴未艾的药店联盟是这个平台的主角。同时，我们还可以在这个平台上分享众多品牌企业通过与我们的合作，不断发展、壮大直至成为全国一流品牌的经验和过程，如广药集团、天士力集团、贵州同济堂、福牌阿胶以及益丰大药房、新兴药房、湖南特格尔、金百合、云南一心堂等一大批企业，他们都是行业中的佼佼者。我们有理由相信，还会有更多的企业借力“四品”模式脱颖而出。

三、形成合力，共同繁荣

主持人　对于整个医药行业，你认为“四品”合作模式的普适性和生命力如何？为什么？在与品牌企业的合作中，你认为要注意哪些问题？

荣首文　对于整个医药行业来说，“四品”合作模式在一定范围内有较好的普适性和生命力，关键是合作各方应都能从中获取合理的利益，得到快速、稳健的发展。比如品牌工业，虽然优势明显，但如果不能处理好零售终端合理的利润需求问题，合作势必难以持久。在这方面，我认为品牌媒体可以发挥第三方观察者与引导者的作用，让各合作方充分了解、认识到彼此的诉求和合作原则，从而探索出一条可行的合作途径来。

翁斯春　我认为“四品”合作模式影响广、生命力强。分工合作是各个时期各个领域所有成功者的必然选择。

品牌之间的合作，我觉得一定要注重合作前的充分沟通，并做到谨守诚信。有能力才承诺，然后尽力做好，最好是让做到的超过承诺的，最忌讳言过其实，承诺了却做不到。在合作过程中，要坚持公平、互惠、互助的原则，要站在对方的角度去考虑问题，在不影响自己利益的前提下，谋求合作圈共同利益的最大化。

徐科一　作为产业链的利益共同体，“四品”模式在“供好药”、“卖好药”、“建平台”中具有较好的优势，也发挥了很好的作用，合作各方在这个模式的框架下相互补充、形成合力、相得益彰。我个人觉得，“四品”合作要谨慎处理好包容和专业的关系，在突出各自专业性的基础上，应求大同、存小异，共生共赢，共同繁荣。

王　莉　作为行业的观察者，我们认为“四品”模式一定会成为医药行业未来的主流营销模式。但受市场环境的影响，面临的困惑和挑战也会不断产生。从目前的情况来看，我认为合作各方应特别注意以下三点：

一是合作时机和合作对象的选择。开展合作需要有准备、有积累、有选择，不是你想跟谁合作、想什么时候合作都行，也不是所有的品牌企业都适合成为合作伙伴，合适、顺势、把握时机，永远是市场经营中成功者的成功理由。

二是自身定位和预期目标的确定。需要什么、能做什么、该做什么，对方为什么要选择你、你能为对方创造什么样的价值、合作形成的合力是否是正向的，这些都应有明确的答案。

三是不要忽视软实力对品牌价值的影响。我们把信息的获得与分析能力、品牌的传播与影响能力、企业文化对员工及行业的浸透能力等称为企业的软实力。这些能力可能与销售额、利润额没有直接联系，但对企业的生存和发展有着非常重要的作用，不可有丝毫的松懈。

品牌联手 领秀平台

——《21世纪药店》报“四品”合作与发展论坛撷英

2012年9月3日，在北京九华山庄举行了特格尔中国药店采购联盟第四届会员代表大会。

在这场以“重新定位，锚定药店成长的支点”为主题的药店联盟大会上，《21世纪药店》报牵头举办的“领秀平台：‘四品’合作与发展论坛”得到了与会者的高度关注。论坛上，行业知名营销专家、“四品”概念提出者黄泽骎先生和特格尔联盟理事长刘丰盛先生发表了主题演讲，十位来自品牌工业、品牌连锁、品牌联盟、品牌媒体的代表分别发表了各自对“四品”合作的看法和期待。

本次“四品”论坛以品牌联盟为切入点，除了意欲唤起国内药店联盟的品牌合作意识外，重要的是试图树立品牌药店联盟的标杆，以此推动联盟的发展。

一、连锁合作新时期即将到来

虽然增长放缓，变数增多，但中国医药经济依然不改大踏步进入又一个“黄金十年”的步伐。

2011年，我国医药工业总产值达15 233亿元，同比增长23.28%，而“十一五”期间的复合增长率为23.84%。进入2012年，1～4月的医药工业总产值增速放缓，为20.0%。药品零售市场2011年销售规模约2 000亿元，预计2012年可达2 300亿元，到2015年可达4 011亿元，平均增长率将达18%左右。

在竞争激烈的药品市场，有三大因素将继续推动零售份额的增长：一是药店经营稳步增长，新店将保持3%～5%的增长幅度，药店的连锁化与规模化将同步扩大，单体药店的业绩将有较大幅度的提升，农村及城郊结合部药品零售市场的发展将领先平均水平。二是潜在的用药需求明显增大。人口结构的老龄化趋势、人均可支配收入的不断增加、城市化进程和健康需求的整体提升、疾病谱的变化等，都将进一步激活药品零售市场的需求潜力。三是人民的保健意识不断增强，自我药疗水平稳步提高，再加上药店的便利性特点和提供的专业药学服务，使得人民的消费习惯逐步改变，进而增大整体需求。

但药品零售市场存在的短板也非常明显，集中度偏低、规模偏小、盈利能力不强、并购难度增大、利益提升与品牌发展失衡等是制约零售业态发展的主要问题。再加上近年来宏观经济环境的影响，医改政策的冲击，医保门槛的严控，亦将使不少药店遭遇发展瓶颈，经营困境成为药店发展战略中的一大重要变数。

基于上述分析，可以预测零售业态将有如下发展趋势：零售药店数量增长放缓；药店连锁率有所提升；“大店+小店”的商圈布局广泛出现；药店业态多样化继续嬗变；传统药店业态向创新的药店业态演变融合；药店联盟成为药品零售市场的重要力量；药店多元化转型升级加快；网上药店模式高速发展。

随着资本的进入，药品零售行业的并购行为和谋求上市的步伐肯定也会加快。品牌联盟的兴起，有可能使部分连锁药店的财务模式开始转换，产业链上相关节点的新型合作模式将不断出现，连锁合作将进入一个新的发展阶段。

从上述情况的分析中我们不难看出，我们提出的“四品”合作，其实是连锁合作新时期的产物。

（黄泽骎）

二、“四品”合作打造强势品牌

谈到国内药店业态的发展，我们不妨向国际知名的CVS药店取取经。

CVS公司是美国最大的药品零售商之一，在美国的36个州和哥伦比亚特区运营着超过5 400家零售药店和专用药品店。它在零售药品行业已经快速成长了40多年，一直致力于成为给顾客提供最大方便的药品零售商。走进CVS药店，我们可以发现它同时销售的有处方药、OTC品类、个人洗护用品、健康食品等，其专业化的药学咨询服务、人性化的信息跟踪服务、精细化的店堂现场服务，加上丰富的可选择的品种、合理的品类结构、独特的个性化商品，构成了在全美几乎家喻户晓的CVS健康品牌。

品牌，确实是CVS发展壮大的利器。我国目前正处于药品零售品牌的形成阶段。这其中，既有工业品牌、产品品牌，也有广受关注的连锁品牌、联盟品牌。《21世纪药店》报总结提炼出的“四品”合作模式，引领了我国药品零售市场品牌形成和发展的方向，是对我国OTC市场发展的重要贡献。

那么，当下我们应如何打造OTC领域的品牌呢?

许多人认为，企业只要有优质的产品，就能打赢销售战。其实，消费者的看法是一回事，事实是另一回事。大多数情况下，消费者的看法与事实根本就不相符。消费者与企业的信息不对称，创造出两个不同的“世界”：消费者所购买的，是他们认为的“世界”；但恰恰就是消费者的这些或许“错误”的看法和认知，决定了他们是否认同和购买你的产品。因此，我们认为，工厂制造的是产品，而消费者的大脑创建的是品牌。产品靠的是制造商，品牌依赖的是消费者。因此，打造品牌其实就是占领消费者的心智。

品牌是策划出来的，同时也是由市场营销和终端销售两个环节负责实施的。这是品牌工业与品牌连锁、品牌联盟必须展开深度合作的根本原因。

而从传播的角度来看，媒体通路和销售通路一样重要。我们认为，没有良好的媒体通路，营销活动就会缺乏足够的动力。销售渠道是消费者购买产品的平台，媒体是消费者了解产品、建立信任的平台；所谓良好的媒体通路，就是企业长期、互动、真诚、有计划地建设并维护与媒体的关系，逐步构建起一个以企业品牌为核心的媒体传播网络，最终达成工业（产品）、连锁（终端）、联盟（渠道和终端）、媒体（新闻），互相促进、互相需求，共同营造“关心、关注、关照”的理想境界。

由此，我们不难发现，“四品”合作将是达成上述目标的最好路径之一。

（刘丰盛）

三、品牌联盟的样本意义

在众多的药店联盟中，特格尔是一个不一般的药店联盟。它的不一般主要表现在三个方面：

一是特格尔的副理事长甚至常务理事，很多时候又同时是区域药店联盟的盟主或主要召集人，这似乎很像一个多层级的药店圈自由联盟组织。众多区域联盟的盟主，在并非有意为之的情况下搭建起了这样一个目前国内最大的全国性的药店采购联盟，这在全国是独一无二的。

二是特格尔作为自由联盟组织所体现的价值，已不再是口头上的自我标榜，是而可以量化为具体的数据。在过去的两三年里，记者发现，众多曾经只有三五家门店、微利甚至亏损的小连锁，在加入特格尔后门店数成倍增加（全国百强连锁药店中约30%为特格尔的会员），利润更是呈几何级数增长，这在全国的药店联盟中也是独一无二的。

三是特格尔的战略思路和发展理念非常清晰且与时俱进。在以产品输出为主、不断完善管理、培训、品牌等实用资源输出的战略框架内，特格尔一直在摸索中注重总结和发展理念。从“只放一只羊”、自由连锁、众包、特格尔矩阵、联盟价值到此次的“重新定位，锚定药店成长的支点”，如此勤于思考、善于总结、不断为国内药店圈贡献有价值的理论和方法论的联盟，到目前为止，也是独一无二的。

这几年，国内药店联盟的活动非常频繁，而且大都很高调，特格尔也不例外。但高调的背后，是为了引起业界或者政府层面的重视？还是借此来掩盖某些华而不实、为联盟而联盟的行为？特格尔的高调似乎不是为了这些，这从活动传播渠道和其他参与方的构成上即可见一斑。很多联盟活动把传播渠道放在大众媒体及网络上，特格尔却一直立足于行业内的主流媒体；很多联盟活动的参与者或组织者是逐利的社会组织，而为特格尔的活动提供智力支持的是国内顶尖级的行业研究机构和知名学府。

近年来，零售药店头上的政策“紧箍咒”似乎越来越紧了，而市场竞争却没有丝毫放松的迹象。被业界誉为中国药品零售领域最接近市场一线、最贴近企业需求的“药店圈经济”理论，再一次凸显出其实用性和指导性特征。该理论体系中最重要的方法论之一，“四品”合作模式，为国内OTC市场的相关参与方提供了一条清晰、实用、高效的市场拓展路径。此次选择在特格尔的会员代表大会上举行“四品”合作与发展论坛，对药店联盟、中小连锁药店的指导意义不言而喻。事实上，作为国内最大、品牌影响力最强的药店联盟，特格尔本身就是对“四品”合作理念的一种诠释。其成功的实践探索和经验总结，既彰显了品牌联盟在“四品”这个主流圈里的地位和价值，同时也证明了“四品”合作模式在OTC市场的可行性，为行业内的品牌合作提供了一个可资借鉴的样本。

（肖志飞）

OTC“营销新6P”初探

在探讨OTC市场的“四品”营销模式时，本报曾刊发过对传统营销中“4P”理论的质疑，认为在当前市场环境下进行药品营销时，除了产品（Product）、价格（Price）、渠道（Place）、促销（Promotion）等四大营销要素外，时机（Period）和公共关系（Public）也是必不可少的两大要素，并提出了“营销新6P”的概念（此前亦有营销专家认为“4P”理论不完整，主张还应增加“政治”和“公共关系”，被称之为“6P”理论）。如何看待“营销新6P”的提法？在OTC市场，“时机”是否应该并列于营销要素之中？

主持人

肖志飞，《21世纪药店》报记者

访谈嘉宾

张继明，上海桑迪营销咨询机构首席执行官

罗时璋，广东罗浮山国药股份有限公司营销总监

袁则红，上海源濡企业管理咨询有限公司总经理

一、营销理论需要与时俱进

主持人 在OTC市场，你认为“4P”理论的适应性如何？在产品的实际操作中，“时机”和“公共关系”是否是必须考虑的因素？二者对营销效果有没有必

然的影响？

罗时璋 药品营销变化万千，其中有规律，但更多的是未知。正因为如此，在医药市场打拼的人似乎特别需要理论的支撑和策略的指导，以期使自己把握住时机，少走弯路，成就“功名”。在此背景下，“4P”理论应运而生。

麦肯锡提出这个理论是在20世纪60年代，当时的目的是为纷繁的市场梳理出一个基本框架，用以指导营销人的全局观念和战略意识。时间过去了半个多世纪，市场环境早已今非昔比，再加上中国特殊的医药市场环境和现状，使得国内做OTC市场的人越来越意识到“时机”与“公共关系”对市场推广的影响和重要意义。可以肯定的是，如果只强调产品、价格、渠道、促销而忽视时机、公共关系，药品营销成功的几率将会降低不少，营销成本（包括时间成本）一定会高出许多。

张继明 “4P”理论在OTC市场的适应性是非常好的，这也是产品到达消费者手中必备的因素。在产品实际操作中，我认为“时机”与“公共关系”也是必须要考虑的。因为这两者关系到产品的整个市场以及生存与发展空间，同时也决定着产品在市场上的优势到底有多少。

“时机”与“公共关系”对营销的影响可以说经常是“意料之中，意想之外”的。在同一个行业，同一营销环境中，由于不同企业抗风险的能力不同，所处的竞争地位不同，加之对环境变化趋势的理解和认识不同，所受的影响程度也不一样。机会与威胁并存，有时表面看起来是威胁，换一个角度来看则有可能成为绝佳的机会。

例如，2010年10月31日，国家食品药品监督管理局明令禁止了西布曲明类减肥药品的销售，市场上药品类减肥产品市场顿现真空，公众也开始对减肥药的安全性产生担忧。雅塑奥利司他却借机横空出世，将减肥药产品的核心概念由以往的“效果”转变为“安全”，将“安全”概念植入消费者心中。在很多人都认为减肥药市场已死的情况下，雅塑却迎来了自己的春天。

袁则红 从市场实践看，“4P”理论属于不可动摇的医药营销基础工具。纵观OTC市场的品牌，无一不是因为遵循这一理论而有了相应的市场份额和规模。在营销实践中，“时机”和“公共关系”当然需要考虑，但个人认为这两者不能成为新“P”分支。因为“时机”属于战略判断层面，而“公共关系”只是促销中的一个分支。

在社会化沟通工具呈现碎片化、快捷性等特征后，公共关系是品牌体验中比较重要的测量和维护工具。营销的精髓是“水无形，但流水有形”。时机并不是一个重要的东西，重要的是要找到撬动消费者购买欲望的那个敏感点。

二、假以时日，相机而动

主持人 你觉得OTC市场营销中的“时机”在产品推广中的重要性如何？在中国的传统文化中，“天时、地利、人和”被看作是成大事者的三大必备条件。你如何理解“天时”的含义？其与“营销新6P”概念中的“时机”是否同义？

张继明 “天时”与“时机”之间有一定的区别。准确地说，二者是包含的关系：“天时”包含了“时机”。从营销的角度来讲，我认为传统文化中的“天时”是指宏观环境，也就是我们通常所讲的政治、人口、经济、社会文化、科技与法律等方面，是外在的、不以企业意志为转移的因素，对企业营销活动的影响具有强制性和不可控性的特点。而“时机”更多的是指在这个宏观环境中的“变动”，具体来说就是行业的动态，包括行业的政策、事件以及同行的发展变化等等。我们可以利用有利时机为自己服务，这就是通常所说的借势。

当年的“尼美舒利事件”对相关企业的打击确实不小，同时也使国内原本稳定的儿童退烧药市场进行了一次洗牌。人福药业紧抓“尼美舒利事件”，强化消费者对迪尔诺(布洛芬混悬液)品牌是儿童安全退热专用药的认知，有效地扩大了市场占有率，从而使迪尔诺得到了一次腾飞。

罗时璋 “天时”是“时机”的传统说法。我一直跟我们公司的市场人员强调营销的本土化和及时性。在营销实践中，我把“地利”看作是对产品、价格、渠道的合理规划和运作，把“人和”看作是促销和公共关系，把“天时”看作是操盘手对市场的宏观把握，所谓假以时日、相机而动。比如我们把产品群按主推季节进行了分类，要求市场部和销售人员根据各地的用药习惯及流行病学趋势，按月确定重点品种，较好地满足了市场的个性化需求。这种做法在普药板块营销中收效尤其不错。这应该也可算是对时机的掌控吧。

袁则红 我对“天时”的理解是：当民众或者消费者对某一个概念有比较明晰的理解及向往的时候，社会和企业能否提供合理的产品来满足其需求。“时机”对一个产品的规模可能起到放大的作用，比如连花清瘟胶囊的崛起就得益于甲型H1N1流感，但其衰落也缘于甲型H1N1流感没有大规模流行。因此，个人觉得“时机”只是品牌战略和产品概念中的一部分，是可以制造的，其中暗含着正反两个方向的力量，如何利用时机才是关键所在。

三、在准备中发现时机

主持人 试举例谈谈“时机”在药品零售市场中有哪些方面的作用？有没有因营销时机选择不正确而导致失败的个案？在药品营销中，要把握“合适的时机”，你认为主要应注意哪些问题？

罗时璋 在药品零售市场，因为消费主体过于分散且复杂，且他们需求的合理性会受新闻、事件、习惯、圈内人等的影响，因此，“时机”对营销有着非常重要的意义。当年海王金樽的失败，实际上是失败于对消费者需求时机的把握上面。为什么后来的如烟、戒烟贴市场投入不及海王金樽，但销售却比海王金樽好呢？因为他们知道，戒烟的最好时机不是在酒店、更不是在高档酒店进行社交活动的时候，而是在家里休息的时候。另外，那么高端的戒烟产品，在当时的消费环境下也属于时机不对，如果换到现在，情况可能会好一些。

要想把握“合适的时机”，我认为一要做好市场调查和竞争分析，二要准确把握并适度引导消费需求，三要充分准备、多方协调。离开“地利”和“人和”，再好的“天时”也没用。

袁则红　“时机”在药品零售市场是很重要的一个因素，特别是在主推某一特定的消费理念时。比如老百姓大药房的崛起就受益于抓住了“平价”概念的风潮。但抓住时机并不等于抓住了未来。中国的平价药房那么多，有的成为常青树，有的则成为过眼云烟，关键在于战略选择的正确性。

在营销对抗中，时机一般只给予追随者和挑战者机会。由于时机有对有错，从战略选择角度来看，市场老大一般不会青睐时机。在药品营销中，如果你属于追随者或挑战者，你就应时时刻刻注意时机，有时抓住了一个时机，就有可能成就一番事业。

张继明　“时机”对药品零售最直接的影响就是销量，时机正确有可能促使销量上升，反之则下降。对时机的把握也会影响到市场推广策略以及渠道。从长远来看，甚至有可能影响企业的整体形象。逆时而动，还有可能引发危机。

归真堂在群众高呼“保护黑熊”的声音中计划上市，立刻遭到网友和舆论的一致反对，导致一场被媒体称为“道德和利益之战”的大讨论愈演愈烈。在这场大讨论中，归真堂首先就输了舆论支持，以至于做再多的努力也是没用的。为什么？因为广告只能让别人知道你，舆情才能让别人选择你。

企业选择时机是为了“扬帆起航”，而不是为了不战而败。所以在选择时机时，要注意行业的相关政策、动态、事件、新闻等，要更多地考虑消费者的感受。总结起来可以用十六个字来概括：眼观六路、耳听八方、随机应变、守正出奇。时机是给有准备的人的。当然同时也需要有一双发现时机的眼睛。

审时度势，智慧选择

——谈“四品”合作模式

我真切地感觉到品牌战略合作将成为OTC市场主流的趋势，是在去年准备第五届全国药博会（现已更名为“21世纪药店年会”）之时。当时我受组委会委托邀请益丰大药房高毅董事长做主讲嘉宾。在与高董讨论演讲主题时，我们罗列了不下四个主题。经过来回推敲，最后确定的是“多元时代连锁药店与品牌工业合作模式创新”这一主题。这一来自品牌连锁药店的观点和声音，立刻引发了行业众多主流连锁和主流工业的共鸣。

事实上，第五届全国药博会后，品牌连锁、品牌联盟、品牌工业之间的合作的确进入了一个新阶段：康美药业紧锣密鼓推进“名厂名店名媒”战略；广药集团与老百姓大药房展开全面战略合作；李时珍集团与重点终端深度合作；九芝堂药业与特格尔频繁接触；陕西必康等与百强连锁紧密互动……

在作进一步深度观察之后，我们不难发现，在上述大手笔式的品牌合作个案中，无处不见品牌媒体《21世纪药店》报的身影。在品牌媒体这个公共平台上，品牌连锁、品牌联盟、品牌工业不仅在进行着充分的信息交流和需求沟通，而且还通过品牌媒体所拥有的研究背景和专业优势，在各自的诉求和观点碰撞中逐渐形成一系列科学、实用且有相当代表性和指导性的品牌合作模式，有力地促进了行业品牌的集合和发展，推动了产业品牌的优化和升级。

一场品牌合作的风暴席卷着小小的OTC领域。其中，康美药业的“名厂名店名媒”模式算得上是品牌合作中的里程碑。虽然还有更大影响力的品牌合作模式，但作为第一个提出“厂、店、媒”合作模式的工业企业，其示范效应和对行业的贡献不可磨灭。

一花引来百花开。贵州同济堂药业是继康美药业之后的又一“后起之秀”，其独家赞助的“21’百里挑一全国药店岗位技能挑战赛”，全方位、多角度地拉开了品牌工业、品牌连锁、品牌联盟、品牌媒体的合作大幕。借助《21世纪药店》报强大的平台力量和品牌号召力，同济堂药业与老百姓、益丰、桐君阁、重庆和平等品牌连锁，与特格尔中国药店采购联盟、广东药店联盟等品牌联盟，展开了更广泛、更全面的合作。

至此，“四品”概念已然呼之欲出，21世纪药店第6届年会上的“四品”工商合作对话峰会可谓顺势而为，既是对市场进行研究、梳理后的理论总结，也是对业界的一种引导。

（肖志飞）

主流融汇，致力“三高”

——再谈“四品”合作模式

市场经济需要理论指导。但在操作层面，似乎更需要方法论的指引。OTC市场的“四品”合作模式从提出到引起业界共鸣，再到众多行业观察人士纷纷探讨，就充分说明了这一点。

我认为，“四品”合作模式是药店圈经济体系中的一个重要组成部分，是在药店圈经济的理论指导下，由主流思潮主导的一种方法论。援引该模式创立者黄泽骎先生的说法是：药品分类管理催生了OTC市场，通过多年的发展和总结，特别是受发达国家先进营销思想的影响，国内已基本形成了药店圈经济的理论体系框架，并得到了药品零售行业各方参与者的认同。OTC市场发展到今天，无论政策环境还是宏观经济环境，也无论内部竞争环境还是产业价值链环境，都在发生着深刻而巨大的变化，药店圈经济已明显出现了由不同类别的上下游企业组成的各种各样、大大小小、目标各异的“圈”。我们不难发现，其中的每一个“圈”就是一种合作模式，每一种模式都有不同的操作策略和方法。

按照黄泽骎的思路，我们不妨把品牌连锁、品牌联盟、品牌工业、品牌媒体看作药店圈里的一个大“圈”，那么，“四品”合作模式就是这个大“圈”的运作策略和方法。

毫无疑问，“四品”不仅是个大“圈”，更是一个主流“圈”，其发展方向必然主导OTC市场的未来走向。这主要缘自“四品”合作模式所具有的“三高”特点——

高度：站得高才看得远，看得远才能把握方向。品牌代表高度，是产业的中坚，是行业的风向标。因此，“四品”合作就是通过品牌大联合，占据行业的制高点，集合资源，各尽所能，各取所需，形成一个综合性的品牌集群，进而强化集群内各成员品牌的竞争能力。

高端：高端是品牌的必然属性，也是行业发展水平的标志所在。OTC市场品牌为王。作为“王者”，追求的是价值、信誉、口碑、尊贵，其品牌内涵和品牌附加值将大大超越产品本身。“四品”合作通过品牌价值的叠加，以强强联合的姿态，使信誉更牢固、口碑更广泛、尊贵更明显，高端形象也更明晰。

高效：市场份额和行业影响力永远是品牌企业追求的目标，“二八法则”是企业谋求效益、进行资源匹配时的行为指南。品牌产品借助品牌媒体这个平台，通过与品牌连锁、品牌联盟的合作抢占终端阵地，这就是对“二八法则”的正确运用。高效，最容易从“门当户对”的品牌组合中产生。

（肖志飞）

平台价值，多方共享

——三谈“四品”合作模式

“四品”合作模式是OTC市场竞争和医药行业发展的必然产物，是产业内部各成员企业为应对日益多变的外部环境而摸索出来的一条效率最优、效果最好、影响最大、前景最广的发展路径。

在OTC市场体系中，品牌工业是基础，是合作中的主动者（至少目前的情况如此），担负着品牌可信、质量可靠、疗效优良、产品充足等方面的责任和义务；品牌连锁是窗口，是合作中服务提供的主体，担负着规范经营质量、保障产品供给、指导合理用药等方面的职责；品牌联盟是桥梁，是合作的推动者和重要补充，在中国特有的药品零售市场环境中，担负着整合中小连锁资源、培育成长性品牌（包括品牌产品和品牌连锁）、规范经营质量等方面的职责；品牌媒体是平台，是合作的观察家和促进者，担负着信息提供、品牌传播、市场研究、方向引导等方面的职责。其中，品牌媒体的平台作用尤其关键。

何谓品牌媒体？基本定义至少应该包含以下要素：一是影响力，必须对产业、对政府、对社会、对读者有直接且广泛的影响；二是公信力，办报（刊）主体、主管部门、采编质量、研究能力、服务意识等是决定品牌媒体公信力的重要因素；三是合法性，我国的政治制度和复杂的社会环境，决定了品牌媒体必须在价值取向、道德维护、社会责任等方面承担起应有的责任，因此，合法的刊号、正规的出版控制流程、全面的质量审查体系是品牌媒体合法性的主要标志。

我认为，正因为品牌媒体具有上述特征（要素），所以，在“四品”合作模式中，其平台价值才得以真正体现。具体表现形式有很多，但主要有两个方面：

一是对参与合作各方的价值和合理性作初步的判断及筛选。全国4 000多家制药工业、42万多家零售药店、良莠不齐的各类药店联盟，能够走进品牌媒体的基本上都是有一定实力或者特色的。哪些是有真正合作价值和发展前景的对象？是真正的合作者，还是巧言令色的投机者？作为有较强公信力和规范管理的品牌媒体，无疑会给合作各方提供有价值的信息和方向指引。

二是让合作各方通过规范、合法的传播，在品牌媒体这个没有边界的超级大平台上充分展示实力和优势，传递合作诉求。同时，凭借其巨大的行业影响力，可以为真正的品牌企业强化品牌形象，传递品牌价值，促进品牌之间的合作。

上述两点，其实也是品牌媒体为什么能得到众多品牌工业、品牌连锁、品牌联盟追捧的原因所在。

（肖志飞）

各尽所能，各取所需

——四谈“四品”合作模式

“药店圈经济”理论体系对OTC市场的最大贡献之一，就是让各个“圈”里的成员企业能准确地找到自己的定位和价值，从而构成不同的营销层级，满足不同企业、不同受众的需要——大药企和大连锁，小药企和小连锁，品牌药企和品牌连锁，成长型药企和成长型连锁。品牌联盟因其特殊的地位而经常“通吃”：既可以是中小药企的合作者，又可以是大药企、品牌药企的座上宾；品牌媒体是“大众情人”，不仅要有出神入化、玉汝于成的魅力，更应有海纳百川、锦上添花的实力。

“四品”定位，与其在合作中所体现的价值高度关联。概括来说，可以作如下原则性的延伸——

品牌工业要做强。品牌工业是“四品”合作中的基础。“基础”不一定要大，但一定要强。强才能牢固，才可承重，才能提供发展的源动力。工业的“强”不仅应表现在产品研发、GMP管理、团队能力、市场份额等方面，还应在消费者认知、社会责任、行业地位等方面彰显品牌价值。不必求大、求全，但应该做深、做透，并尽量做到极致。让同行难以超越才是真正的“强”。

品牌连锁要做大。连锁的“大”首先应是规模的大，具体体现在经营品种、药学服务、覆盖面积、专业团队、物流配送等方面。品牌连锁是OTC市场的主角，主角一般与“大牌”紧密相连。在美国、日本等医药零售业高度发达的国家，基本上都呈现着几大连锁巨大独霸零售终端的高度集中化趋势。在中国，虽然环境不同，区域消费水平不平衡，但连锁药店的集中化趋势依然是主流，不仅政府提倡，而且市场也有需求。

品牌联盟要做实。品牌联盟是桥梁。“桥梁”一定要“实”，要有优良品质，不能像哈尔滨阳明滩大桥那样造假，更不能像天上的鹊桥那样只给人以幻想。品牌联盟的“实”是指实在的价值、实际的帮助，“嘴上联盟”和向连锁小老板批发虚名、头衔的联盟不可能成为品牌。在国外，药店联盟位列连锁经营的三大业态之一，被称为“自由连锁”，有独特的发展战略、经营策略及盈利模式。在我国，联盟的价值主要体现在对会员单位、对上下游相关方、对消费者的服务上面，因为联盟本身并非公司，不能将其等同于商业批发企业。

品牌媒体做影响。媒体又被称为媒介。顾名思义，品牌媒体的核心价值是“媒”，核心功能是“介”。“介”于工业、连锁、联盟之间的媒体，既是观察者、研究者、批评者，又是召集者、服务者、参与者，“做有影响力的平台”是其必然选择。观察者不是旁观者，召集者不是号令者，品牌媒体最忌讳的是高高在上和置身圈外。社会责任、独特观点、公正立场、权威声音，是构成品牌媒体影响力的主要内容。

由此看来，各尽所能、各取所需才是“四品”合作的价值所在。

（肖志飞）

营销升级，顺势而为

——五谈“四品”合作模式

从市场的本质和原理来看，营销的“4P”理论是对相对不完全竞争环境下企业营销策略的归纳和总结。就当前的药品市场来说，这一理论存在着明显的局限性，因为其忽略了“时间”（Period）和“公共关系”（Public）这两个非常重要的营销因素。虽然后来有学者将其延伸为“6P”，但加上的是“政治”和“公共关系”两项，还是忽视了“时间”的重要性。

中国有句古话：“识时务者为俊杰。”这句话强调的就是要识时顺势；我国传统文化中“天时、地利、人和”的战略思想，把“合适的时间”列于成大事者必须遵守的三大原则之首。事实上，做市场营销，有了合适的产品，以合适的价格、在合适的地方、通过合适的方式提供给消费者，如果只这样做，往往是不够的，还必须了解消费者在什么时候需要。没有消费需求的时候，或者消费需求过了的时候，营销都有可能失败。

在药品市场，“时间”在营销中的作用更加突出和明显。一方面，流行病学及疾病谱的季节性分布和需求时机的不可更改等特点，决定了“合适的时间”是药品营销中首先必须考虑的因素——有病的时候看不到你提供的药品，病好了或没生病的时候，谁还需要你的药品？另一方面，药品严格的效期管理，以及受新药研发、适应证变化等影响的产品生命周期，也要求药品营销中的价格、渠道、促销必须建立在“合适的时间”这个基础之上。

“公共关系”则是一个比较新的名词，一般是指组织机构与公众环境之间的沟通与传播关系。在企业营销中，这既是一种传播活动，也是一种管理职能。王老吉的“亿元捐助”、同济堂协办的“百里挑一”全国药店岗位技能大赛，都是公共关系活动中的典型代表。近年来，医药企业中“成也媒体、败也媒体”的感叹不时见诸各类行业论坛，这也充分说明了“公共关系”在市场营销中的重要性。

基于上述理由，我觉得，在传统的“4P”营销理论上还有必要加上“时间”

（Period）和“公共关系”（Period）这两个“P”——为区别于以前有人提出过的“6P”，这里我将其称为“新6P”。在合适的时间，借助于合适的公共关系，营销的效果才会最好。

OTC市场中的“四品”合作模式作为具有普适性特点的营销模式，同样可以接受“新6P”理论的指导：有了合适的产品和价格（品牌工业），有了合适的渠道和促销方式（品牌连锁和品牌联盟），再加上合适的公共关系（品牌媒体及其他社会资源），在合适的时间段展开品牌之间的合作，市场运作才算具备天时、地利、人和的条件。

分析OTC市场“四品”合作理念的形成过程和发展趋势，在品牌媒体这个公共平台上，相关合作方在各自的诉求和观点碰撞中逐渐形成了一系列科学、实用且有相当代表性和指导性的品牌合作模式，有力地促进了行业品牌的集合和发展。随着新医改的不断深入和药品零售市场的进一步规范，消费者对品牌产品的认知和需求都将进入一个新的阶段。再加上政府主管部门的引导、市场竞争中大浪淘沙的选择，药品零售领域里品牌的价值和力量必将得到重新的认识和发挥。可以预见，谁能最先认识到品牌合作的积极意义，谁能最先进入药店圈经济中的“四品”主流圈，谁就有可能把握先机，在激烈的同质化竞争中抢先胜出。

“四品”合力，先行者胜！

（肖志飞）

形成合力，慎避误区

——六谈“四品”合作模式

合作与合力，是一种形式的两个阶段。合作是前提，合力是过程，而“胜”就是结果。

品牌之间既然准备合作了，如何形成合力，如何加快市场拓展步伐、实现各自的品牌升级，无疑成为首要问题。为此，我认为有以下几个误区值得注意：

第一，不要以为“大”才是品牌。从营销学的角度来看，品牌是人们对一个企业及其产品、售后服务、文化价值的一种评价和认知，是一种信任。知名度、美誉度和影响力三大要素构成了品牌的“金三角”，三者缺一不可，且任何方面都不能出现短板，否则就会影响价值和力量。有人把“优”、“强”、“大”看作是品牌的构成要素，这是一个认识上的误区。普通产品中从来就不乏优秀品牌，大企业也并非都是好品牌，关键还在于消费者的认知评价和信任程度。拥有独特核心竞争力的小企业、小品种，其知名度、美誉度、影响力也绝不会比无特色、无优势的大企业、大品种差。

第二，合作选择不应“唯品牌论”。毫无疑问，“四品”合作应该首选品牌企业和品牌产品，但又不能拘泥于既有的品牌阵营。道理很简单：一是品牌资源历来都属于稀缺资源，行业资源也不可能按品牌需求来分配，“唯品牌论”将使得部分企业难以寻觅到可匹配的合作者；二是上、下游品牌企业（包括品牌产品）的序列一直处于动态调整之中，品牌老化或者品牌丧失的企业会不断被新的品牌企业代替，及时、敏锐地发现并抓住未来的品牌合作者，不仅能使自身企业“永葆青春”，而且还有可能极大地节约合作成本，抢占到发展先机。

第三，资源共享比资源置换更重要。有人把合作理解为资源置换，这是落入了原始的纯交易误区。事实上，创造市场资源永远比合理地利用市场资源要难得多。任何一家企业都有其资源优势和不足，学会寻找能有效弥补自身资源缺陷的合作伙伴，在不影响对方发展需求的前提下，谋求市场资源的共享，将成为“四品”合作的一个重要原则。

第四，价值体现是合作的先决条件。品牌还可以看作是企业综合品质的体现和代表。我们说“四品”圈是一个主流“圈”、主导“圈”，那么，作为“四品”中的一员，就必须具有主流价值和主导作用。无论是品牌工业还是品牌媒体，也无论是品牌连锁还是品牌联盟，你能为相关合作者提供什么样的价值，能为产业、行业甚至社会作出多少贡献，都将决定你在这个主流“圈”中的地位和受追捧的程度。

（肖志飞）

OTC广告，大众？专业？

最近，正在修订的《药品广告审查办法》拟禁止非处方药（OTC）在大众媒体上发布广告一事成为业界关注的焦点。事实上，自2002年药品分类管理实施以来，政府对OTC药物的管理一直处于谨慎之中，甚至还一度关闭了处方药转OTC的审批之门长达3年之久。为什么会出现这种情况？因为药品是特殊商品。虽然OTC品种安全性相对较高，但“是药三分毒”，在这方面万万不可掉以轻心。

也有人认为，OTC广告的效果越来越差，投入产出比不断走低，如果能将现在的广告费用用于专业化的药学服务和终端品牌打造，将营销主阵地从广告转向终端，效果可能会更好。对此你有什么看法？你如何看待禁止在大众媒体上发布

OTC广告?

主持人

肖志飞，《21世纪药店》报记者

访谈嘉宾

高普才，北京德兴隆医药管理咨询有限公司首席顾问

李汉辉，重庆市万和药房连锁有限公司总经理

柯华松，广东良方药业有限公司总裁

一、严格制度&强化监管

主持人 制定《药品广告审查办法》的目的之一是为了防止违法药品广告的出现，确保人民群众的用药安全。而当前违法药品广告如此猖獗，说明按现有的“审查办法”无法达到规范管理的目的。你认为禁止OTC广告在大众媒体上的发布对减少违法药品广告有用吗？如果不进一步严格“审查办法”，还有其他更好的办法来控制违法药品广告的泛滥吗？

李汉辉 面对近年来药品安全事件不断出现、违法药品广告泛滥的严峻现实，药监部门严管药品广告当属特殊情况下的特别之举。既然是“审查办法”，就肯定有限制。限制到什么程度，当然要看市场秩序和规范情况。违法率高，严格限制是必然选择。我个人担心的不是制度严格的问题，而是制度出来后有法可依了，政府如何加强监管的问题。再严格的制度，只要公平、公正，大家在同一个起点博弈，就没什么可怕的。我认为要提倡有效监管、加强行业自律、加大处罚力度，从根本上解决问题。为什么美国对药品广告的管理比较宽松而市场秩序那么好？这主要是靠行业自律和处罚力度。企业一旦出现违规行为，处罚起来是相当严的。

高普才 禁止大众媒体发布OTC广告，肯定不能从根本上杜绝违法广告的出现。广告包括三个部分：广告主体、传播途径、受众群体。也就是大家常说的：谁在做广告？广告在哪里做？广告做给谁？禁止在大众媒体发布OTC广告，仅仅切断了制药企业（广告主体）与消费者（广告受体）之间的媒体传播路径。如果打算违法传播OTC广告，途径还有很多。

制药企业是广告管理的核心和重点。因此，规范OTC广告的重点当在药企而非媒体。既然广告是你策划和发布的，广告出现违规或违法问题，作为广告主体的药企当然应承担主要责任，要禁止其在大众媒体上发布广告，而不能仅仅罚款了事。至于具体的审查标准和方式，我认为应由行政部门、临床专家、行业专家、消费者共同对OTC广告进行审核，不能只是政府部门说了算。因为广告本身

是科学与艺术的结合体，不能简单粗暴对待。另外，还可以考虑建立广告主体诚信档案，在权威机构网站适时公布违法制药企业及其产品名录。对多次发布违法药品广告信息的媒体，也应禁止其发布OTC广告。只有媒体诚信、企业诚信、药店诚信，才有可能让消费者买到放心的药品。

柯华松 禁止OTC广告在大众媒体上发布广告当然可以减少药品违法广告，但这不利于OTC市场的发展。据了解，本次拟修订的内容是："含有药品名称、药品适应证(功能主治)或者与药品有关的其他内容的，为药品广告。药品必须在国务院卫生行政部门和国务院食品药品监督管理部门共同指定的医学、药学专业刊物上发布广告，不得在大众传播媒介发布广告或者以其他方式进行以公众为对象的广告宣传。"其实这只是监管者一厢情愿的想法。在不完善的市场经济环境下，一直都是上有政策下有对策。即使如此"严管"，难免会有新的违法广告披着不同的外衣出现，而且其危害性会更大。

新医改明确指出患者中存在"大病不出县、小病自我药疗"的现象，没有有责任感的品牌OTC企业对消费者展开教育，很难让科学、合理用药的知识深入人心。所以，要控制违法药品广告，最好的办法是加强监管，加大处罚力度，甚至把发布广告的大众媒体也纳入监管体系，对不严格按照药监局审批的内容发布的，除了给予重罚之外，对情节严重者还应通告相关职能部门，还应取消其发布药品广告的资格。

二、选择性发布与消费者教育

主持人 有人认为，大众媒体上的药品广告在树立品牌、引导购买、促进销售的同时，也为消费者教育和药学知识普及作出了贡献。但不可否认的是，现在大部分药品广告是在选择性地传递疾病治疗、药品适应证等信息的。这类极不完整的、而且是以扩大销售为前提的信息，算得上是真正意义上的消费者教育和药学知识普及吗?

李汉辉 由于广告费用高，确实存在部分药企选择性地发布有利于销售的卖点进行传播，这肯定会造成信息的不对称，甚至对消费者产生误导。事实上，以扩大销售为前提的信息传播，并不是真正意义上的消费者教育和药学知识普及。这应该是拟禁止药品大众媒体广告的重要原因之一吧。正因为一些药品广告对药品信息的选择性发布，产生了一些安全、合理用药的隐患。这就要求监管部门必须在审批上给予严格审查。从这个角度出发，在违法率居高不下的市场环境中，政府暂时禁止药品在大众媒体中的广告行为是可以理解的，也是必需的。

高普才 不要希望每一位医药企业家都是慈善家。企业是需要赚取利润的，经济效益和社会效益同时取得的同时，经济效益是基础。事实上，药品广告几乎没有传播疾病治疗、适应证等信息的职能。制药企业在有限的广告时间内，需要将药品的消费者利益、药品功效、产品属性、企业品牌都描述清楚，不会拿出昂贵的媒体费用来教育消费者如何诊断、治疗疾病。

同时，我们还必须明白这样一个道理：任何药品都不能治疗所有人的某一种疾病。因为个体差异不一样，治疗效果也就不一样。要真正做到合理、安全用药，消费者首先应接受专业人士诊断，然后对症用药治疗。消费者可以自主购买OTC药品，但绝对不可以自我诊断治疗。只有明白了这个道理，消费者才不会盲目按照广告信息治疗疾病。

柯华松 真正销量大的OTC品种，主要集中在感冒、咳嗽、肠胃、外用药等品类。众所周知，城市的消费者由于文化程度较高，接受方方面面的信息和疾病防治的教育较多，他们在购买药品时会很理性；但农村消费者受药店店员的影响会更大，而备受诟病的药店首推，考虑最多的仍然是药店的利润，在这种情况下，肯定会出现安全隐患。而如果这时有负责任的品牌企业站出来，传播正面的声音，难道不是一件好事?

三、阶段性严管&未来趋势

主持人 很明显，现在对禁止在大众媒体上投放OTC广告持强烈反对意见的，基本上都是广告投放量大的OTC药企，有人称这为“未禁止前的既得利益者”。因此有人认为，禁止，是为了老百姓的用药安全免受或者少受违法药品广告的干扰，维护广大消费者的利益；反对禁止，是为了企业利益，是对当前药品市场环境下严峻的安全用药形势的漠不关心。你对此有何看法?

高普才 不能简单地用非此即彼的方式来看待赞成和反对的观点。第一，企业和消费者不是对立关系，制药企业一直在想尽办法争取消费者的信任。第二，有必要作此类推：消费者在大众媒体上得到的药品信息不可靠，难道从其他途径得到的信息就可靠吗?

我国的现实状况是：4 700多家制药企业，其中70%的制药企业不足1个亿的销售额。生存的压力非常大，有些企业为了短期利益和眼下生存，不惜利用违法广告进行产品推广，这些制药企业严重地扰乱了市场环境。在百强制药企业中，我相信绝大多数的制药企业不仅仅考虑生存问题，更多的是在考虑长远发展和品牌建设问题。这些企业也有很多产品在做广告，也是广告的受益者，但更是维护中国制药企业信誉和产品质量的中坚力量。

柯华松 看得出来，此次拟修订“广告审查办法”是为了突出药品的特殊性和专业性特征，杜绝违法药品广告夸大疗效、误导用药等行为。消息传出后，我们至少可以看到三种反应：饱受药品广告、特别是恶俗药品广告骚扰的读者拍手称快；部分社会“公知”、医药专业人士以及受过违法广告之骗的消费者表示理解和支持；靠大众媒体广告拉动销售的OTC药企坚决反对。

事实上，OTC市场是一个开放的市场，有资金、有品种、有意愿的都可以上台唱戏。这里没有既得利益者，市场格局也并非固若金汤，OTC药企一直以来都是“剩”者为王，各领风骚三五年。这就是市场，这就是竞争。我一直认为主流的OTC广告是好的，不能让劣币驱逐良币。

李汉辉　我个人觉得，用禁止的方式来封堵非法药品广告的做法只能是权宜之计，肯定不会长期如此。随着市场诚信体系、法规制度体系的完善和市场环境的好转，开放药品广告管理是必然趋势。但在当前，医药企业也必须认清形势，早做打算，加强和药店终端的合作，强化地面和终端的推广。如积极参与药店店员产品知识培训活动、在社区展开义诊及加强消费者教育等，都是应对OTC广告政策变化的一些好办法。

从消费者角度看OTC广告

大众媒体的OTC广告是否该禁？目前业界争论的焦点似乎集中在“国际惯例”和“市场营销需要”这两个方面，很少从消费者需求的角度来看问题。即使有提及的，也是一笔带过，语焉不详。我觉得，发布OTC广告本来就是营销，从以产品为中心到以市场为中心，再到以消费者为中心，这是营销理念进步的标志。为什么在谈论“大众媒体的OTC广告是否该禁”这个问题时，却不能坚持以消费者为中心呢？

以消费者为中心，关键是要站在消费者的角度去看问题。

药品的特殊性和我国药品安全形势的严峻现实众所周知。法规约束、政府严管、行业规范、企业自律等维护消费者用药安全的措施和手段，全世界都在运用，只是严格程度不同而已。不要简单地拿“国际惯例”来说事。在一些欧美国家，处方药都可以在大众媒体做广告。由于市场环境不同，制度肯定会不一样。

目前，药品的营销传播（OTC广告）确实处于一个尴尬的位置。其一方面要承担提升企业品牌、促进产品销售的重任；另一方面，又要扮演教育消费者、普及安全用药知识的角色。在理想状态下，这两个角色是可以并存的。但现实中，后者常常被前者所利用而成为工具，频繁、大量出现的违法药品广告就是明证。毫无疑问，铺天盖地的广告宣传能有效促进药品的销售（违法广告在短期内效果甚至更好），虽然费用高一点，但羊毛出在羊身上，最终无非是药价高一点，企业照样可以有可观的利润。但是，当企业的营销需要与消费者的用药安全出现矛盾时，我们应该如何选择呢？

这就是角度的问题了。

从企业的角度出发，这大众媒体的OTC广告当然是不禁为好。什么媒体环境、市场体系、违法广告泛滥的根源、社会诚信体系构建、企业群体社会责任、消费者用药安全等，那都是政府的事。“你们怎么监管我不管，反正别影响我的利益；我没违法，你就不能禁我。”这不禁令人想起那个欲带刀坐飞机的人的言论：“我带刀又不杀人，为什么不让我带？”

从消费者的角度看，这大众媒体的OTC广告要还是不要，主要取决于它的价值：如果你一年到头嚷嚷的都是“国内首创”、“国际领先”，好像世界上除了你之外没有再好的了；抑或是恶俗到吃饭、坐车、走路、上网、如厕等都是那王婆卖瓜式的声音；再或者10个广告中有超过半数在欺骗、误导患者，这样的OTC“教育”和“知识”普及还是不要为好。

我国不允许处方药在大众媒体做广告，但我们的处方药市场一直占据80%以上的市场份额，其发展丝毫也不比那些不加控制的地方差。因此，我们同样有理由相信，禁止在大众媒体做广告，不一定就会影响OTC市场的长远发展。药品是刚性需求，只要真正以消费者为中心，将患者教育到位，市场服务做到位，OTC市场一定会得到健康、蓬勃的发展。

（肖志飞）

药店是OTC营销主战场

最近，业界议论得最多的焦点话题莫过于OTC广告新政。据报道，国家食品药品监督管理局(SFDA)正在酝酿修订《药品广告审查办法》，拟禁止非处方药（OTC）在大众媒体上发布广告。2012年9月28日，中国非处方药物协会就此召集部分OTC生产企业代表举行座谈会，收集意见和建议。座谈的结果是所有参会企业一致表示强烈反对，而一些社会“公知”在此期间则发表了大量表示理解政府意图的意见。

我的观点是：严管OTC广告大战，让药店终端成为OTC营销的主战场。

在当前的市场环境下，严格控制OTC广告是确保人民群众安全用药、降低虚高药价的必然选择。不必否认大众媒体上的药品广告在消费者教育和药学知识普及等方面的功劳，但同样不可否认大量存在的违法药品广告对消费者生命安全带来的巨大危害，更不可否认千篇一律、“只拣好的说”的药品广告内容中存在的局限性和盲目性。

先来看违法广告。SFDA官方网站公开发布的数据显示，在违法药品医疗器械保健食品广告公告汇总中，今年第一期违法药品广告达33 648次，第二期违法药品广告达50 301次，违法广告率已高达58.2%。这其中不乏上市公司、品牌药企的身影。如此现状，药品广告为企业带来的是利润，为消费者带来的则是威胁。

再来看广告内容。现在大众媒体的刊例价格之高众所周知，这使得药企在发布广告时惜字如金。再加上所谓的广告创意追求广告效果，一个广告中所包含的信息量其实已非常少了。而药品又是一种非常特殊的商品，忽略小小的一点都有可能危及生命安全。因此一个需要详细告知信息的药品，却通过简略的广告来说服、引导消费者购买服用，其风险不言而喻。

此外还有严重影响零供关系的居高不下的广告品种价格。同样的组方、同样的功用、同样的药典标准、同样的GMP要求，广告品种的价格高出非广告品种很多，多出的很大部分就是广告费用。这不仅直接使品牌药“贵族化”、影响了其市场占有率，同时也使得药店在经营广告品种时不赚钱甚至亏钱，严重影响品牌药企与终端药店的合作。

因此，我建议，如果政府禁止了大众媒体上的OTC广告，OTC企业不妨将节省下来的庞大的广告费用投入到对终端一线的深耕上，把营销主战场转移到药店。须知：让更多的目标患者安全、合理、有效地使用自己的产品才是医药企业营销的终极目标。

（肖志飞）

后　记

从《医药经济报》到《药店经营周报》，再到《21世纪药店》报，作为记者的我，一直致力于对药品产业链进行第三方观察和研究，并试图对其作一个全景式的解析。然而面对这个纷繁复杂、市场环境多变的行业，自2006年出版了以对上游工业的品牌诊断、个案分析为主要内容的《透视》一书后，虽然尝试的冲动一直没有减弱，甚至还有过作品的多种框架构思，但终究没有形成一部自己满意的作品。为此，我曾陷入深深的苦恼之中。非常幸运的是，医药界知名营销人士、我们的总编辑黄泽骎先生给予了我及时的指导和帮助。他建议我按板块、分领域确定研究课题，并主导了部分书稿选题的论证、作品大纲的制定和修订。就这样，“21世纪药店营销丛书”正式进入了出版规划之中。

本书是“21世纪药店营销丛书”的第一本，其中的文章大部分发表于《21世纪药店》报2012年度的“门店大讲堂”版块。当时开设这个版块的目的，主要是想通过论坛的形式，邀请国内知名零售药店高管和业内权威人士，探讨新形势下药店经营中的难点、热点问题，交流解决思路、具体做法以及相关建议等。没想到每期文章刊发后，责任编辑都收到了大量的读者来信，很多店长及药店管理人员对此给予了极大的关注，不仅纷纷坦承自己的困惑和想法，而且还积极参与话题的讨论。一些连锁药店甚至把这些文章整理成小册子，作为企业内部学习、培训的资料。基于此，我们便萌发了编写药店经营技巧专著的想法，并及时调整了编辑组稿的思路，邀请药店一线员工点题，以保证论坛主题的实用性和针对性。在论坛嘉宾选择上，我们更加注重各层次和区域的代表性，有意识地对药店零售工作中碰到的问题及解决途径进行系统、全面、多角度的探讨，希望能给广大药店管理人员一些实操建议和方法指引。一年下来，这些稿件已积累了20多万字，于是就有了《破译药店成功经营密码》这本书的问世。

市场环境的变化，产业结构的调整，新医改政策的深度推进，基本药物制度的全面实施，特别是“国家药品安全‘十二五’规划”和新版“药品经营质量管理规范”（GSP）的相继出台，使得零售药店的发展遭遇了前所未有的变数和瓶颈，也为门店经营和管理提出了新的课题和要求。作为医药产业链的最末端，零售药店曾有过“黄金十年”的辉煌，但自身也累积了诸多不可忽视的问题。为了应对新的挑战，在激烈竞争中寻找到适合自身发展的路径和机会，药店经营者们有必要正视自身所处的环境，充分发挥各自的优势，克服存在的短板，既脚踏实地、又创新性地开展门店经营和管理，为药店提供持续、强劲的发展动力。希望本书的内容以及各位嘉宾的建议对大家有所裨益。

最后，还有两点需要说明：一是从保持内容真实性的原则出发，书中所有访谈嘉宾的单位、职务及身份介绍，均为采访时他们所在的单位、职务及身份。二是考虑到药店经营本身的复杂性和多元性，为使本书更完整、更贴近市场，我们还选入了《21世纪药店》报相关版面上为配合“门店大讲堂”而组织的专题策划中所刊发的文章。在此，特向相关采编人员和特约作者、论坛嘉宾表示谢意！并同时对所有关心、支持本书出版的同事、朋友表示衷心的感谢！在这里，我还要特别提一下我曾经的同事、现就职于广东大参林连锁药店有限公司的陈爱军先生，2012年，他作为我特邀的评论员，为我所负责的版面撰写了大量高质量、有见地的行业评论，本书中亦收入多篇，在此特致谢忱！

由于水平有限，加上时间仓促，书中错漏之处难免，真诚期待各位读者指正。

肖志飞

2013年5月

联系邮箱：673460310@qq.com